I0067913

LE SUFFRAGE

DES FEMMES

PAR

Théodore JORAN

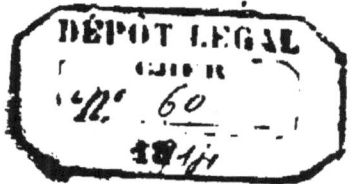

Prix du budget

Académie des Sciences Morales et Politiques

1913

PARIS

ARTHUR SAVAÈTE, ÉDITEUR

15, RUE MALEBRANCHE, 15. (PANTHÉON) Vᵉ.

LE
SUFFRAGE DES FEMMES

LE SUFFRAGE
DES FEMMES

PAR

Théodore JORAN

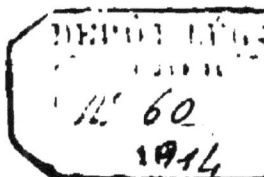

Prix du budget
Académie des Sciences Morales et Politiques
1913

Οὐ πρὸς τὴν χάριν λέγειν, ἀλλὰ πρὸς
τὸ μέλλον συνοίσειν τῇ πόλει.
(Démosthène, *Philippiques*).

PARIS

ARTHUR SAVAÈTE, ÉDITEUR

15, RUE MALEBRANCHE, 15.-(PANTHÉON) V°.

A

Monsieur CHARLES LAURENT

PREMIER PRÉSIDENT HONORAIRE DE LA COUR DES COMPTES

En souvenir de notre camaraderie de Louis-le-Grand.

T. J.

AVANT-PROPOS

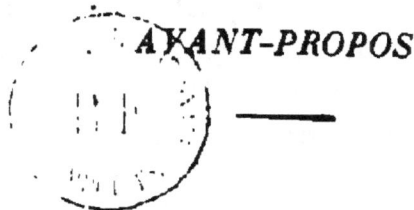

L'Académie des sciences morales et politiques ayant ouvert un concours sur la question du suffrage des femmes, je ne pouvais me dispenser de me mettre sur les rangs. Je me devais à moi-même de compléter ainsi le petit cycle dans lequel j'ai essayé d'embrasser le féminisme.

Je ne dis pas : l' « embrasser pour l'étouffer », je dis : l'embrasser pour l'étoffer... d'un haillon de pourpre.

C'est en effet — on le verra si l'on a la curiosité de lire ces pages — au déploiement du drapeau rouge que tendent ces démangeaisons féminines qui travaillent nos militantes au delà et en deçà du détroit.

L'Institut a bien voulu couronner le travail où j'ai rassemblé les tenants et aboutissants de cette agitation révolutionnaire.

Car nos féministes ont fait du chemin. La « miss Suffragett » d'antan est devenue femme-terroriste. Celles à qui suffisaient jadis les « menus suffrages » rêvent maintenant du suffrage universel avec tous ses abus. Autrefois Jenny cultivait des fleurs sur sa fenêtre, aujourd'hui « Jenny s'en va-t-en guerre ». Elles *se figurent gagner au change. Elles se trompent : presque toutes les « conquêtes » du Féminisme sont des victoires à la Pyrrhus. Les féministes croient travailler au bonheur de la femme, elles travaillent au contraire à libérer la conscience masculine de toutes sortes de scrupules. Elles font, non pas nos affaires, mais les affaires de notre égoïsme. Ces énergumènes se démènent au profit de nos vices. Témoin leur inepte campagne en faveur du divorce.*

Depuis près de dix ans, je ne dis pas autre chose. Une fois de plus je le dis, en Cassandre tenace. Une fois de plus je le dis avec l'assentiment d'une Académie. Aussi ai-je l'espoir que le Parlement, dont c'est le tour maintenant de prendre ses responsabilités, y regardera à deux fois avant de souscrire au vœu inconsidéré que le député Ferdinand Buisson lui a soumis sous la forme d'un volumineux rapport.

Le rapport de M. Buisson n'est qu'un tissu d'erreurs, de déclamations et de sophismes. J'espère en avoir fait justice. Il n'y aura à trouver longue ou verbeuse ma réfutation que ceux qui n'auront pas lu l'indigeste fatras du « père » de « l'école sans Dieu ».

Mais il fallait que mon travail fût un renseignement aussi bien qu'un enseignement. Aussi n'ai-je rien négligé pour l'étayer sur la documentation la plus solide et la plus étendue. Je suis allé étudier sur place le mouvement des « suffragettes », ou plutôt les mouvements que ces dames se donnent pour indisposer la partie saine de la population. Mes yeux se sont égayés de l'exhibition de leurs ombrelles étalant la devise séditieuse : Vote for women ! Mais aussi mes yeux se sont attristés de la vue des traces de leurs déprédations. Il faut avoir vécu à Londres au cours des années 1912 et 1913 pour sentir la force du mot du poète :

... Notumque furens quid femina possit.

D'autre part, j'ai poussé mon enquête jusqu'aux dernières limites du temps à courir avant l'apparition de ce livre.

Le manuscrit en ayant été, selon le règlement, remis à l'Institut avant le 31 décembre 1912, j'étais exposé à me voir, sur plusieurs points, distancé par les événements. Car l'hiver et le printemps derniers nous apportèrent une riche moisson d'exploits suffragistes.

J'ai donc noté jour à jour toutes ces manifestations et j'en ai fait l'objet de « raccords » qui ont été soudés au texte primitif. On les reconnaîtra à l'astérisque (*) qui les précède. On aura ainsi un historique complet *des faits et gestes féministes jusqu'au 1ᵉʳ juillet 1913.*

D'ailleurs nos suffragettes elles-mêmes, plus audacieuses qu'inventives, ne réussissent pas à varier leurs effets : elles copient nos syndicalistes et elles se répètent. Rien de féminin, rien de spirituel dans leur action. C'est sans regret qu'enfin je cesse le dénombrement fastidieux de ces équipées toujours les mêmes : ἀνάγκη στῆναι.

Que dire en finissant ? Que je souhaite à ce livre la même fortune qu'à ses aînés, à savoir de provoquer les gens sensés à réfléchir et de laisser les autres « ululer ».

T. J.

Paris, 30 juillet 1913.

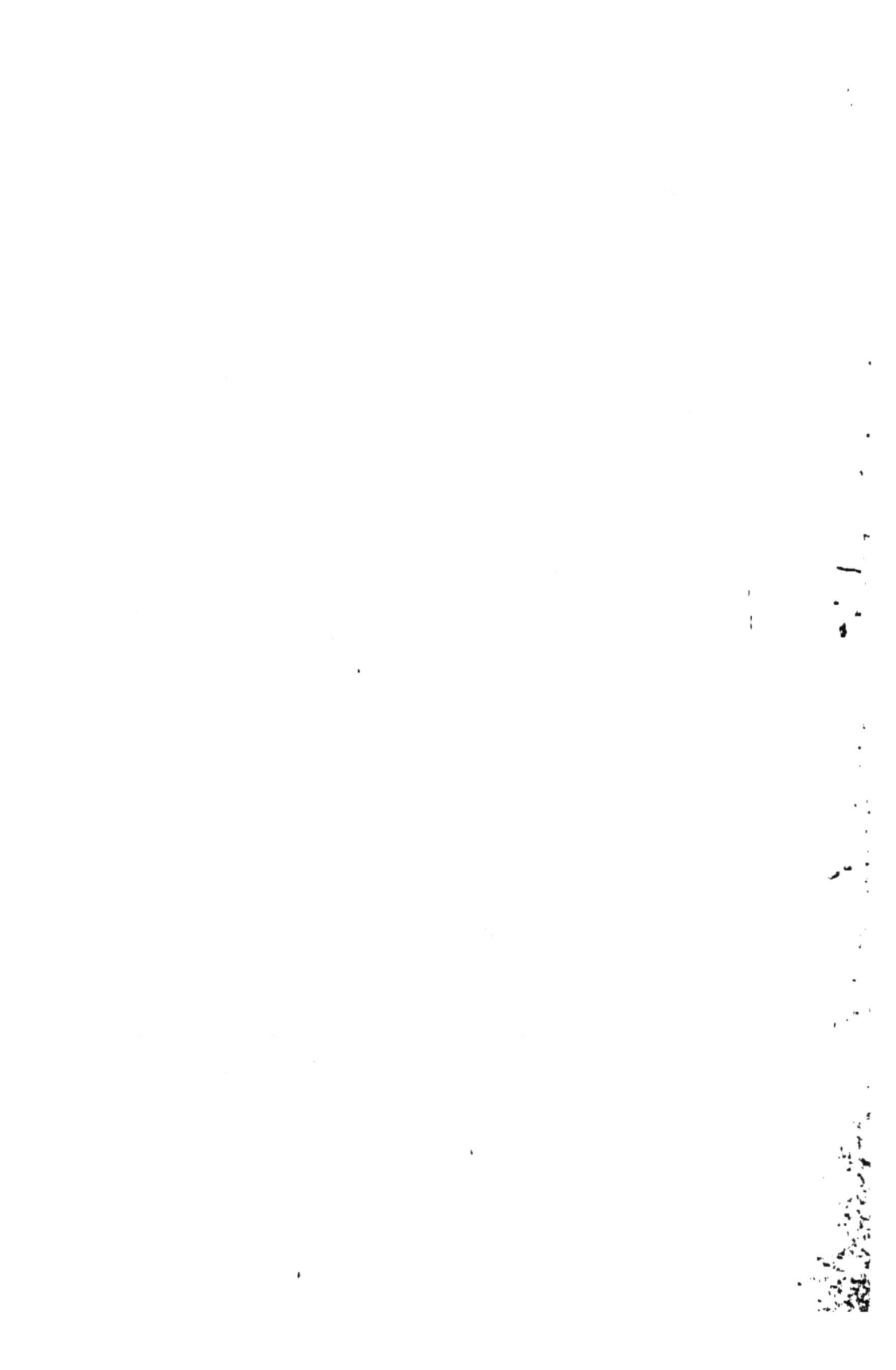

PLAN DE L'OUVRAGE

Οὐ πρὸς τὴν χάριν λέγειν, ἀλλὰ
πρὸς τὸ μέλλον συνοίσειν τῇ πόλει.

(DÉMOSTHÈNE, *Philippiques*).

La question proposée par l'Académie des Sciences morales et politiques, à savoir:

Le droit électoral doit-il être conféré aux femmes; dans quelles matières et en quelle mesure?

Historique et application en France et à l'étranger, est une question mixte : elle comporte une étude historique et une discussion doctrinale.

Comme, en général, dans les affaires humaines « l'idée précède le fait », nous avons cru pouvoir disposer notre matière dans l'ordre suivant :

I. — Aperçu historique du mouvement des *idées* émises depuis la Renaissance *en faveur* de l'émancipation politique des femmes.

II. — Aperçu historique des principales *institutions* créées ou des principales *manifestations* tentées, soit en France, soit à l'étranger, en faveur de l'émancipation politique des femmes.

(En d'autres termes, après avoir dégagé *l'idée*, nous recherchons dans quelle mesure elle a passé à *l'acte*.)

III. — Comment la question se présente *en soi*.

IV. — Comment la question se présente *par rapport à la France*.

(En d'autres termes, quels sont les obstacles que le

1

droit abstrait peut rencontrer dans son application à tel pays déterminé, le nôtre ?)

V. -- Indication d'une solution ou conclusion.

Ainsi, nous partons d'une idée, nous la suivons dans ses efforts pour se réaliser, et, quand nous touchons à sa dernière étape, nous nous demandons successivement ce qu'elle vaut en elle-même, ce qu'elle vaut par rapport à notre patrie, sous quelle forme enfin nous pourrions, sans ébranlement social, associer les femmes plus intimement aux destinées politiques du pays.

LE
SUFFRAGE DES FEMMES

PREMIÈRE PARTIE

Aperçu historique du mouvement des idées
émises en faveur de l'émancipation politique de
la femme.

Tant au point de vue de l'histoire des idées qu'au
point de vue de l'histoire des institutions, des lois ou
des faits, les « revendications » politiques des femmes
nous apparaissent comme le dernier terme d'une évolution logique. Non, certes, que la logique pure y ait
présidé ; il a fallu, au contraire, que l' « esprit de géométrie » y fût grandement stimulé par la passion, notamment par la passion anti-religieuse. Ainsi se sont
peu à peu approchés de leur réalisation — au point d'y
toucher peut-être — les rêves d' « émancipation ».
C'est ce que nous allons démontrer en interrogeant
les principaux documents dont se réclame le féminisme politique.

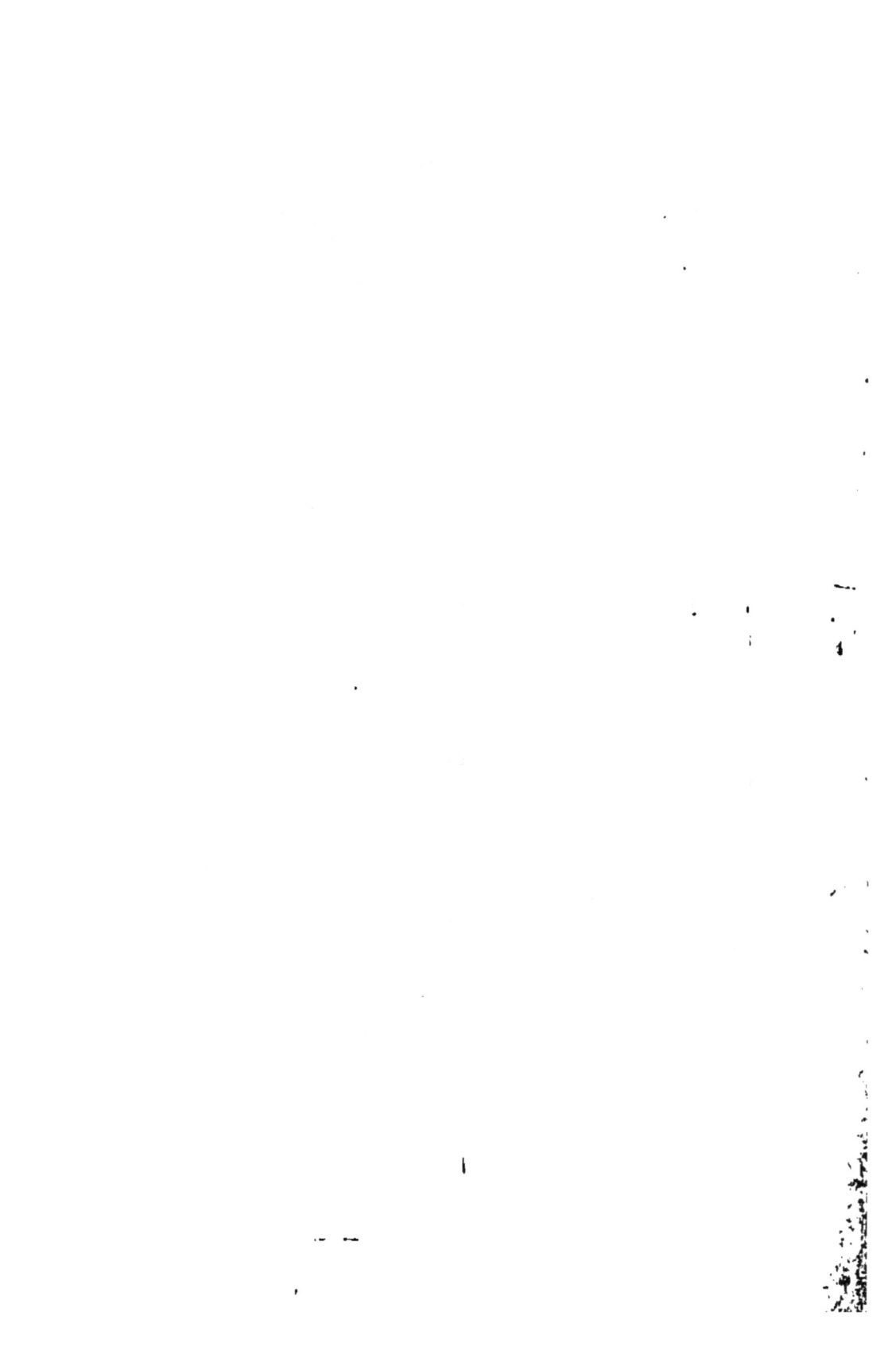

I

DE LA RENAISSANCE A LA RÉVOLUTION

C'est à partir de l'époque de la *Renaissance* que l'idéal féminin élargit visiblement son horizon. Jusqu'alors la femme paraissait naturellement vouée à la subordination conjugale et à l'infériorité sociale. L'Eglise ne s'était préoccupée, en effet, que de son affranchissement religieux et moral. Mais avec le xvie siècle la face du monde civilisé change. L'exaltation toute païenne de la beauté féminine, qui donna alors une vive impulsion aux arts plastiques dans les pays latins, environna soudain du plus grand respect celle qui était devenue l'inspiratrice, l' « animatrice », enfin le modèle par excellence des peintres, des sculpteurs, des poètes. La véritable « émancipation » humaine et mondaine — annonciatrice de l'émancipation *sociale* — est une sorte de résultante à laquelle concoururent tous les grands mouvements qui agitèrent cette époque de vie ardente, et qui caractérisèrent cette revanche sur l'ascétisme du Moyen Age. Le culte de la Beauté devint pour beaucoup d'imaginations la forme moderne de la piété. Ce culte paraissait mieux en harmonie avec les besoins nouveaux de la pensée libérée du joug de l'autorité.

Il engendra tout à la fois des adorateurs fanatiques

et des théoriciens passionnés. Les premiers appartiennent à l'histoire de la littérature ou de l'art. Les seconds, ces gauches précurseurs de la « sociologie », ressortissent seuls à notre enquête.

Corneille Agrippa.

Constatons tout d'abord que ces « féministes » avant la lettre se montrent aussi enthousiastes de leur « objet » que les plus épris d'entre les porte-lyre ou les manieurs de pinceau. C'est à ces intrépides dialecticiens que nous devons tant de traités sur *la Noblesse et la Préexcellence des femmes* (1), dont l'exagération causerait aujourd'hui quelque gêne même aux partisans les plus déterminés de la cause féminine. Aussi a-t-on pris le parti de ne plus lire ces compromettants amis et de se réclamer seulement de leurs noms. L'introducteur de cette « école » au xvıᵉ siècle est Corneille Agrippa, qui emprunta à la physiologie, aussi bien qu'à l'histoire, à la morale, à la théologie ou à la psychologie, des arguments qu'il jugeait irrésistibles pour nous convaincre de l'infinie supériorité du sexe féminin.

Saint-Gabriel.

Cette sorte de « cycle » se clôt, cent ans plus tard, par l'ouvrage du sieur Saint-Gabriel. Celui-ci célèbre *Le mérite des Dames* (1657) avec aussi peu de mesure que Corneille Agrippa, mais du moins avec plus de goût.

Dans l'intervalle de ces deux « astres » de première grandeur brillent d'un éclat plus modeste les noms de Marie de Romieu, qui fit un *Discours* en vers sur *l'excellence de la femme* (xvıᵉ siècle), de l'Escale (*Le Champion des femmes*, 1618), de Mⁱˡᵉ de Gournay

(1) Titre de l'ouvrage de Corneille Agrippa (1529).

(*L'égalité des hommes et des femmes*, 1626?), du Père du Bosc (*L'honneste femme*, 1627 ; *La femme héroïque*, 1645), de Louis le Bermen (*Le Bouclier des Dames*, 1621), de Poulain de la Barre (*L'Egalité des deux sexes*, 1670), etc., etc. La vie de société qui se constituait alors et le règne des salons qui commençait en France, tout cela forma une atmosphère où s'épanouirent tout à l'aise ces dithyrambes enflammés. Toutefois, c'est l'esprit qui y parle plutôt que la sensibilité.

Mais l'Italie plus encore que la France était inondée de ces panégyriques en l'honneur de la Femme, sans doute à raison du plus de fougue que les natures méridionales apportent dans les passions de l'amour.

Ruscelli.

L'un de ces auteurs, Ruscelli (1532), plus platonicien encore que Platon, ou, si l'on préfère, plus lamartinien que Lamartine, déclare que non seulement la contemplation de la beauté féminine est le principe de toute espèce de bonheur terrestre, mais qu'elle contient même la révélation du divin.

Madame de Lambert.

Ce grand conflit d'amour-propre entre les deux sexes avait un côté puéril qui ne put manquer de frapper les esprits éclairés (1). Aussi au xviiie siècle la marquise de Lambert, tout en se montrant fort injuste pour l'espèce masculine, puisqu'elle réédita un sophisme dont La Bruyère avait dès longtemps fait justice — celui qui consiste à imputer à l'homme l'ignorance de la femme — sut du moins se préserver de

_____

(1) « Je ne connais rien de plus vain que de discuter sur l'égalité de l'homme et de la femme », déclarait Portalis.

l'hyperbole en vogue dans les deux siècles précédents. Ses *Réflexions sur les femmes* (1730) sont d'un moraliste délicat, mais qui aime dans les usages du temps passé surtout le souvenir de sa propre jeunesse.

Thomas.

Mais l'honneur de remettre les choses exactement au point revient incontestablement à l'académicien Thomas. Cet élégant écrivain, ce parfait « honnête homme », si pondéré, si nuancé, crut mieux marquer son dévouement à la cause féminine en faisant la balance entre les mérites comparés des deux sexes. Il célébra, lui aussi, les vertus de la femme, mais il se garda bien de leur immoler les mérites de l'homme. Il ne pensa pas qu'à raison de ces vertus il dût conférer aux femmes toutes les autres qualités imaginables par un de ces raisonnements *a fortiori* dont étaient coutumiers les « féministes » du temps passé.

Son livre, l'*Essai sur les femmes* (1772)(1), est un recueil d'observations très fines, qui n'a presque pas vieilli par le fond, et qui est resté par la forme un modèle de l'art d'écrire. Il révèle une connaissance approfondie de la nature féminine. Cette espèce de tableau de l'histoire de la civilisation tracé au point de vue de la femme renferme un résumé éloquent des principales conquêtes que ce sexe a réalisées au cours des âges. Mais l'auteur, en véritable historien, c'est-à-dire en philosophe qui sait dégager des faits les leçons qu'ils contiennent, établit nettement que la dictature de persuasion exercée par les femmes vaut mieux pour elles que le rôle direct qu'elles auraient pu briguer. Thomas estime que le « féminin », cet « éternel féminin » qui, suivant le mot de Gœthe, nous « tire à

(1) **Exactement** : *Essai sur le caractère, les mœurs et l'esprit des femmes dans les différents siècles.*

lui » sans cesse (1), doit être illimité comme influence mais très restreint comme facteur effectif. Les Lois et les Institutions ne subissent-elles pas d'ailleurs profondément l'empreinte féminine ?

Il expose donc que les femmes inspirent les législations et que toute notre civilisation se pénètre de plus en plus de *féminité*, sous les noms de religion, chevalerie, galanterie. C'est condamner implicitement, comme vaine et stérile, toute espèce de « revendication » positive. Il montre la beauté, la douceur tempérant partout la force. Il décrit les sociétés se constituant sous l'empire de nécessités militaires, dominées qu'elles sont par l'instinct de défense ou de sécurité nationale. Il ruine par avance le sophisme des sectaires (2) qui insinuent ou affirment que je ne sais quelle conspiration masculine a présidé et préside toujours à l'élaboration de l'ordre social. « Les législateurs, dit l'un d'eux, légifèrent pour ceux qui font les législateurs. » Pour Thomas l'action des lois économiques est le seul principe qui ait déterminé les institutions humaines.

Au centre de son ouvrage se déroule un large parallèle entre les deux sexes, qui est un chef-d'œuvre de psychologie « appliquée ». Personne mieux que cet « ami des femmes » n'a rabattu les prétentions exagérées des femmes, et n'a mieux mesuré les bornes de leur esprit. Ce court *Essai* renferme plus de substance solide, plus d'expérience et de sagesse que tant d'autres factums bruyants, tels que ceux dont nous allons avoir à nous occuper. On nous permettra donc de recourir souvent à cette haute autorité.

(1) Das Ewigweibliche zieht uns hinan (*Faust*).
(2) Appendice, pièce 1.

Condorcet.

Condorcet croyait avoir créé, sinon baptisé, le « féminisme ». Il a rédigé tout au plus la charte politique
de la femme, sous la dictée de son goût pour les spéculations abstraites.

On connaît Condorcet. On sait que, à la longévité
près, ce fut un second Fontenelle — le *Cydias* de La
Bruyère — par l'universalité de ses connaissances, par
l'emploi du bel esprit dans les matières de science,
enfin par la sécheresse du cœur, bien qu'il se piquât
de payer son tribut à la « sensibilité » contemporaine.
L'influence que Condorcet subit le plus profondément,
ce fut celle de Voltaire ; il emprunta au patriarche de
Ferney cette conception trop simpliste de la religion
qui la ramène à deux facteurs uniques : une dupe et
un imposteur. Le docile disciple aspira surtout à remplacer Jean-Jacques Rousseau comme apôtre du nouvel état social, et Montesquieu comme théoricien de la
civilisation générale. Publiciste, et même journaliste,
il écrivit un nombre considérable d'opuscules sur les
événements du jour pendant les quatre années de révolution dont il fut le témoin actif.

Dans quelques-uns d'entre eux il entreprit d'asso-

cier les femmes au mouvement et d'étendre jusqu'à
elles le principe de l'égalité absolue : ce sont notamment sa *Lettre d'un bourgeois de New-Hawen à un
citoyen de Virginie sur l'inutilité de partager le pouvoir législatif entre plusieurs corps* (1787), et son Mémoire du 3 juillet 1790 sur *L'admission des femmes
au droit de cité* (n° 5 du *Journal de la Société de 1789*).

Quant à sa contribution à la philosophie de l'histoire, elle tient dans un volumineux ouvrage que sa
fertile plume trouva le moyen d'élaborer sans livres
ni notes (1) pendant les huit mois où, décrété d'accusation, il se cachait dans les environs de Paris pour
échapper à ses bourreaux. Ce testament littéraire,
scientifique et moral de Condorcet fut intitulé par lui
*Esquisse d'un tableau historique des progrès de l'esprit
humain*, et comprend une sorte d'appendice, *L'Atlantide*, qui forme le complément de ses opinions en matière de suffrage féminin.

L'idée-mère de la doctrine de Condorcet, le dogme
philosophique par lequel il remplaça les dogmes ré-
vélés auxquels il jura la guerre, ce fut sa croyance au
progrès, au progrès indéfini, universel, intégral. Pour
Condorcet, l'évolution de l'humanité se fait suivant
une courbe constante, qui, sans régression ni crochets,
l'entraîne irrésistiblement vers le bonheur. Point de
distinction entre choses matérielles et choses de
l'âme : tout est soumis à la loi de progrès. Or, cette
théorie du progrès comporte chez Condorcet deux
« pôles », l'un négatif, l'autre positif. Le pôle négatif,
c'est l'élimination de la religion, de toute espèce de
religion, sans en excepter même la « profession de foi
du Vicaire savoyard ». Condorcet n'admet même pas
que dans le passé la religion et ce qui s'y rattache,
comme la chevalerie, ait pu contribuer au progrès.

------

(1) Mais aussi avec l'approximation et même avec les
erreurs qui sont inhérentes à ces -mauvaises conditions de
travail.

Le pôle positif, c'est l'égalité absolue, grâce à laquelle un temps viendra « où les hommes ne reconnaîtront plus d'autre maître que leur raison ».

A cette théorie du progrès moral par la civilisation J.-J. Rousseau, quant à lui, avait infligé d'éloquents démentis. Mais Condorcet n'admet d'autorité que celle de Voltaire, pour lui le philosophe de Genève ne compte pas. Voltaire tient lieu à Condorcet d'Aristote et de toute la sagesse humaine.

Cette foi robuste s'appuie chez Condorcet sur des principes politiques dont quelques-uns sont généreux, dont beaucoup sont chimériques, et un grand nombre très paradoxaux. Il faut qu'avant de nous engager dans l'examen de ses deux traités spéciaux, nous prenions une idée générale du jugement de l'auteur.

.*.

Condorcet nous donne assez exactement la mesure de son sens politique dans un Mémoire sur *La forme des élections* : il y explique qu' « il est très important que les électeurs ne soient pas... éligibles » (1), et qu' « il serait très utile qu'une élection pût être faite *sans que les électeurs s'assemblassent* ». Ce serait d'après lui un excellent moyen pour ne pas se laisser influencer ni séduire. « La clameur publique, l'effervescence populaire ne pourraient plus influer sur les élections, ne pourraient plus ni forcer d'élire le charlatan ou l'intrigant qu'elles protègent, ni exclure

---

(1) Condorcet a fait école de nos jours en province. Nous trouvons dans *La République de l'Ariège* du 22 mai 1910 un article, signé Em. Darnaud, où l'auteur se demande « s'il ne conviendrait pas de revendiquer tout simplement pour les Françaises l'*éligibilité, sans leur donner encore le droit de vote* », et il se déclare persuadé que cette mesure serait « immédiatement réalisable sans danger pour la chose publique ».

l'homme vertueux contre lequel on a eu l'art perfide de les soule·er. » Condorcet développe cette idée en une dizaine de pages. Or, il est infiniment probable que les électeurs, du moins ceux de maintenant, ne voudraient pas entendre parler de voter pour un candidat, et surtout pour une candidate qu'ils n'auraient jamais vue. Quoi qu'il en soit, c'est une telle austérité que Condorcet voudrait voir régner dans les élections. Conséquemment à ce principe, il dit quelque part qu'il n'y a pas à craindre que les élections engendrent jamais une agitation durable, parce que les femmes, leur premier engouement passé, se fatigueront bien vite de la politique et que tout se passera toujours entre un petit nombre de « professionnels ». Il croit pouvoir se porter garant de la sagesse — ou du prompt dégoût — des femmes à l'égard de la politique. Alors, pourquoi les y attirer?

Il est vrai que Condorcet ne conçoit le suffrage féminin que comme un suffrage censitaire et restreint. Il nous découvre sa pensée à cet égard dans son *Essai sur la Constitution et les fonctions des Assemblées provinciales*, qui est de 1788. Il y réclame l'admission au droit de cité pour les femmes « propriétaires » seulement, car, dit-il, « on doit regarder les propriétaires comme étant les seuls véritables citoyens ». Sous Louis-Philippe le marquis de Condorcet se serait-il rallié au système de « l'adjonction des capacités »? Il est possible, mais en attendant nous ne pouvons nullement voir en lui un apôtre du « suffrage universel ».

Le système d'une Chambre unique, sans contre-poids, et composée mi-partie d'hommes et de femmes, lui tenait fort à cœur. Estimant que dans sa *Lettre d'un bourgeois...* il n'avait pas assez fait pour soutenir cette théorie, il revint à la charge dans un second Mémoire : *Est-il utile de diviser une Assemblée nationale en plusieurs Chambres?* et il déclare qu'il « suffirait », pour empêcher que cette Assemblée eût « une puissance illimitée... de former une *déclaration de Droits* (la « Déclaration des Droits de l'homme », confiée à ses propres soins. n'était pas encore rédigée) ». On pensera que c'est attribuer une bien grande vertu à de simples paroles. Condorcet n'était pas encore assez instruit par l'expérience pour savoir que, ainsi qu'on l'a dit, « des discours peuvent bien changer l'opinion d'un législateur, mais non pas son vote ». Il croyait à la toute-puissance de l'éloquence et à la sagesse des assemblées parlementaires : cette confiance l'honore.

Ailleurs, dans son *Esquisse... des progrès de l'esprit humain*, où il ne fait guère que délayer les idées et épouser les préventions de l'*Essai sur les mœurs et l'esprit des nations*, il révèle son manque de sens historique. « La féodalité, dit-il, n'a pas été un *fléau* particulier à nos climats. mais on l'a retrouvé presque sur tout le globe aux mêmes époques de la civilisation. » *Fléau* également la religion chrétienne. Au contraire, il trouve la religion de Mahomet « la plus simple dans ses dogmes, la moins absurde dans ses pratiques, la plus tolérante dans ses principes (1) ». Mais alors comment se fait-il qu'il continue sa phrase en disant que cette religion idéale « semble condamner à un *esclavage éternel*, à une *incurable stupidité*, toute cette vaste portion de la terre où elle a étendu son empire ? tandis que nous allons voir briller le génie des sciences et de la *liberté* sous les superstitions les plus absurdes, au milieu de la plus barbare intolérance ». Il faut donc alors que la « superstition » chrétienne soit tout de même moins « absurde » qu'il ne le dit et mieux adaptée qu'il ne le pense aux besoins de la civilisation. Lui, Condorcet. qui cherche partout du *progrès*, comment ne voit-il pas que l'instrument par excellence du « progrès », ç'a été. du moins aux époques arriérées, justement le christianisme !

(1) Il se garde bien d'ajouter : la plus oppressive à l'égard des femmes — et il en ôte ainsi le trait le plus saillant.

Tel est Condorcet : l'esprit le moins soucieux d'éviter la contradiction, le « penseur » le plus accessible au parti pris. Mélange de chimères, d'erreurs, de puérilités, d'illusions, de confiance extrême dans la bonté de notre nature, de méfiance injuste pour ce qu'il y a de meilleur en l'homme, à savoir son aspiration vers l'infini ; avec cela intrépide abstracteur de quintessence : c'est dans ces dispositions de logique faussement déductive qu'il aborde le problème le plus complexe et le plus délicat de la civilisation.

.·.

Ce problème, qu'il appelle « l'admission des femmes au droit de cité » (1), et que nous nommons : « le suffrage des femmes », il le résout sans hésiter et sans restriction par l'affirmative.

« Une entière égalité (2) des droits entre les indivi-
« dus des deux sexes est une conséquence nécessaire
« de leur nature ; ces droits doivent être les mêmes
« pour tous les êtres sensibles, doués de la faculté de
« raisonner et d'avoir des idées morales. L'intérêt du
« bonheur commun, d'accord avec la justice, prescrit

(1) Quelques réserves qu'on puisse et doive faire sur Condorcet comme *philosophe*, il faut lui rendre hommage comme *écrivain*. C'est un homme de goût et qui sait sa langue. Jamais il ne se laissera aller à ces déplorables négligences qui fourmillent sous la plume de ses modernes disciples. Par exemple, il ne dira pas, comme M. Ferd. Buisson, l'*électorat* pour « le droit de vote ou de suffrage » ; il sait trop bien qu'« électorat » est synonyme de « territoire ». Habituellement il emploie, comme ici, le terme de « droit de cité ».

(2) Nous aurons à discuter plus loin cette chimère de « l'*entière* égalité » des individus : nous nous bornons pour le moment à la situer à sa place dans l'enchaînement des principes féministes.

« de respecter cette égalité dans les lois, dans les ins-
« titutions, dans toutes les parties du système social. »
(*L'Atlantide*).

Il croit que tous les obstacles qui s'opposent à cette
brusque modification de l'équilibre social proviennent
des préjugés et des « sophismes de la vanité des deux
« sexes : ceux qu'inspirent aux hommes, tantôt l'amour
« de la supériorité, tantôt l'envie de plaire ou de gou-
« verner, et aux femmes le ressentiment d'une injus-
« tice éternelle, ou la fausse crainte de perdre un em-
« pire plus doux, en aspirant à la simple égalité. »
(*L'Atlantide*).

C'est un préjugé à ses yeux que l'infériorité de l'esprit féminin : il n'existe pour lui que deux catégories
d'individus, les êtres de génie, qui sont plus rares
qu'on ne pense chez les hommes, et plus fréquents'
qu'on ne pense chez les femmes, et les natures
moyennes, mais éducables, aussi bien dans un sexe
que dans l'autre. C'est une injustice, dit-il, d'opposer
aux hommes de génie authentiques les femmes ordinaires. Il met la chose pour ainsi dire en équation,
selon ses habitudes de mathématicien :

« Je ne crois pas qu'on puisse assigner entre les
« femmes et les hommes aucune différence qui ne
« soit l'ouvrage de l'éducation. Quand on admettrait
« que l'inégalité de force, soit de corps, soit d'esprit,
« serait la même qu'aujourd'hui, il en résulterait seu-
« lement que les femmes du premier ordre seraient
« égales aux hommes du second, et supérieures à
« ceux du troisième, et ainsi de suite. » (*Lettre d'un
bourgeois...*)

C'est du Condorcet tout pur que cette symétrie al-
gébrique appliquée aux choses de l'âme et du goût.

Son analyse du *génie* se termine par une réflexion
bien singulière. Il commence par déprécier les hommes
de génie dans la mesure où il veut grandir les femmes
de talent, et pour cela il ramène les œuvres du génie,
cette force mystérieuse, soit à un heureux hasard, soit

à ce que Buffon appelait : « une longue aptitude à la patience ». Bref, le génie serait un produit comme un autre de l'*éducation* et de l'entraînement. Il ajoute :

« Et qui sait si, lorsqu'une autre éducation aura
« permis à la raison des femmes d'acquérir tout son
« développement naturel, les relations intimes de la
« mère, de la nourrice avec l'enfant, relations qui
« n'existent pas pour les hommes, ne seront pas pour
« elles un moyen *exclusif* de parvenir à des décou-
« vertes, plus importantes, plus nécessaires qu'on
« ne croit à la connaissance de l'esprit humain.....? »
(*L'Atlantide*).

Par suite de ces raisonnements, Mme de Lafayette, l'aimable auteur d'un roman très surfait, se trouve promue au rang de femme de génie. De même Mme du Châtelet, l'amie de Voltaire, et Mme de Lambert, etc.

En parfait « intellectuel » qu'il est, Condorcet fait bon marché des forces physiques. Il n'admet même pas que le « sexualisme » de la femme constitue un obstacle sérieux à l'accomplissement des fonctions viriles, car, « s'il résulte de ces observations qu'une femme ne peut devenir Euler ou Voltaire, il n'en résulte pas qu'elle ne puisse être Pascal ou Rousseau » (*L'Atlan-tide*). Et pourquoi une femme ne pourrait-elle pas être Euler aussi bien que Pascal, puisqu'il suffit de s'appliquer ? Mais il fallait faire rire le lecteur aux dépens de Pascal et de J.-J. Rousseau, si fort malmenés tous les deux par Voltaire.

Toutefois, Condorcet concède, à propos du génie scientifique, que le cas de « la belle Hypatie », dont il avoue ignorer complètement les travaux, est insuffisant pour permettre aux femmes de contrebalancer à cet égard la gloire masculine. Il conclut dans *L'At-lantide* en disant qu' « il n'y a que des observations nouvelles qui puissent répandre une véritable lumière sur la question de l'inégalité naturelle des deux sexes. »

Tel est le résumé des opinions de Condorcet sur le

compte des capacités féminines. Son plaidoyer est au total assez faible. Nous pourrions nous y tenir, puisqu'il est emprunté à l'ouvrage qui est pour ainsi dire la *Somme* de l'auteur et qu'il est le dernier en date. Mais il vaut la peine de feuilleter les deux opuscules antérieurs, où il s'est étendu davantage sur la matière.

.·.

Il affirme donc dans sa *Lettre d'un bourgeois...* qu'en principe il n'y a aucune raison de partager inégalement les droits entre les deux sexes. D'autre part, les femmes auraient « des intérêts fort différents » de ceux des hommes à défendre. Il ne serait que juste de les appeler à voter l'impôt, puisqu'elles le subissent. Quant à la prépondérance maritale, Condorcet l'admet à la grande rigueur, mais il s'empresse, selon son habitude, de retirer cette concession quand il ajoute :

« Il paraîtrait beaucoup plus naturel de *partager*
« cette prérogative, et de donner soit à l'homme, soit
« à la femme, la voix prépondérante *pour les cas où*
« *il est plus probable que l'un des deux conformera sa*
« *volonté à la raison* ».

Bref, il s'en tire par une échappatoire : il conteste la prépondérance surtout dans les cas où elle s'impose, et il ne s'aperçoit pas qu'une « prérogative » qui est « partagée » également, n'est plus une « prérogative ».

Sur le propos de l'éligibilité aux fonctions publiques, Condorcet n'est pas non plus à court d'esprit :

« La loi ne devrait exclure les femmes d'aucune
« place. Mais, dira-t-on, ne serait-il pas ridicule qu'une
« femme commandât l'armée, présidât le tribunal?
« Eh bien, croyez-vous qu'il faille défendre aux ci-
« toyens par une loi expresse, tout ce qui serait un
« choix ou une action ridicule, comme de choisir un
« aveugle pour secrétaire d'un tribunal, de faire paver

« son champ (1) ? De deux choses l'une : ou les élec-
« teurs voudront faire de bons choix, et ils n'ont pas
« besoin de vos règles, ou ils *voudront* en faire de
« mauvais, et vos règles ne les en empêcheront pas. »

En d'autres termes, la loi doit garantir aux citoyens
la liberté la plus illimitée, même celle de faire des
sottises qui pourraient mettre l'État en péril !

Puis nouvelles railleries sur le compte des soi-disant
hommes de génie. Mis en goût d'épigrammes, le déconcertant Condorcet termine sa lettre en en risquant
une sur celles-mêmes dont il prétend prendre la défense et dont il trahit ainsi par mégarde la frivolité :

« J'ai peur de me brouiller avec les femmes, si
« jamais elles lisent cet article. Je parle de leurs droits
« à l'égalité, et non de leur empire ; on peut me soup-
« çonner d'une envie secrète de le diminuer ; et, de-
« puis que Rousseau a mérité leurs suffrages, en di-
« sant qu'elles n'étaient faites que pour nous soigner
« et propres qu'à nous tourmenter, je ne dois pas es-
« pérer qu'elles se déclarent en ma faveur. »

⁎

Dans l'*Admission des femmes au droit de cité*, il
expose que ce droit est un de nos droits « naturels ».
Il s'exprime d'ailleurs improprement en disant que les
hommes ont « exclu » les femmes du droit de cité.
Pour légitimer la capacité des femmes à l'exercer, il
recourt à des boutades, selon sa coutume :

« Il serait difficile de prouver que les femmes sont
« incapables d'exercer les droits de cité. Pourquoi des
« êtres exposés à des grossesses et à des indispositions
« passagères, ne pourraient-ils exercer des droits dont

(1) Toujours l'abus du raisonnement déductif : Condorcet
ne distingue pas entre ce qui est simplement *ridicule* et ce
qui est *dangereux* en même temps que ridicule.

« on n'a jamais imaginé de priver les gens qui ont la
« goutte tous les hivers, et qui s'enrhument aisé-
« ment? »

Il continue à ne tenir nul compte des différences
organiques que la nature a mises entre les sexes et qui
feraient peut-être que l'un des deux est tout de même
plus propre à l'action, au raisonnement, à la décision.
Comme la naïve demoiselle de Gournay, il ne veut
voir, lui aussi, entre un chat et une chatte, perché ou
perchée sur une fenêtre, aucune différence.

Dénombrement des femmes qui ont exercé la
royauté ou la régence ; capacités politiques des femmes
par conséquent. Que n'ajoute-t-il, avec la citoyenne
Monique, présidente des Tricoteuses de la Convention,
que l'exemple de « la belle Ferronnière, de la Pom-
padour, qui gouverna celui qui gouvernait la France;
de la courtisane Dubarry, qui n'était qu'une poupée,
mais qui fit une marionnette de Louis XV, prouve que
les femmes sont vraiment dignes de gouverner »? Il ne
va pas jusque-là, mais il daube cruellement sur son
propre sexe : « En jetant les yeux sur la liste de ceux
qui les ont gouvernés, les hommes n'ont pas le droit
d'être si fiers ». Remarque amère pour le parti auquel
il appartenait et qui allait l'en faire repentir.

Enfin, il veut bien reconnaître, mais tardivement, et
contradictoirement avec ses prémisses, que les femmes
ont à la vérité certains traits signalétiques de leur
sexe, au moral comme au physique. Mais ce sont là
pour son esprit subtil moins des objections de principe
que des motifs de préférence :

« On a dit que les femmes, malgré beaucoup d'esprit,
« de sagacité, et la faculté de raisonner portée au même
« degré que chez de subtils dialecticiens, n'étaient
« jamais conduites par ce qu'on appelle la raison. Cette
« observation est fausse : elles ne sont pas conduites,
« il est vrai, par la raison des hommes, mais elles le
« sont par la leur.

« Leurs intérêts n'étant pas les mêmes, par la faute

« des lois, les mêmes choses n'ayant point pour elles
« la même importance que pour nous, elles peuvent,
« sans manquer à la raison, se déterminer par d'autres
« principes et tendre à un but différent. Il est aussi rai-
« sonnable à une femme de s'occuper des agréments
« de sa figure, qu'il l'était à Démosthène de soigner sa
« voix et ses gestes.

« On a dit que les femmes, quoique meilleures que les
« hommes, plus douces, plus sensibles, moins sujettes
« aux vices qui tiennent à l'égoïsme et à la dureté du
« cœur, n'avaient pas proprement le sentiment de la
« justice (1), qu'elles obéissaient plutôt à leur sentiment
« qu'à leur conscience. Cette observation est plus vraie,
« mais elle ne prouve rien : ce n'est pas la nature, c'est
« l'éducation, c'est l'existence sociale qui cause cette
« différence. Ni l'une ni l'autre n'ont accoutumé les
« femmes à l'idée de ce qui est juste, mais à celle de
« ce qui est honnête. Eloignées des affaires, de tout
« ce qui se décide d'après la justice rigoureuse, d'après
« des lois positives, les choses dont elles s'occupent,
« sur lesquelles elles agissent, sont précisément celles
« qui se règlent par l'honnêteté naturelle et par le sen-
« timent. »

Un « antiféministe » ne dirait pas autre chose...

L'émancipation politique, telle que la comprend
Condorcet, entraînerait implicitement l'émancipation
conjugale. Ecoutons-le en effet :

« On ne peut alléguer la dépendance où les femmes
« sont de leurs maris, puisqu'*il serait possible de
» détruire en même temps cette tyrannie* de la loi ci-
« vile... »

La raison d'opportunité n'existe pas pour Condorcet :

(1) Condorcet, en risquant cette opinion, répète Thomas. A
son tour, M. Naville, de nos jours, appuie Condorcet, quand il
remarque que « les opinions des femmes les plus distinguées
ne reposent habituellement ni sur des vues élevées de justice,
ni sur des considérations pratiques d'utilité. » (*Conférences*).

il est toujours opportun de bien faire. Pas davantage
il ne se montre inquiet de l'orientation nouvelle que
l'entrée des femmes sur la scène pourra donner à la
politique :

« Comme jusqu'ici les femmes n'ont été admises
« dans aucun pays à une égalité absolue, comme leur
« empire n'en a pas moins existé partout, et que, plus
« les femmes ont été *avilies* par les lois, plus il a été
« dangereux..., n'est-il pas vraisemblable que cet em-
« pire diminuerait si les femmes avaient moins d'in-
« térêt à le conserver, s'il cessait d'être pour elles le
« seul moyen de se défendre et d'échapper à l'oppres-
« sion ? »

Voici enfin comment il répond à l'objection grave
que la politique détournerait les femmes des soins du
ménage, comme le pensait Mirabeau, et avec lui la
Convention, qui finit par fermer les clubs de femmes.
Ne faisons pour le moment que citer le passage, car
nous aurons dans la partie doctrinale de cette étude à
discuter aussi cette question, ainsi que tous les autres
arguments de « fond » (1) :

« Mais, dira-t-on, ce changement serait contraire à
« l'utilité générale, parce qu'il écarterait les femmes
« des soins que la nature semble leur avoir réservés.

« Cette objection ne me paraît pas bien fondée.
« Quelque constitution que l'on établisse, il est certain
« que dans l'état actuel de la civilisation des nations
« européennes, il n'y aura jamais qu'un très petit
« nombre de citoyens qui puissent s'occuper des affaires
« publiques. On n'arracherait pas les femmes à leur
« ménage plus que l'on n'arrache les laboureurs à leurs
« charrues, les artisans à leurs ateliers. Dans les
« classes plus riches, nous ne voyons nulle part les
« femmes se livrer aux soins domestiques d'une ma-
« nière assez continue pour craindre de les en dis-

_____

(1) Nous sommes obligé de prier le lecteur de nous faire ce
crédit, pour conserver au plan de ce travail l'ordre et l'unité.

« traire, et une occupation sérieuse les en détourne-
« rait beaucoup moins que les goûts futiles auxquels
« l'oisiveté et la mauvaise éducation les condamnent.

   « La cause principale de cette crainte est l'idée que
« tout homme admis à jouir des droits de cité ne
« pense plus qu'à gouverner ; ce qui peut être vrai
« jusqu'à un certain point dans le moment où une
« constitution s'établit ; mais ce mouvement ne saurait
« être durable. Ainsi il ne faut pas croire que parce
« que les femmes pourraient être membres des assem-
« blées nationales, elles abandonneraient sur-le-champ
« leurs enfants, leur ménage, leur aiguille ».

   Nous avons tenu à présenter dans toute leur ampleur
les opinions de Condorcet, car il est, comme on le sait.
le « père » du féminisme politique. Depuis près de
cinq quarts de siècle que ces théories furent émises,
on n'y a guère ajouté, et les « suffragistes » de l'ancien comme du nouveau continent vivent toujours sur
ce fonds. Mais la doctrine fixée ainsi dans ses grandes
lignes recevra, comme nous le verrons plus loin, d'un
philosophe anglais de notables développements (1).

----

(1) Condorcet, comme « féministe », avait pourtant été
précédé de peu de temps par un Allemand du nom de *Hippel.*
   Ce Hippel, qui était un ami et un disciple de Kant, fit paraître
en 1792, à Berlin, un ouvrage intitulé : *Ueber die bürgerliche
Verbesserung der Frauen.*
   Nous nous bornons à mentionner le titre de ce livre, parce
qu'il ne jouit en France d'aucune espèce de notoriété.
   En Allemagne, il a été abondamment — et rudement —
réfuté par un sociologue « à la dent dure », M. le Dr Mœbius,
de Leipzig, dans son traité de *L'Infériorité intellectuelle de la
femme, établie par la physiologie,* chez Carl Marhold, à Halle,
1905.
   Nietzsche a aussi écrit des pages très fortes et très pro-
fondes sur l'incapacité des femmes comme sexe politique.
Voir notamment le chapitre intitulé : *Nos Vertus* dans *Par delà
le Bien et le Mal.*

Déclaration des droits de l'homme.

Avant de quitter la période révolutionnaire, mentionnons, pour mémoire, la *Déclaration des Droits de l'Homme,* qui définissait les principales libertés du citoyen.

On va sans doute se récrier, et nous objecter que cette Charte, purement masculine, représenterait plutôt, par prétérition, une injustice envers les femmes.

Ainsi en ont jugé les féministes de tous les temps, et c'est pourquoi, dès le lendemain, la fameuse Olympe de Gouges prétendit combler cette criante lacune par une Contre-Déclaration en dix-sept articles qu'elle fit imprimer et distribuer à profusion (1). De nos jours une autre féministe militante, une de celles qu'on appelle « les Dames du Palais », a « remis au point » cette *Déclaration du Droit des femmes* de la fougueuse Olympe.

Nous ne croyons pas nécessaire de reproduire ces deux déclamations, qui n'introduisent respectivement aucun élément vraiment nouveau dans le débat. Il nous semble plus expédient de rappeler qu'une des « Clubistes » de la *Section des Droits de l'homme* avoua, sous la Révolution, que « la Déclaration des Droits est *commune à l'un et à l'autre sexe,* et que la seule différence consiste dans les devoirs, ceux-ci étant publics, et ceux-là, privés » (2).

C'est le langage même du bon sens. Le « droit de l'homme », mis en opposition avec « le droit de la

(1) On la trouvera un peu partout, notamment dans *La légende de la femme émancipée,* de Firmin MAILLARD, pages 9-10, librairie Illustrée (disparue depuis), 7 rue du Croissant (sans date de publication).

(2) Bibl. nat. L^b 40, 2411.

femme », à propos de la *Déclaration des Droits de
l'Homme*, ce n'est au fond qu'un assez pauvre calembour, indigne d'une discussion sérieuse. La révolution
a bel et bien entendu proclamer les droits de *l'individu*, à quelque sexe qu'il appartienne. L'expression :
« les droits de l'homme » doit donc se traduire ainsi :
« les droits de l'être humain. »

DE L'EMPIRE A LA TROISIÈME RÉPUBLIQUE

Madame de Staël.

Dans quel parti faut-il classer Mme de Staël? Elle est également « revendiquée » par les féministes, comme ayant montré jusqu'où peut aller le génie féminin, et par leurs adversaires, comme ayant lâché ce fameux aveu : « La gloire pour une femme est le deuil éclatant du bonheur », et comme s'étant appliquée dans ses deux romans à présenter le développement de cette pensée.

En effet, *Delphine* et *Corinne* montrent aux femmes tout le néant du bonheur cherché ailleurs que dans les affections de la nature. L'intention de l'auteur semble avoir été de détourner les femmes de la poursuite de la réputation littéraire, et l'exemple que l'auteur semble avoir voulu offrir au public, c'est Mme de Staël elle-même, mais une Mme de Staël idéalisée.

Avant même qu'elle formulât sa célèbre maxime, Germaine Necker en fit le commentaire anticipé dans le *Journal* qu'elle tenait alors de sa vie. On y lit ce passage : « *Que les femmes sont peu faites pour suivre la même carrière que les hommes !* Lutter contre eux, exciter en eux une jalousie si différente de celle que l'amour leur inspire ! Une femme ne doit rien avoir à elle et trouver toutes ses jouissances dans ce qu'elle aime. » Le « féminisme » de M⁰ᵉ de Staël n'est donc, comme celui de Thomas, comme celui de Legouvé (fils), comme celui de George Sand, et de tant d'autres qu'on ne lit plus, qu'une *légende*. A n'en pas douter, M⁰ᵉ de Staël désapprouverait le mouvement des « suffragettes ». .

Gabriel Legouvé.

Condorcet avait exposé sous la Révolution le *Droit* des femmes, Gabriel Legouvé célébra sous le Consulat (en 1801) le *Mérite* des femmes. Legouvé croyait être le premier qui eût chanté ce « mérite » en vers : il ignorait apparemment Marie de Romieu (1).

Ni la poétesse, ni le poète n'ont d'ailleurs réussi à « poétiser » la matière : celle-ci reste plus belle dans sa nudité que sous les ornements artificiels dont Legouvé surtout l'a chargée. Combien la simplicité des récits de l'histoire est plus propre à nous faire admirer la vertu de toutes les héroïnes qui défilent, plus ou moins intelligiblement désignées, dans la cantate de Legouvé (2) ! On peut aller jusqu'à dire qu'il faut que le « mérite » des femmes soit bien robuste pour avoir résisté aux hyperboles, aux prosopopées, aux allégories, aux périphrases, aux paraphrases obscures dont l'a enveloppé l'imitateur de Delille.

Il prend pour muse M⁰ᵉ de Genlis, cette caricature du pédagogue selon le cœur de Jean-Jacques, cette fade romancière, cette mémorialiste immorale, cette

(1) Voir ci-dessus, p. 6. Quant au *titre* même de son poème il l'a pris textuellement à Saint-Gabriel (Voir ci-dessus, page 6), qui lui-même l'avait pris à son inventeur, Moderata Fonte, femme de Philippe de Giorgi (1600).

(2) La plupart du temps on ne les reconnaîtrait même pas, n'étaient les copieuses *notes* dont le poème est accompagné, et qui le font ressembler à un ouvrage « à clefs ».

intrigante éhontée, qu'on ne peut sans une extrême complaisance considérer comme une des « illustrations » de son sexe.

Le poème de Legouvé, qui est court (625 vers), est encore bien long (1), s'il ne s'agit que d'établir le « mérite » des femmes, lequel personne ne met en doute. Il est tout entier calculé en vue du vers final :

> *Tombe aux pieds de ce sexe à qui tu dois ta mère !*

vers qui est typique du goût précieux de l'auteur : *les pieds* d'un *sexe* (2) ! Tel est l'inconvénient qu'il y a à n'écrire un ouvrage, prose ou vers, qu'en vue du « mot de la fin ». Presque toujours ce « mot de la fin » est, comme ici, caractéristique de la tournure d'esprit de l'auteur. Dans l'espèce, cet auteur se révèle versificateur banal de l'école de Voltaire, pâle rival des Laharpe, des Ducis, des M. J. Chénier, des Marmontel : tout ce que l'on voudra, excepté *poète*.

Ernest Legouvé.

Il n'y a que son fils, l'honnête Ernest, qui ait jamais pris Gabriel Legouvé pour un poète. Illusion filiale, et peut-être aussi innocent calcul pour se grandir soi-

(1) Ainsi en jugeaient déjà les contemporains de l'auteur. Un jour que dans un salon littéraire du temps, Legouvé tirait de sa poche son manuscrit du *Mérite des femmes* pour en donner la primeur aux assistants, l'un d'eux, le vicomte de Ségur, témoignait quelque inquiétude, à la façon du vieux général du *Monde où l'on s'ennuie*, quand il est menacé de la lecture d'une tragédie..... « en vers ».

Mais, en entendant annoncer le titre du poème : *Le mérite des femmes*, rasséréné, le vicomte s'exclama :

— A la bonne heure ! voilà qui ne sera pas long !

(2) C'est la même incohérence d'images que dans le vers, non moins « célèbre », de Belmontet (second Empire) :

> Le vrai feu d'artifice est d'être magnanime !

même ! On disait plaisamment d'Ernest Legouvé, vers
la fin de sa vie, qu'il paraissait si vieux, si vieux, qu'il
avait l'air d'être son père. On pourrait dire également
que ce collaborateur de Scribe est si peu poète qu'il a
l'air d'être le rimeur du *Mérite des femmes*. Du moins
s'est-il bien gardé d'accorder sa lyre pour raconter
l'*Histoire morale des femmes* ; il en a fait un livre de
belle et ferme prose, et un livre très propre... à refré-
ner l'orgueil féminin.

Car il est arrivé à l'académicien Ernest Legouvé la
même aventure qu'à l'académicien Thomas. Tous
deux, sur la foi du *titre* de leurs ouvrages, passent,
aujourd'hui encore, pour des « féministes », alors
qu'ils sont tous deux des « amis des femmes », ce qui
est loin d'être la même chose. Nous devons réserver,
en effet, le nom d' « amis » à ceux qui se font scrupule
d'entretenir, chez ceux qu'ils disent aimer, des illusions pernicieuses et qui se font scrupule de flatter,
de corrompre...

L'*Histoire morale des femmes*, résumé d'un cours pro-
fessé au Collège de France, et qui fut publiée en 1848,
c'est-à-dire à une époque où de nouveau les espoirs
féminins s'allumaient, est la quadruple idéalisation de
la femme en tant que fille, épouse, mère, et femme.
On y sent un homme parfaitement heureux en ménage, et qui payait publiquement, avec éloquence et
onction, son tribut de reconnaissance à celles qui lui
rendaient l'existence agréable. Mais quel détracteur
de ce qu'on nomme le « féminisme » !

C'est, en effet, à Ernest Legouvé que l'on doit la plus
forte et la plus complète démonstration de cette théorie que *le génie est masculin* (1). L'historien passe en
revue les principaux genres littéraires et artistiques.

(1) Déjà Joseph de Maistre en avait esquissé les grands
traits dans ses fameuses *Lettres à sa fille*, Constance (1802 à
1814). Daniel Stern, une femme (la comtesse d'Agoult), confirme l'un et l'autre : voir à l'Appendice, pièce 2).

constate que la contribution féminine y est mince, et croit trouver les causes de cette infériorité dans la *nature* de la femme. Il nie que l'*éducation*, même intensive, ce fétiche de Condorcet, y changeât grand' chose. On se heurte, dit-il, à une impuissance radicale. Il ne faut demander à chaque arbre que les fruits qu'il est *destiné* à porter. Donnons-lui la parole :

« ... Comment expliquer ces faits ?

« Par l'insuffisance de l'*éducation* féminine? Sans « doute c'est là une des causes qui les ont produits, « mais ce n'est pas la seule, ce n'est même pas peut- « être la principale. En effet, l'étude de la musique, « par exemple, tient beaucoup plus de place dans la « vie des femmes que dans la nôtre : la profession « théâtrale est ouverte aux actrices comme aux ac- « teurs, et cependant ni le commerce assidu des « grandes œuvres harmoniques, ni le contact perpé- « tuel avec le goût du public, qui créa en partie Mo- « lière, Shakespeare et Le Sage, n'ont donné aux « femmes le *génie* dramatique ou musical.

« Il faut donc aller chercher la solution du problème « ailleurs, c'est-à-dire dans *la nature des êtres et des « choses...*

« *Les facultés dont se compose le génie sont précisé-* « *ment celles qui manquent à la nature des femmes.* « Les femmes, dans les formes les plus élevées de « l'art, peuvent donc se montrer ingénieuses, tou- « chantes, éloquentes même, mais *rarement supé-* « *rieures.* Par compensation, ou plutôt par une suite « de la même loi, il est quatre genres *secondaires* qui « leur promettent des succès éclatants : c'est la poésie « élégiaque, le roman, le style épistolaire et la cau- « serie. Là toutes leurs qualités sont de mise, leurs « défauts deviennent des qualités... »

En *critique*, il les récuse nettement. Quant au genre *oratoire*(1), il n'en dit rien, et c'est ce qui fait que sa dé-

_____

(1) Il ne s'agit ici, bien entendu, que de l'éloquence de la

monstration n'est pas encore aussi complète qu'elle aurait pu l'être. S'il est un genre, en effet, qui paraisse complètement inaccessible à la femme, tant à cause des facultés physiques que des facultés intellectuelles et morales qu'il exige, c'est bien l'*éloquence*. Une femme-orateur, cela se conçoit à peine, et en tout cas l'expérience ne nous en a jamais révélé (1).

Or, de toutes les capacités qui seraient nécessaires aux femmes pour faire œuvre politique, celle-là est évidemment la plus indispensable. Sans elle toutes les autres sont de mince importance. Legouvé ne l'a pas dit positivement, mais il l'a laissé entendre, quand il a inséré dans la quatrième édition de son *Histoire morale des femmes* ce passage significatif : « *Les femmes ne sont pas faites pour être des hommes d'État.* Toute tentative d'émancipation retardera pour elles, nous l'avons bien vu en 1848, leur légitime désir de l'émancipation dans la famille ». Il faut donc renoncer à faire d'Ernest Legouvé l'un des apôtres de l'émancipation politique des femmes : cette légende ne supporte pas l'examen.

L'auteur qui a écrit des pages exquises — et c'est dans cette partie de son œuvre qu'il s'est montré vraiment *poète* — sur la beauté et la sainteté du mariage, n'aurait pu sans une contradiction singulière penser à engager les femmes dans la bagarre politique. On est même fondé, d'après cette peinture émue et éloquente, à conclure que telle autre des « conquêtes » du féminisme, soit dans l'ordre économique, soit dans l'ordre social, n'eût pas obtenu l'approbation de Legouvé : le divorce, par exemple, l'invasion des carrières viriles, etc. Il dit, en effet :

« Le mariage peut seul donner à l'action féminine
« un caractère de *continuité* et de pureté. Je ne crois

tribune. Nous reviendrons d'ailleurs sur cette question dans notre III° partie et dans notre IV° partie.

(1) Voir ci-après, III° partie.

« pas à l'influence bienfaisante d'une femme qu'on
« n'aimait pas hier et qu'on n'aimera plus demain...
« Mais une longue vie parcourue et à parcourir en-
« semble, la communauté de l'avenir et du passé, les
« enfants surtout, les enfants à élever, tout dans le
« mariage communique au pouvoir de la femme un
« calme et un sérieux qui en font réellement une
« *profession* pour elle... *Toute épouse vraiment épouse*
« *a pour carrière la carrière de son mari...* »

Telles sont les opinions véritables de l'auteur de
l'*Histoire morale des femmes*. On comprend qu'elles
étaient chez lui héréditaires. Ce redressement d'une
erreur était nécessaire ; on a jusqu'ici enrégimenté
pêle-mêle parmi les précurseurs du mouvement féministe des écrivains qui, au contraire, ont dénoncé tout
ce qu'il y a de factice, d'inquiétant et de décevant dans
cette agitation. Si jamais le législateur s'occupe; de
cette question, il faut qu'il ait sous les yeux des pièces
authentiques et des textes exacts.

Proudhon.

En 93 et en 48, le féminisme, ainsi que tous les mouvements révolutionnaires, descendit dans la rue et ne
s'imposa plus aucune espèce de contrainte. On verra
plus loin à quels excès la propagande alors se porta.
Mais l'*idée* même ne fit pas un pas en avant pendant
ces périodes d'effervescence. Les fourriéristes, saint-
simoniens, disciples du Père Enfantin, et autres « ré-
générateurs » de la société ne parvinrent pas à rajeu-
nir le vieux thème des revendications féminines.

La seule note originale qui fut produite dans le concert des déclamations sociales fut celle que fit entendre
Proudhon. Mais cette note était une dissonance : l'auteur de *La justice dans la Révolution et dans l'Eglise*
cribla de sarcasmes les prétentions féminines, et, ce
qui valait mieux encore que des sarcasmes, s'appliqua

à en faire voir tout le néant. Ce serait pour nous une
véritable récréation que de suivre Proudhon dans ses
développements ingénieux et brillants, mais nous
nous souvenons que notre tâche est toute' différente.
Elle consiste à rassembler, au contraire, les principaux
arguments qui ont été à diverses époques proposés
en faveur du féminisme politique, pour n'en retenir,
il est vrai, que ceux qui nous auront paru fondés. Il
nous faut donc, mais à regret, doubler le cap imposant
que Proudhon dressa en face de la marée montante
du féminisme, et arriver directement à Stuart Mill.

Stuart Mill.

Le fameux traité de l'*Assujettissement des femmes*,
Subjection of Women, par Stuart Mill, parut en 1869.
Il fut traduit en français par Cazelles en 1876. Ce petit
volume eut un grand retentissement en Angleterre, et
sa publication fut vraiment le point de départ de l'actuelle agitation des « suffragettes ». Il est resté le livre
de chevet de toute bonne « militante ». En voici l'analyse détaillée et la discussion (1).

Chapitre I. — Ainsi que notre Condorcet, Stuart
Mill s'annonce comme un théoricien de « l'égalité parfaite, sans privilèges ni pouvoir pour un sexe, comme
sans incapacité pour l'autre ». Il croit que, pour avoir
été jusqu'ici respectée, cette institution (l'inégalité)
« n'est pas moins barbare que celles qu'on a détruites ».

Visiblement il veut, dès ses premières lignes, transformer un fait naturel et accepté de l'immense majorité, en *scandale* ; il veut *passionner le débat* et persuader qu'elles sont opprimées à des femmes qui n'y
pensaient guère.

(1) Nous joignons cette fois la discussion à l'analyse, parce
que sur ce sujet nous espérons éviter les doubles emplois
avec nos réflexions ultérieures.

Il convient que la cause qu'il cherche à détruire au nom de la « raison », s'appuie « d'une part sur un usage universel, et de l'autre sur des sentiments d'une puissance extraordinaire » (1). Mais, en pareille matière, n'est-ce pas là justement ce qu'on appelle la « raison » ? Il lui serait tout au plus permis de dire qu'il va opposer *sa* « raison » individuelle au consentement général. Il nous reproche d'avoir fait, « au lieu de l'apothéose de la raison, celle de l'instinct », mais l'instinct n'est-il pas un guide plus sûr que la raison raisonnante en matière de vie sociale ? Comme avec Condorcet donc, nous avons affaire en lui à un de ces esprits abstraits qui voudraient rebâtir la société sur le plan idéal qu'ils ont dans l'imagination. Préjugé, routine, instinct, voilà ce qu'il prétend avoir à combattre, ce représentant peu modeste de la « saine psychologie ». Procédé de polémiste plutôt que de philosophe, puisqu'il commence par discréditer ce qu'il veut ruiner.

Il fonde naturellement l'origine de la société sur la force brutale. « L'inégalité des droits de l'homme et de la femme n'a pas d'autre origine que la loi du plus fort. » Sur ce point Condorcet lui-même se séparerait de Stuart Mill (2).

Le philosophe anglais n'est pas moins en opposition avec les sociologues féministes de la nouvelle école, lesquels affirment qu'au début de la civilisation régnait l'empire de la femme sous le nom de « matriarcat ». Un certain Suisse allemand, nommé Bachofen, a attaché son nom à cette « découverte »... qu'aucun historien sérieux n'a jamais voulu prendre à son compte.

(1) En effet, Schérer va jusqu'à dire que « la subordination de la femme à son mari, c'est *la nature même des choses* » (*Le Temps*, 18 mars 1886), et M. Naville ajoute, qu' « il n'est pas beaucoup plus raisonnable d'en demander le pourquoi, que de demander à l'autorité paternelle de justifier ses titres » (*Conférences*).

(2) Voir à l'Appendice, la pièce n° 1.

D'après Stuart Mill donc, la dépendance actuelle des femmes, transformation de leur ancien « esclavage », ne serait pas autre chose qu'un legs de la barbarie ancestrale.

Dans le domaine politique on est parvenu peu à peu à restreindre ces abus de la force, mais dans le domaine conjugal le pouvoir de l'homme sur la femme est bien autrement « inexpugnable ». Du moins Stuart Mill le dit, et en gardant sa gravité coutumière, car il ne badine jamais comme Condorcet. Il le dit, comme si le code du mariage ne s'adoucissait, ne s'élargissait, ne se relâchait sans cesse, au point de finir par ressembler à un simple « contrat de louage » ! Où donc est cet « état chronique de corruption et d'intimidation combinées » dans lequel il prétend que les femmes sont plongées ? Quand il parle de « joug de servitude à jamais rivé sur le col que l'homme fait plier », il fait sourire les femmes qui le lisent. Il raisonne beaucoup plus en peintre qui charge les couleurs, ou en avocat qui grossit la voix qu'en philosophe et en savant ; aussi ne persuade-t-il guère que les « convertis ».

Son assimilation de la femme-esclave au nègre-esclave est du même ordre ; arguments spécieux et indignes d'un homme impartial ou instruit. Il parle sans cesse de « domination de l'homme », de « despotisme masculin », etc., et ces signes finissent par se substituer en son esprit à la chose signifiée, au point qu'il semble croire réellement à la « domination » de l'homme et au « despotisme » du mari.

En somme, il se trompe encore plus qu'il ne nous trompe. Il se « suggestionne » avec ses propres mots. A moins qu'il ne s'agisse des Turcs — des Turcs d'avant la Constitution — on ne voit aucune des nations civilisées à qui puissent s'appliquer toutes ces flétrissures. En tout cas ce n'est ni pour ses compatriotes (1), ni pour les Français qu'il écrit. *Alors ?*

_____

(1) Nous aurons à montrer dans notre II° partie que

Il se fait une objection : mais les femmes ne se plaignent pas de cette oppression.

Réponse : c'est qu'elles n'osent pas! Au surplus elles commencent à lever la tête et à rougir de leur abaissement.

Développement sur la soumission innée de la femme, et réquisitoire contre l'éducation dégradante qu'elle reçoit. On dresse la femme à l'obéissance comme un cheval à traîner des voitures.

Toutes les incapacités traditionnelles sont tombées les unes après les autres ; seule l'incapacité de la femme subsiste : anachronisme.

Tous nous pouvons arriver à tout, mais la femme, elle, ne peut jamais sortir de la subordination.

— Un autre que Stuart Mill en conclurait qu'il faut donc qu'un tel état de choses soit fondé en *raison*. Mais cet esprit rectiligne, fanatique de l'uniformité, se déclare simplement scandalisé de l'anomalie.

Il lui échappe alors cet aveu que « l'histoire montre que la condition des femmes a toujours été en se rapprochant de l'égalité avec l'homme ».

Eh bien, il y a donc beaucoup moins de rigidité qu'il ne le croit dans le lien qui unit les deux sexes. Comment Stuart Mill ne voit-il pas que le mariage a, comme toutes les autres institutions, évolué, et qu'une évolution plus brusque serait certes fâcheuse ? Car au fond c'est le procès du mariage même qu'il entreprend, du mariage qui, depuis Stuart Mill, a été chez nous « tem-

la condition de l'Anglaise mariée s'est encore beaucoup adoucie depuis les *Actes* de 1878, 1886 et 1895, relatifs à la séparation judiciaire, et depuis ceux de 1870 et 1882, relatifs à la propriété de la femme mariée.

L'égalité dans le mariage est, juridiquement, réalisée dans l'Angleterre d'aujourd'hui, et c'est sans doute la raison pour laquelle le mouvement des « suffragettes » est avant tout un mouvement de... vierges.

Mais, même en égard à l'époque de Stuart Mill, le tableau est trop poussé au noir.

péré » par le divorce. Il est fort possible que, revenant au monde, le philosophe anglais, qui n'avait pas l'âme révolutionnaire, se déclarât satisfait et ne souhaitât pas qu'on aille plus loin dans la voie de l'émancipation juridique.

Mais reprenons le fil de ses déductions.

Il ne veut pas qu'on invoque la « nature » de la femme pour justifier sa subordination. Car ce qu'on appelle ainsi est « un produit éminemment artificiel ». Pourquoi ? Parce que nous ne pouvons la juger que dans ses rapports avec l'homme. Mais l'homme lui-même, s'il vous plaît, pouvons-nous le juger autrement que par rapport à la femme, et ne le concevrions-nous pas tout différemment, si nous supprimions cette « adaptation » d'un sexe à l'autre ? N'y a-t-il pas réaction réciproque et empreinte mutuelle ? Ne sommes-nous pas tous « conditionnés » par le milieu ? Peut-on se représenter l'homme autrement qu'en fonction de fils, de frère, d'époux, de père, et ces fonctions domestiques ne sont-elles pas plus modificatrices de son caractère que sa fonction même de citoyen ? Ainsi le raisonnement de Stuart Mill se retourne parfaitement contre lui.

Il ne souffre donc pas qu'on lui objecte la nature des femmes : « personne ne les connaît, pas même elles-mêmes », dit-il sans ombre d'épigramme. Aussi bien la tension continuelle qui règne dans son ouvrage, l'absence totale de grâce et d'aménité, la raideur toute britannique en font-elles une lecture parfaitement ennuyeuse. Comme un sourire, çà et là, à défaut d'humour, eût été seyant à un tel sujet ! Comme un Français, même féministe, eût dit autrement que ce trop grave Anglais qu'un mari ne connaît pas sa femme ! Mais Stuart Mill ignore la « manière »...

Il gémit de ce que la littérature féminine elle-même n'est révélatrice d'aucune particularité de psychologie féminine.

« La femme la plus illustre qui ait laissé des œuvres

« assez belles pour conquérir une place éminente dans
« la littérature de son pays, a cru nécessaire de mettre
« cette épigraphe à son ouvrage le plus hardi : « Un
« homme peut braver l'opinion ; une femme doit s'y
« soumettre » (1). La plus grande partie de ce que les
« femmes écrivent sur leur sexe n'est que flatterie pour
« les hommes. Si la femme qui écrit n'est pas mariée, il
« semble qu'elle n'écrive que pour trouver un mari.
« Beaucoup de femmes mariées ou non vont au delà :
« elles propagent sur la soumission de leur sexe des
« idées dont la servilité dépasse les désirs de tout
« homme. »

Qu'on accorde donc aux femmes toute liberté : elles
n'en abuseront, ni n'en mésuseront jamais. Stuart Mill
du moins s'en porte garant.

Pour lui, c'est un préjugé masculin de croire que
leur « vocation naturelle soit le mariage et la maternité. » Avouons que pour notre part nous donnions
dans ce préjugé. Mais qu'au moins Stuart Mill nous accorde qu'il est respectable et qu'il n'est pas inspiré par
l'égoïsme ! Stuart Mill s'en garde bien : d'après lui, c'est
nous qui contraignons les femmes à cette « vocation »,
absolument comme les planteurs de la Louisiane
forcent les nègres à cultiver le sucre et le coton, ou
comme en d'autres pays on embauche de force des
matelots. Oui, ce doctoral et intrépide logicien n'hé-
site pas à établir de telles analogies ! Comme l'excellent Thomas, qui n'aurait peut-être pas même su démontrer un cas d'égalité des triangles, a mieux rai-
sonné que le mathématicien Condorcet et que le philosophe Mill sur l'égalité des deux sexes ! Tant il est
vrai que « si les sciences instruisent, il n'y a que la
littérature qui cultive ! » (A. Vinet).

Et c'est le chapitre Ier de l'*Assujettissement des
femmes*.

(1) Mme de Staël, *Delphine*.

Chapitre II. — Amère satire du « pacte matrimonial », qui prouve que « la société a *mieux aimé* arriver à son but par des moyens *honteux* que par des moyens honnêtes ». Malgré l'adoucissement des lois et des mœurs, l'épouse n'a pas cessé d'être « l'esclave de son mari ». Tous deux ne forment qu'une « personne légale » ; le mari est « responsable envers autrui des actes de sa femme, comme un maître l'est des faits et gestes de ses esclaves ou de son *bétail*. » La femme est même plus esclave que l'esclave dans l'antiquité ou que le nègre, car son esclavage, à elle, ne cesse jamais. Ce qui achève de faire de sa condition « le pire des esclavages », c'est ce qu'on appelle la « puissance paternelle ». Cette peinture mélodramatique de la férocité d'une société marâtre ne prouve rien du tout, car il serait très aisé de lui en opposer une autre, où l'on déplorerait le sort d'un bon et honnête homme, marié à une mégère ou à une coquine. On est confondu, on souffre de voir un philosophe s'abaisser à ces procédés vulgaires de discussion, et prendre ainsi de vaines déclamations de rhétorique pour des raisonnements de savant. Il y a chez lui un parti pris évident contre le mariage :

« En conséquence, dans l'état présent des choses, « ceux qui en usent avec le plus de bienveillance avec « leur femme sont tout aussi souvent *corrompus* que « raffermis dans l'amour du bien par son influence... »

Que ne dit-il sans ambages qu'il faut remplacer le mariage par l'union libre, puisque la bonté même de l'homme s'aigrit, paraît-il, au contact de la femme, et puisque telle est enfin la conclusion logique de ses brutales prémisses ?

Il voudrait que le mariage fût une association analogue à une association commerciale. Bon. Mais précisément dans un pacte de ce genre, il y a toujours prépondérance de principe ou de fait, pour l'un des associés ; un seul a la *signature*. Si ce n'est pas le mari qui commande, il faudra bien que ce soit la femme,

car il ne peut y en avoir qu'*un* qui décide et ordonne.
Ne fût-ce qu'à cause des tiers, il faut qu'il n'y ait
qu'une seule tête : la simplification et la rapidité des
transactions exigent l'unité de direction.

En fait, dans le mariage les résolutions sont le plus
souvent prises d'un commun accord, mais, dans les
cas où une prompte décision s'impose, par suite d'ur-
gence, *le bon sens* indique que le plus expérimenté, le
plus âgé des deux conjoints — c'est, en général, le
mari — doit prononcer... On ressent quelque gêne à
être obligé de défendre ainsi les droits du sens commun contre d'aussi grands esprits que Stuart Mill et
Condorcet, qui ont ressassé sur la question des « prérogatives » maritales les mêmes lieux communs (1).

Ce qui irrite l'auteur de l'*Assujettissement*, c'est que
la Loi, qui ignore les aptitudes individuelles et qui ne
peut qu'organiser un statut général et invariable, don-
fère au mari le droit en principe de décider. Mais il
dépend des conjoints de plier ce cadre — qui est très
souple — à leurs facultés respectives, selon leur sagesse et leur sympathie mutuelle. Et c'est ce qui a lieu
communément. Alors, pourquoi s'indigner, pourquoi
crier au despotisme ? Pourquoi verser dans toute
cette sentimentale phraséologie ? Pourquoi fermer
obstinément les yeux à l'*esprit* de la loi et n'en voir
que la *lettre* ?

« La seule école du véritable sentiment moral, dit
Stuart Mill, est la société entre égaux. » D'accord, mais
en quoi la déférence de la femme pour le mari im-
plique-t-elle inégalité ? Quelle femme normale croit
« s'abaisser » parce qu'elle se sera rangée à l'opinion
de son mari ? Quelle humiliation y a-t-il même dans
l'*obéissance* en vue du bien commun ? Et combien de
passages tels que celui-ci renferment une méconnais-
sance totale des besoins véritables de la société, de plus
en plus travaillée par de sourds ferments de révolte !

(1) Voir ci-dessus p 18.

« Le commandement et l'obéissance ne sont que
« des nécessités malheureuses de la vie humaine :
« l'état normal de la société, c'est l'égalité. Dans la vie
« moderne déjà, et toujours plus à mesure qu'elle
« marche dans la voie du progrès, le commandement
« et l'obéissance deviennent des faits exceptionnels ».

Paroles bien regrettables dans la bouche d'un philosophe, car c'est justement la superstition d'une égalité
chimérique qui est la source du malaise social ! Il
appartenait à un moraliste, à un « penseur », de forti-
fier, au contraire, le principe d'autorité, partout battu
en brèche. Stuart Mill a contribué pour sa part à éner-
ver ce principe de discipline sociale ; comme un vul-
gaire démagogue, il entretient de malsaines illusions,
colorées du beau nom de « morale de justice ».
Comment cette « morale de justice » se conciliera-t-
elle avec la destruction de la « cellule sociale », à
savoir la *famille* ? Car Stuart Mill en veut à la famille
encore plus qu'au mariage : *la famille*, dit-il, *est une
école de despotisme, où les vertus du despotisme, mais
aussi ses vices, sont plantureusement nourris.* Ou bien
c'est là une simple phrase, ou bien c'est une détestable
excitation. Il faut que l'on mette son sens propre à un
bien haut prix pour se flatter ainsi de pouvoir réédi-
fier la famille sur d'autres bases, et plus « justes », et
plus « pures » que ses bases traditionnelles. Dans
quelle aventure pleine d'inconnu ce doctrinaire veut-
il nous engager ? Quel « sentiment intense de votre
dignité et de l'importance de votre propre personnalité » comme il dit, vaudra jamais l'harmonie et la confiance réciproque qui sont l'honneur de la famille
française ? Dans quel pays déshérité Stuart Mill a-t-il
observé la *famille* pour avoir remarqué que les sentiments d'un mari pour sa femme sont « une sorte
de *mépris* qu'il n'éprouve pas pour une autre femme...
et qui lui fait considérer sa femme comme un *objet né
pour subir toute espèce d'indignités* » ?

Pourvu d'une si affligeante mentalité, Stuart Mill ne

pourra moins faire que de prendre en pitié le secours
que lui offrait la religion pour adoucir cette nécessité
de la dépendance. En effet il riposte avec une aigreur
farouchement « anticléricale » :

« Quand une chose est manifestement trop mauvaise
« pour que rien la puisse justifier, on vient toujours
« nous dire qu'elle est ordonnée par la religion. »

Stuart Mill termine ce chapitre en réclamant pour la
femme la propriété de son salaire, quand elle touche
un salaire, et d'une façon générale la propriété de ses
« acquêts » personnels. La loi franco-anglaise devait
lui donner bientôt satisfaction sur ce point. Quant au
divorce, remède radical, prétend-on, à l'assujettissement, il existait depuis longtemps en Angleterre
quand Stuart Mill publia son livre.

Chapitre III. — Stuart Mill énumère maintenant
et appuie les principales des « revendications » féminines. Il explique que la femme est aussi propre que
l'homme aux fonctions publiques. Il réclame pour elle le
droit de suffrage aux « élections tant du parlement que
des corps municipaux »(1). Il trouve « nécessaire de
donner à ces *esclaves* une protection légale, car nous
savons trop la protection que les esclaves peuvent
attendre quand les lois sont faites par leurs *maîtres* »,
et ainsi il réédite l'éternelle diffamation comme
quoi les hommes se proposent, de dessein formé et
concerté, l'asservissement des femmes (2).

Son opinion est que tout le monde est également
propre à tout. Par conséquent, il nie toute différence

(1) Vœu qui a été adopté depuis pour les élections municipales, mais ajourné pour les élections législatives.

(2) Il commet en même temps une naïveté ou une pétition
de principe, puisque c'est à ces mêmes *hommes*, des « tyrans »,
selon lui, qu'il demande d'affranchir leurs « esclaves ». Or,
comme ces « tyrans » consentiront à l' « affranchissement »,
c'est donc que Stuart Mill les calomniait. Car une *somme* de
« tyrannies » individuelles ne pourrait former un *libéralisme
collectif.*

foncière ou radicale entre les deux sexes, ce qui, de la part d'un psychologue, est à tout le moins étrange. Il induit la « vocation de gouvernement » du fait des femmes-reines, Elisabeth, Victoria, et il oublie que c'est *le hasard de la naissance* qui les a placées sur le trône. L'exemple des princesses *hindoues* (?) suffirait, d'ailleurs, dit-il, à le convaincre de « l'aptitude naturelle des femmes pour le gouvernement ». La boutade célèbre que « sous les rois les femmes gouvernent, et, sous les reines, les hommes », — boutade qui n'est que l'expression d'une vérité de fait — lui sert à établir doctoralement que « les femmes sont mieux faites que les hommes, non seulement pour occuper le trône, mais encore pour remplir les fonctions de premier ministre » . On dirait qu'il veut prouver qu'un Anglais est incapable de goûter le sel d'une plaisanterie française.

Les talents des femmes sont, d'après lui, « tournés vers la pratique ». Elles ont une « sagacité d'intuition » qui ne les préserve pas, il est vrai, des « généralisations hâtives », mais « ce défaut se corrigera quand les femmes auront un libre accès à l'expérience de l'humanité, à la science ». Plût au ciel que « l'accès à la science » conférât *ipso facto* la droiture du jugement !... Nous n'en serions pas à réfuter les idées de Stuart Mill lui-même.

La femme a plus que l'homme toutes ses facultés à commandement : elle a plus vite fait que lui de prendre son parti. On pourrait chicaner Stuart Mill sur cet axiome, car rien n'est plus fréquent que l'indécision féminine ; mais enfin on peut accorder à son champion que la femme l'emporte sur l'homme par la... précipitation.

Créature très excitable, la femme s'est vu reprocher sa mobilité. Mais Stuart Mill, lui, préfère cette facilité « de passer rapidement d'un sujet de méditation à un autre », à la concentration continue. Comme on le voit, il a réponse à tout.

Puis s'engage l'inévitable — et combien vaine ! — discussion phrénologique : le cerveau de la femme est moins volumineux que celui de l'homme. Mais pour Stuart Mill il n'y a rien à en inférer.

Objection : l'infériorité des femmes du côté de l'esprit.

Réponse : « il n'y a pas trois générations que les femmes... ont commencé à s'essayer dans la philosophie, la science ou les arts. » Il faut donc attendre et tout espérer de l'éducation. Fort bien, mais l'éducation ne procure pas le *génie*, lequel est habituellement spontané. Il est infiniment probable, au contraire, que tous les « bienfaits » de l'éducation, même la plus « intégrale », ne changeront pas grand'chose aux conditions et proportions existantes..... si ce n'est qu'ils auront développé le pédantisme féminin.

Éloge ridiculement exagéré du *style* de M⁻ᵉ de Staël et de G. Sand.

Cet étranger semble ignorer que c'est par le *style* que ces écrivains ont le plus vieilli.

Quant au peu d'originalité des conceptions féminines, Stuart Mill en convient, mais sur cet article encore il nous demande d'ouvrir aux femmes un large crédit de patience. Lorsqu'elles auront acquis toute l'érudition de l'homme, « il sera temps de juger par expérience si elles peuvent ou ne peuvent pas être originales ». Toujours la même chimère que le génie est un fruit de la science et de l'application ! Aucun des grands poètes dont s'honore l'humanité ne fut pourtant un « érudit ». Dans les beaux-arts, l'infériorité des femmes s'explique, suivant Stuart Mill, par le fait que « les gens du métier sont grandement supérieurs aux amateurs, et que les femmes artistes sont toutes des amateurs ».

Autre circonstance atténuante — car en somme Stuart Mill ne fait guère autre chose que plaider les circonstances atténuantes, et il écarte résolument la question de fond. — Les femmes, absorbées par les soins du ménage, *n'ont pas le temps* de cultiver les arts comme ils demandent à l'être. En outre, elles n'ont pas, comme l'homme, « soif de renommée », et, d'ailleurs, « le désir de la renommée passe chez elles pour de l'effronterie ». C'est donc encore la société qui est en faute.

Peut-être s'attendra-t-on que Stuart Mill accueille avec reconnaissance la concession que nous serions à la rigueur disposés à lui faire, à savoir que les femmes nous sont supérieures par la vertu. Ce serait mal connaître cet esprit paradoxal : rien ne l'agace autant que « ce sot panégyrique de la nature morale de la femme ». Il va même plus loin ; il prétend qu'une rage sourde est au cœur de toutes les femmes : « Si les femmes ne se plaignent pas (ouvertement) du pouvoir des maris, *chacune se plaint de son mari*, ou des maris de ses amies ». Cette finale signifie, pensons-nous, que chaque femme prend, par esprit de corps, fait et cause pour ses pareilles. Mais on pourrait l'entendre dans un sens plus badin. Le chapitre se termine sur cette menace enveloppée.

Chapitre IV. — Mais la société veut savoir « quel avantage elle obtiendra en abolissant cette *servitude* légale et monstrueuse ». D'abord l'avantage de faire régner dans le monde plus de justice. Le sentiment de sa supériorité corrompt l'homme et développe son orgueil.

Soit, mais il développe aussi le sentiment de sa responsabilité et son instinct de protection. Rares sont les hommes qui ne se montrent pas préoccupés de justifier aux yeux des femmes le « privilège » dont la nature les a investis. Voilà le gain positif pour la société, qu'il faut mettre en regard de la problématique « *immensité* de bienfaits que l'humanité recueillerait par la suppression de l'inégalité du sexe ».

Dans l'évaluation de cette « immensité » de bienfaits, Stuart Mill applique cette même rigueur mathématique dont usait déjà Condorcet et qui est si déplacée

3*

en matière morale : « Le second bienfait, dit-il, serait de *doubler la somme* des facultés intellectuelles que l'humanité aurait à son service ». Simple addition à faire : l'homme et la femme, ayant chacun sa valeur, doivent nécessairement avoir, quand ils sont associés, une valeur égale à la somme de leurs valeurs prises séparément. Soit A, l'homme = 10. Soit B, la femme = 8. Total : A + B = 18. Calcul très élémentaire... et très faux. Car 1 et 1 ne font 2 qu'en arithmétique. Mais Stuart Mill, comme son compatriote Bentham, mélange l'algèbre et le sentiment, et en fait un composé bizarre qui n'est plus ni de la science, ni de la psychologie. Avec des raisonnements aussi peu clairs que celui-ci : « S'il faut porter ces profits d'une part *en déduction de la somme* de puissance nouvelle que le monde acquerrait par la libération d'une *moitié* de l'intelligence humaine, il faut *ajouter* d'autre part le bienfait... », avec de tels raisonnements, disons-nous, on embrouille une question morale, bien loin de l'élucider.

Ce qui se dégage de toutes ces déductions pseudo-scientifiques, c'est l'affirmation que l'influence de la femme grandira par son adjonction au corps politique. Or, cette influence est bienfaisante : preuve à l'appui. — Mais précisément, pourrait-on répondre, cette « influence » n'a été si bienfaisante et si réelle que parce qu'elle était librement *acceptée*. Du jour où elle sera *subie*, ce ne sera sans doute plus la même chose, ni de la part de l'homme qui la subirait, ni de la part de la femme qui l'exercerait. En matière politique, aussi bien qu'en matière littéraire, on pourrait dire aux femmes : — Inspirez, ne pratiquez pas ! — En d'autres termes, il est probable que l'empire « subjectif » exercé par les femmes restera supérieur à ce que serait leur influence effective et positive. Grandes comme *animatrices*, elles seraient médiocres comme *agents*, et sous cette dernière forme elles trouveraient sans doute autant de résistance qu'elles trouvaient auparavant d'empressement. Qu'elles continuent à préférer donc la réalité à l'apparence du pouvoir! Qu'elles règnent et ne gouvernent pas!

C'est donc fort mal à propos que Stuart Mill invoque ici l'idéal chevaleresque, car la « chevalerie » diminue justement en raison directe de l'accroissement du pouvoir *légal* des femmes. Remettre à un sexe les rênes du gouvernement, et par dessus le marché se sacrifier pour lui, ce serait jouer un rôle de dupe. L'égalité stricte est exclusive de toute « chevalerie », puisque la chevalerie est l'abandon spontané et gracieux que le plus fort fait au plus faible de ses prérogatives. La femme protégée par la Loi n'a plus besoin de la sauvegarde de l'honneur masculin. Tout le monde a pu remarquer que l'une des conséquences du « féminisme » grandissant, c'est précisément le déclin de cet esprit de galanterie qui devient, dans notre société positive, une sorte d'anachronisme. On peut le regretter, mais il est curieux de rencontrer ce genre d'illusions chez un citoyen de la nation « pratique » par excellence, celle qui se laisse le moins guider par le *sentiment*.

Actuellement, dit Stuart Mill, les femmes ne voient pas plus loin que leur famille : agrandissez leur sphère d'action, et toute la société profitera de leur dévouement à la vertu. Est-ce bien sûr qu'en substituant des buts vagues et humanitaires à des fins précises et prochaines on retrouvera ces mêmes facultés généreuses et affectives? L'expérience que nous pouvons avoir des femmes nous oblige à soutenir le contraire.

L'action politique qu'elles exerceraient, continue StuartMill, vaudrait mieux que ce « gaspillage de bienveillance » qu'elles font sous les noms de charité et de prosélytisme religieux. — On voit bien ce que les pauvres perdraient à cette transformation, mais on ne voit pas aussi bien ce que la société y gagnerait. En tout cas, c'est là une question que seule l'expérience pourra trancher.

Mais cette influence féminine, que Stuart Mill s'attache d'ailleurs — non sans contradiction — à présenter comme déprimante et corruptrice plutôt que comme généreuse et élevée, comment peut-il avec tant d'assurance la traduire d'avance par un « immense » gain social, dans le cas où elle serait convertie en fait? Affirmation toute gratuite qu'il serait bien dangereux de prendre pour règle de conduite.

Venant à cette contrariété de goûts qui existe souvent entre les époux, Stuart Mill l'explique également par l'infériorité dans laquelle nous tenons les femmes, et par la différence d'éducation :

« Avec l'éducation que les femmes reçoivent, un « homme et une femme ne peuvent que fort rarement « trouver l'un dans l'autre une sympathie réelle de « goûts et de désirs sur les affaires de tous les jours. « Ils doivent s'y résigner sans espérance, et renoncer « à trouver dans le compagnon de leur vie cet *idem* « *velle, idem nolle*, qui est pour tout le monde le lien « d'une association véritable : ou bien, si l'homme y « parvient, c'est en choisissant une femme d'une si « complète nullité qu'elle n'a ni *velle* ni *nolle*, et se « sent tout aussi disposée à une chose qu'à une autre, « pourvu qu'on lui dise ce qu'elle a à faire ».

Or, la panacée de la « libération » et une éducation plus scientifique rétabliraient l'harmonie.

Il poursuit en insistant sur cette inégalité de culture qui se remarque entre certains époux et qui leur rend l'existence si pénible. Mais de croire que la parité d'éducation remettra tout en équilibre, quelle illusion ! Il se trouvera toujours, en tout état de civilisation, des Jean-Jacques pour épouser des Thérèse, et pour en être infiniment malheureux. « Le cœur a ses raisons que la raison... » La Loi interdira-t-elle les mésalliances? Le plan tout géométrique sur lequel Stuart Mill veut refondre la société ne supprimera jamais les *passions* et ne fera jamais que la « raison » toute seule « règle l'amour ». La mésintelligence conjugale

naît souvent aujourd'hui de la trop grande dissem-
blance des esprits et des caractères, mais qui ne sait
qu'une exacte identité de culture engendrerait d'autres
sortes de dégoûts?

Est-ce à dire qu'il faille *créer* des cas d'inégalité sociale ? Assurément non, mais il ne faut pas dramati-
ser les cas d'inégalité existants ; il faut s'y adapter
dans un esprit de douceur et de patience. D'ailleurs,
l'inégalité qui existe sur certains points en faveur de
l'un, se retrouve sur d'autres points en faveur de
l'autre, de telle sorte que, supérieur par l'*esprit*, on
peut être inférieur par le *caractère*, et qu'ainsi la balance s'établit. Il n'y a donc pas à parler de « régéné-
tion morale de l'humanité », et surtout il n'y a pas à
en attendre le signal d'une égalité absolue.

Pour conclure, Stuart Mill nous adjure de donner
aux femmes comme dérivatif de leur activité, non plus
la religion ou la charité, qui ne sont, croit-il, que des
pis-aller, mais la *liberté*. Et, avant de poser la plume, il
veut bien — enfin ! — préciser ce qu'il entend par là :

« Le simple *bon sens* doit nous apprendre que si
« des fonctions législatives étaient confiées aux femmes,
« ce serait à celles qui, *n'ayant pas de vocation spéciale*
« *pour le mariage*, ou qui, *préférant employer ailleurs*
« *leurs talents*... auraient dépensé les meilleures an-
« nées de leur jeunesse à se rendre capables de mar-
« cher dans la voie où elles veulent s'engager ; on y
« admettrait le plus souvent peut-être des *veuves* ou
« des femmes mariées de *quarante* ou *cinquante ans*,
« qui pourraient, avec des études convenables, utiliser,
« sur un plus grand théâtre, l'expérience et le talent
« de gouvernement qu'elles ont acquis dans la famille. »

Telles sont les seules lignes de tout l'ouvrage où
Stuart Mill formule avec précision le genre de « revendication » qu'il appuie. Son système — chose étrange —
implique défaveur à l'égard de la femme mariée, à
l'égard de cette femme dont il s'est fait le *maximus
ultor* ! Stuart Mill ne l'admet dans les « fonctions législa-

lives » qu'exceptionnellement... et vieille. Ce système
n'est pas nouveau pour nous : nous l'avions déjà vu
chez Condorcet, mais c'est toujours un nouveau sujet
d'étonnement pour nous de voir qu'autant de fois des
« philosophes » s'appliquent à décider cette question,
autant de fois ces décisionnaires s'entendent pour
exclure, plus ou moins radicalement, *les mères de famille* de toute participation aux affaires publiques !

⁎

Appréciation d'ensemble. — Nous venons d'analyser
fidèlement toute la contribution apportée par Stuart
Mill au « féminisme ». Quelque respect que doive nous
inspirer une aussi haute intervention, oserons-nous
dire que l'ouvrage tout entier repose sur un *sophisme?* L'« assujettissement des femmes » est réel ; il
est plus grand encore que Stuart Mill ne l'a fait. Mais
c'est la *cause* même de cet assujettissement qu'il n'a
pas vue, ou n'a pas voulu voir. Cette cause, *c'est la
vie* elle-même, et non pas la « loi de l'homme ».

« Opprimés », nous le sommes tous, hommes et
femmes, et *les pauvres plus que les riches.* Preuve que
l'*homme* lui-même n'est pour rien dans cette « oppression », car autrement les femmes riches en seraient
les plus grandes victimes, y ayant plus à extorquer
chez elles. Or les femmes riches ne se plaignent pas
de leur sort, et donc de toutes les erreurs que Stuart
Mill a commises, celle-ci est sans doute la plus forte
qui consiste à dire : « La société fait de la vie entière
des femmes, *dans les classes aisées*, un sacrifice perpétuel ». C'est pourquoi tous ces mots, tous ces grands
mots dont Stuart Mill a imaginé de se servir pour avi-
ver une blessure imaginaire : « disqualifiée par son
sexe... esclave... servitude », etc., tombent dans le vide.
A ces mots de déclamateur, les femmes satisfaites de
leur sort — et c'est le grand nombre, n'en déplaise au

philosophe — ne tournent pas la tête, et haussent les
épaules. Stuart Mill doit donc se résigner à n'avoir pour
admiratrices et pour sectatrices que les « incomprises »
ou les femmes qui sont malheureuses — souvent par
leur faute — ou les professionnelles du divorce, les
déclassées enfin. Le public qui « s'emballe » pour
l'*Assujettissement des femmes* est le même public que
celuiqui se délecte à la lecture de *Lélia*, de *Valentine*, ou
d'*Indiana*. Public très restreint, par conséquent, car la
ferveur romantique est bien tombée. Tout le creux de
ces déclamations sonne étrangement faux aujourd'hui,
particulièrement en France, où l'on peut dire que les
femmes sont les enfants gâtés de la nature.

On se demande en vérité pour les femmes de quel
pays Stuart Mill a écrit son... pamphlet. L'Angleterre ?
Improbable, car, bien avant Stuart Mill, le divorce, qui
passe pour extirper dans sa racine le malaise conjugal,
y existait. La France ? Mais l'observateur le plus su-
perficiel aura tôt fait de s'apercevoir que, s'il est un
pays où les mœurs corrigent les lois, où les femmes
font les mœurs, c'est la France. N'est-ce pas un Français qui a dit : « La femme porte en ses faibles mains,
avec le caractère du peuple qui s'élève, les destinées
de la société ? » (A. Vinet). Nous pensons que toute
Française d'esprit sain répondrait en souriant au philosophe d'Outre-Manche qu'en dehors de la Mode, il ne lui
resteplus, à elle ni à ses pareilles, aucun joug à secouer.

Elle ajouterait peut-être que ce qui suffirait à prouver l'immense empire des femmes,.. c'est tout le mal
qu'on dit d'elles. Car les hommes, qui ne le sait ? ont
coutume de se venger, de se consoler de leur « ser-
vage », à eux, par des épigrammes. D'ailleurs, la loi
française s'est, elle aussi, *enrichie* du divorce ; en outre,
elle ouvre largement aux femmes l'accès presque de
toutes les carrières. Ainsi, ce qu'il y avait d'acceptable
dans les vœux de Stuart Mill se trouve réalisé Son ouvrage est donc aujourd'hui parfaitement caduc ; ce
n'est plus une brochure de combat, comme le veulent

quelques retardataires qui ne rêvent qu'agitation, c'est un livre de bibliothèque.

L'oppression, l'assujettissement, l'esclavage, la tyrannie, on les cherche sans les trouver sous notre ciel libéral et dans notre race éminemment sociable. On les cherche en tant que *système* légal, sinon en tant qu'accident. Cette sorte de conspiration masculine qui serait à la base de l'édifice social suivant Stuart Mill, et qui eût effectivement pu fonder une servitude organisée, tout cela n'est qu'une simple calomnie que le philosophe aurait dû rougir d'accréditer. Stuart Mill devait être assez éclairé pour savoir qu'aucune *juste* société n'est jamais issue d'une entente occulte aussi immorale. Les sociétés se forment comme la houille au sein de la terre : par lentes stratifications. Elles sont l'œuvre anonyme et collective des générations ; elles sont la résultante de tout l'effort *humain*. Et sans doute la collaboration obscure du *peuple* y constitue l'appoint le plus fort, du peuple, qui est le plus près de la nature, du peuple, où les deux sexes sont le plus étroitement unis.

Stuart Mill n'a pas réfléchi que si vraiment le « mâle » avait édifié la société pour sa commodité exclusive..., il aurait fait probablement le contraire de ce qui existe. Quel est, en effet, le phénomène qui frappe le plus dans l'organisation sociale au point de vue du contrat entre les sexes ? Celui-ci : en général, c'est l'homme qui *produit* le plus, qui déploie le plus d'initiative, qui fait la plus grande dépense de force et d'activité créatrice. Cependant *elle et lui* partagent les fruits. Tel homme qui a été, à lui seul, l'artisan de sa fortune, en fait profiter, dans la même mesure que lui, sa compagne, si humble soit-elle par les facultés, les ressources, ou les autres avantages. *C'est donc la femme qui est « privilégiée »*. Cette même femme est éventuellement, de par la loi, créancière *privilégiée* de son mari, même si elle n'a rien apporté autrefois. Enfin, notre Code prévoit plusieurs types de contrat matrimonial, grâce auxquels la femme peut mettre à l'abri des spéculations de son mari son propre patrimoine... sans cesser d'intervenir au partage des « acquêts ». C'est donc bien le *couple*, et non l'individu, que la Loi s'est appliquée à protéger. Encore une fois, n'y a-t-il pas là *privilège* pour la femme plutôt qu' « assujettissement » ?

Que de controverses soulèverait encore le libelle de Stuart Mill ! On a pu remarquer sa conception très fausse de la nature humaine, en général, et de la nature féminine en particulier, qu'il ne veut absolument pas admettre qui soit dissemblable de celle de l'homme. Toujours l'uniformité géométrique, et la société dessinée en damier ! Il nous représente la différence sexuelle comme de pure structure physique et n'exerçant aucune influence sur la formation des idées. La parité d'éducation serait pour lui un infaillible moyen de nivellement. Il ne veut pas voir — ce qui crève les yeux pourtant — que nous sommes « sexués des pieds à la tête » (Dr Delbet), et que *le sexe s'accuse d'autant plus que l'individu se civilise davantage.* C'est à l'origine des civilisations, ou dans des milieux très rapprochés de la nature, comme les milieux rustiques, que ces différences sont peu sensibles. La conformation du corps de la femme n'est pas la même que celle de l'homme, parce que la femme a une autre *destination.* L' « éducation » ne réalisera jamais ce miracle de rendre indiscernables des êtres que la nature a faits différents et que la civilisation tend à différencier de plus en plus. Se peut-il qu'un « philosophe » ait méconnu des vérités aussi élémentaires !

Démêlons, pour finir, ce qu'il y a de réel — et de triste — au fond du thème à déclamations faciles que Stuart Mill a choisi. Il y a une attaque contre la hiérarchie familiale, il y a une haine sourde contre cette humble image d'une royauté pacifique. En somme, ce que Stuart Mill nomme l' « assujettissement des femmes », c'est *la dignité et la cohésion de la famille chrétienne !*

Charles Secrétan.

Que l'on suppose le traité de l'*Assujettissement des femmes* dépouillé de son appareil mathématique et pédantesque, filtré de toute exagération trop choquante, repensé avec plus de mesure, réduit de plus de moitié, et écrit d'original en français : c'est l'opuscule que Charles Secrétan, professeur à l'Université de Lausanne, publia en 1882 sous ce titre : *Le droit de la femme.*

Or, Secrétan a très bien réussi dans ce travail de condensation. Il n'a eu qu'un tort, mais grave, celui de ne pas prononcer une seule fois le *nom* de celui à qui il devait tout, absolument tout. Au moins dans les passages où il se réduisait au rôle de traducteur devait-il indiquer sa référence. Il aurait bien dû prévoir le cas où quelqu'un prendrait *Le droit de la femme* tout de suite après *L'Assujettissement des femmes*, et alors s'étonnerait de cette... discrétion du second auteur à l'égard du premier. Le rapide examen auquel nous allons nous livrer fera ressortir cette frappante conformité de vues, de langage... et quelquefois de contradictions.

Précisément Secrétan débute par une contradiction. Voici, en effet, sa première proposition : « Ni l'homme ni la femme ne peuvent se réaliser complètement que l'un par l'autre et l'un pour l'autre », et voici sa seconde proposition : « La personne, en tant que personne, est son but à elle-même ».

Il conclut qu'il faut assurer à la femme le libre exercice de tous les droits, notamment des droits politiques, car « ils sont la seule garantie des droits civils » ; sans les premiers, les seconds sont tout précaires et relatifs. Le droit par excellence est le droit politique.

Or « les législateurs masculins ont réglé le sort de l'autre sexe *dans* (il veut dire : *selon*) ce qu'ils croyaient être l'intérêt du leur ». Nous sommes opposés à l'émancipation de la femme parce qu'elle est une « menace pour nos plaisirs... Il n'y a pas de justice pour celui qui reçoit sa loi toute faite des mains d'un autre ».

Il faut que la femme ait, à ses risques et périls, accès à toutes les carrières.

Du mariage. — Vif réquisitoire contre le mariage tel qu'il est pratiqué habituellement dans les classes bourgeoises : ce n'est qu'un « moyen de régulariser la transmission des propriétés ». Procès de l'époux volage ; la monogamie existe en principe, mais la polygamie règne en fait.

La recherche de la paternité doit être permise. La loi devrait imposer même « aux unions à terme une existence légale ». Toutefois, le mariage « perpétuel » est une union d'une forme supérieure. Quant au mariage « indissoluble »... il « déroge aux principes généraux du droit ». Mais la faculté d'obtenir le divorce « pare aux *dangers* (?) effectifs de la perpétuité ».

Ce qui, dans le mariage actuel, « choque la notion du droit, c'est l'obéissance ». La voix prépondérante devrait appartenir « tantôt à l'un, tantôt à l'autre, suivant les sujets, les personnes et les circonstances (1) ».

Relativement au droit testamentaire, Secrétan rêve un bouleversement analogue à celui que le cynique James Lawrence avait pris pour donnée de son scandaleux roman : *L'Empire des Nairs* (1807).

Mais il omet de rendre à Lawrence ce qui n'est pas à Secrétan, quand il écrit :

« La filiation féminine étant seule constante, la logique demanderait peut-être que la transmission des biens s'opérât exclusivement par les femmes. » Tout au moins conviendrait-il de supprimer l'usage de la dot, afin d'en finir avec ce qu'on appelle les mariages « de raison ». Telles sont les principales idées de Secrétan sur le mariage.

(1) Secrétan répète Stuart Mill, qui répétait Condorcet.

Questions diverses. — N'est pas un délit « le fait
d'accorder l'usage de son corps à plusieurs et d'y mettre
un prix », mais est un délit « le fait de tirer un lucre
du corps d'autrui » (cela n'allait-il pas sans le dire ?)
Éloge du mouvement féministe, grâce auquel la femme
est en train « de passer de l'état de chose à celui de
personne ». Développement chaleureux sur les avantages que l'homme lui-même retirera d'une compagne
à l'esprit et au cœur « élargis ». L'influence de la femme
n'est pas seulement insuffisante, elle est viciée... La
minorité (1) politique n'est que servitude ».

Cela est l'écho même de Stuart Mill. Voici pourtant
une question où le philosophe vaudois se sépare
du philosophe anglais sur le *principe*, mais pour le
rejoindre aux *conséquences*. Stuart Mill, on s'en souvient, proclamait l'identité foncière des sexes, étant
persuadé que la loi, s'inspirant des différences dites
naturelles, devient un principe générateur d'esclavage; Secrétan proclame, au contraire, « très grande
la différence naturelle entre les sexes ». Mais c'est
pour cela, dit-il, qu'il faut que la femme ait voix au
conseil, étant meilleur juge que l'homme de ce qui
convient à son individualité. C'est à la femme à donner
leur sanction à ces différences naturelles, et à faire
qu'il en sorte un nouveau droit commun. On le voit,
la divergence entre eux n'a été que momentanée.

Les réflexions que Secrétan présente ensuite sur
« le sexe des âmes » sont d'un bon moraliste et presque
d'un poète : Thomas et Ernest Legouvé, qui avaient
une si juste conception de l'harmonie des sexes, n'ont
pas mieux balancé leurs aptitudes respectives.

« La reconnaissance du droit des femmes n'en ferait
entrer au parlement qu'une *élite* fort peu nombreuse...
L'incompatibilité entre la vie publique et les devoirs
de la femme en général n'existe pas. » Les élues « ne

----

(1) Secrétan veut dire l'*état de mineur*, sens étymologique
du mot.

seront probablement plus dans l'âge où l'on excite de vives passions ». Cela encore est emprunté à Stuart Mill, mais ni Stuart Mill ni Secrétan ne parlent de fixer une limite d'âge *légale*, et alors on se demande sur quoi ils s'imaginent que les femmes abdiqueront volontairement leur coquetterie naturelle...

Enfin, en bon Suisse et en pacifiste convaincu, Secrétan affirme que « l'introduction des femmes dans l'Etat serait un grand pas dans le sens de la pacification générale. La femme souffre de la guerre... »

.*.

Ainsi Secrétan a fidèlement suivi Stuart Mill jusque dans ses erreurs et dans ses illusions. *Erreur*, en effet, de croire que les législateurs se soient laissé dominer par l'égoïsme masculin, comme s'ils n'avaient pas été eux-mêmes fils, frères, époux, pères, et comme s'ils avaient pu s'abstraire, en légiférant, de leurs affections de famille ! C'est même outrager tant de générations de législateurs que d'insinuer ou d'affirmer qu'ils ont eu en vue autre chose que la justice et le bien de la société. Jamais, dit Secrétan, on ne se préoccupe d'assurer le bonheur de quiconque vous est subordonné. Affirmation bien tranchante : est-ce que le sage tuteur ne règle pas au mieux les intérêts de son pupille ?

Illusion de croire qu'il n'y aura à franchir le seuil du parlement qu'une élite... de femmes mûres. Il ne dépendra pas de Condorcet, ni de Stuart Mill ni de Secrétan de régler ces choses, de mesurer les ambitions ou de doser les capacités féminines. Une fois l'écluse ouverte... Si les opposants étaient sûrs qu'il n'y eût jamais qu'une « élite » pour faire acte de candidates, et que, dans les démarches préparatoires, tout dût se passer avec décence et dignité, leur opposition désarmerait

tout de suite. Mais qui peut répondre des conséquences
du principe ? Qui peut affirmer que les femmes jeunes
et inconséquentes s'effaceront devant l'âge et l'expérience ? Quelle femme réclamera ce mélancolique bé-
néfice de la vieillesse ? D'autant plus que Secrétan lui-
même pense — et dit — beaucoup de mal du *suffrage
universel*, auquel il reproche de ne pas tenir compte
des capacités respectives. Nonobstant il voudrait l'*uni-
versaliser* encore davantage par l'adjonction des électeurs femmes ! Il voudrait élargir le cercle de l'incom-
pétence !

Au point de vue économique, il demande que les
femmes soient admises à toutes les carrières indistinctement. Rien de plus juste en soi. Mais qu'il
reconnaisse au moins que l'opposition de quelques-
uns sur ce point n'était pas une opposition de principe, et qu'elle venait de ce que pour eux les « risques
et périls » étaient certains, et improbables les avantages. Ces opposants crurent marquer mieux leur dévouement à la cause des femmes en essayant de les
empêcher de courir ces « risques », et en cherchant à
leur épargner d'avance d'amères déconvenues.

Comme ses deux devanciers, Secrétan demande un
remaniement de ce qui est devenu l'article 213 du
code civil : tous trois souhaitant au lieu de « l'obéissance » une sorte de *prépondérance mobile* qui se
transporterait de l'un à l'autre époux — et pourquoi
pas aux autres membres de la famille ? — suivant les
compétences. Rien de plus arbitraire qu'un tel principe ;
rien qui soulevât plus de contestations. D'ailleurs,
la loi a, par définition, un caractère de fixité et de généralité. Il ne saurait y avoir autant de formes du
statut matrimonial que d' « espèces ». Vouloir que
chacun des cas particuliers qui peuvent se présenter,
et dont quelques-uns sont, il est vrai, fort respectables,
c'est-à-dire très douloureux, soit prévu par la loi, c'est
là une tendance bien féministe, mais parfaitement
contraire à l'esprit de toute *loi*.

Plus aventureuses encore sont les vues de Secrétan relativement à ce qu'on a appelé la « succession ombilicale », et relativement même à la suppression de la dot. Cette dernière réforme serait difficilement conciliable avec le principe de la justice. L'inégalité serait alors retournée contre l'homme, qui, « capitaliste » et « producteur », créerait toute la richesse à lui seul et ne recevrait aucune espèce de compensation.

En résumé, Secrétan ne s'est séparé de son maître que sur des points de détail. Il n'a rien ajouté d'essentiel à la doctrine de Stuart Mill, qui lui-même n'avait pas ajouté grand'chose à la doctrine de Condorcet. Le féminisme politique est un pur produit de la Révolution.

L'ÉPOQUE CONTEMPORAINE. — LA LITTÉRATURE

Décadence de la littérature féministe.

La constatation que nous venons de faire est pour nous un avertissement de ne pas pousser plus loin cette enquête. Car les féministes contemporains, eux aussi, répètent leurs prédécesseurs, mais ils les répètent en amplifiant le son. Le féminisme est, en effet, devenu matière agonistique autant que doctrinale. Ses adeptes s'en font une arme de guerre contre la société « bourgeoise ». Nous avons donc le devoir d'être plus bref pour l'époque actuelle que pour les xviiie et xixe siècles.

Une autre raison encore nous impose cette réserve. Nous avons trouvé jusqu'ici le féminisme représenté par de brillants écrivains, dont quelques-uns d'ailleurs jouissent, *en tant que féministes*, d'une réputation usurpée. Mais le féminisme a suivi l'impulsion de la littérature elle-même : il s'est *démocratisé*. La mentalité *primaire* s'en est emparée, comme de la plupart des projets de réforme sociale, de sorte que les « revendications » féministes sont devenues un thème sur lequel s'exercent le plus souvent des novices dans l'art d'écrire, qui croient suppléer par de la fougue et de la violence à ce qui leur manque du côté des connaissances et du goût. Aussi les innombrables brochures ou volumes de la plupart des « militantes » qui mènent le mouvement sont-ils parfaitement illisibles et découragent-ils par l'ignorance de la saine élocution ceux même qui seraient tentés de sympathiser avec « la cause ». Ils sont remarquables par une grandiloquence naïve et surtout barbare, des attitudes de combat plutôt que de discussion, ils s'expriment par des défis ou des bravades plutôt que par des raisons. Ils émanent, en général, de farouches vitupératrices de l' « égoïsme masculin ». La consécration d'un talent féministe semble être du même ordre que celui que Juvénal assigne à une carrière militaire : *ut declamatio fiat.*

Ainsi, on ne nous exhorte plus seulement à modifier le statut du mariage, mais on nous *somme* de mettre le mariage sur le même pied que l'union libre, et de protéger l'une à l'égal de l'autre. On s'irrite que nous partagions inégalement notre considération entre les femmes mariées et les irrégulières. On assimile malignement la « tutelle » à une « déchéance », on parle sans cesse d'ostracisme, d'humiliation, de tyrannie, ne réfléchissant pas qu'à ce compte les mineurs seraient encore bien plus fondés à se plaindre. On appelle couramment la femme « l'esclave du mariage », la « perpétuelle déchue », comme si cette « déchéance », cet « esclavage » elle n'y avait pas librement consenti, comme si elle n'y avait pas jadis ardemment aspiré ! On nous attribue contre elle les intentions les plus noires, on ne voit dans l'homme qu'un « fort en muscles », un être d'orgueil, de brutalité, de bestialité, d' « égoïsme transcendental », qui, par méchanceté pure, refuse aux femmes le bulletin de vote libérateur !

La doyenne des « suffragettes » françaises réclame cette « libération » au moyen de métaphores que la décence interdit même de répéter (1). Enfin on a pris

(1) Voir à la page 179 du *Vote des femmes*, une brochure par HUBERTINE AUCLERT.

à Stuart Mill ses formules les plus injurieuses... sans lui prendre son art de dialectique.

Tel est le ton. Il faut donc dans ce débat faire abstraction de toute la mauvaise littérature dont il a été le prétexte, et se souvenir qu'une cause peut valoir mieux que le langage et le goût de ceux qui la défendent.

*
* *

Pour nous la rendre respectable, il nous suffit que la *justice* y soit intéressée et que l'*honneur* masculin y soit en jeu. Ne nommons donc aucun de ceux et surtout de celles qui la compromettent par leur outrance. Rappelons de préférence les noms et les travaux des principaux écrivains de ce temps dont l'imagination ou la sensibilité, plus vives que bien réglées, se sont émues du sort de la femme.

Mais, avant de commencer cette revue rapide, nous devons prévenir le reproche qu'on pourrait nous faire que nous n'y tenons pas un compte suffisant des proportions assignées par le génie. C'est que l'angle sous lequel nous regardons ces écrivains ou ces œuvres est un angle spécial et qui change toute la perspective ordinaire. Le degré de « féminisme » infus dans les écrits est généralement en raison inverse du talent de l'auteur. Les plus grands de ces écrivains sont donc ceux qui devront le moins longtemps nous arrêter.

Alexandre Dumas fils.

Ici nous aurions le devoir d'étudier en premier lieu l'œuvre si étendue d'Alexandre Dumas fils. Car c'est lui qui précisément a inventé le terme de *féminisme*, et qui par là a fait à cette doctrine un cadeau plus précieux que s'il lui eût consacré tout son théâtre même. Tant la puissance des mots est grande, et tant

vaut une formule heureuse ! En donnant à la doctrine
de l'émancipation un nom, et, pour ainsi dire un drapeau, Dumas a plus fait pour elle qu'en écrivant même
sa brochure : *Les femmes qui tuent et les femmes qui
votent*, et, à plus forte raison, en composant *La dame
aux Camélias* ou *Denise*. Tel est donc le principal service que cet « ami des femmes », qui, d'ailleurs, ne les
ménageait guère, comme Rousseau, a rendu à « la
cause ». Cela nous dispense d'examiner l'ensemble
d'une œuvre qui relève au surplus de la littérature
générale et nous exposerait à des développements
connus d'avance. Aussi bien croyons-nous pouvoir
récuser en partie le « moraliste pour dames seules » (1),
qui endoctrinait en ces termes une actrice dont il était
le directeur de conscience : « *Méprisez l'homme ;* toute
la force, *toute la valeur de la femme est là* ». Nous le
récusons, parce qu'un principe de morale si... négatif
nous paraît plus propre à créer un antagonisme qu'une
harmonie.

George Sand.

George Sand semblait une recrue toute désignée
pour le féminisme. Nul plus qu'elle n'avait peint avec
véhémence l'humiliation — et les représailles — de la
femme méconnue dans ses aspirations. Ce qu'il y a
dans l'institution du mariage d'oppressif pour l'épouse
avait été profondément ressenti par elle : une amère
expérience secondait chez elle une grande sagacité
d'intuition. En outre elle s'intéressait passionnément
aux problèmes philosophiques, politiques et sociaux,
se faisant... l'amie intime successivement — et parfois
simultanément — de tous ceux qui pouvaient donner à
son esprit curieux des lumières spéciales et une initiation rapide. Toutefois, après qu'elle eut gagné son
procès en séparation, son zèle pour la cause des vic-

(1) Expression de Firmin Maillard.

times du mariage faiblit. Même, quand éclata la révolution de 1848, et qu'une candidature législative fut offerte à l'ambition qu'on lui supposait (1), elle fit la sourde oreille. Non contente de ce refus, elle publia dans les journaux des articles formellement désapprobateurs de toute agitation politique chez les femmes. Aussi ennemie de la « représentation » que le chansonnier Béranger, elle ne voulut pas plus entendre de briguer un siège à la Chambre que de briguer un fauteuil à l'Académie. Voici en quels termes elle protesta contre l'abus que *La Voix des femmes* avait fait de son nom :

« Un journal rédigé par des dames a proclamé ma candidature à l'Assemblée nationale. Si cette *plaisanterie* ne blessait que mon amour-propre, en m'attribuant une prétention *ridicule*, je la laisserais passer... Mais on pourrait croire que j'adhère aux principes dont ce journal se fait l'organe... »

Un peu plus tard, en 1863, elle revenait à la charge :

« La place des femmes n'est pas plus à l'Académie de nos jours qu'elle n'est au *Sénat*, au *Corps législatif*, ou dans les armées, et l'on m'accordera que ce ne sont pas là des milieux bien appropriés au développement du genre de progrès qu'on les somme de réaliser (2). »

Et de plus en plus son talent inclina vers le « conservatisme », vers le respect de la tradition... G. Sand fut une féministe dissidente.

Victor Hugo.

Victor Hugo, qui confondit souvent les idées sentimentales avec les idées généreuses, a trouvé dans la

---

(1) Il est vrai qu'elle lui fut offerte en des termes qui étaient plutôt propres à l'en dégoûter : « Nous voulons *hommer* Sand » écrivait Mme Niboyet. Voir la IIe partie page 106.

(2) *Pourquoi les femmes à l'Académie ?*

thèse émancipatrice matière à quelques-unes de ces antithèses sonores dont il avait le secret : « Le xviii° siècle a proclamé le droit de l'homme, le xix° proclamera le droit de la femme (1). Simple antithèse « pour la symétrie », puisque, nous l'avons vu, la déclaration des droits de la femme est impliquée dans la déclaration des droits de l'homme, et que d'ailleurs, si l'on veut prendre les choses au pied de la lettre, la déclaration féminine, rédigée par Olympe de Gouges, suivit « du tac au tac » la déclaration masculine (2).

Michelet.

« Penseur » et « poète » non moins docile aux suggestions populaires fut Michelet. Il comprit sur le tard la femme dans le cercle de ses admirations extatiques pour tant d'objets de la création qu'il avait jusqu'alors ignorés ou négligés : la découverte qu'il fit, depuis son second mariage (1850), des grâces de la femme, est bien postérieure à sa découverte des infamies du prêtre. Les haines de Michelet font quelque tort à ses amours : les unes et les autres semblent procéder exclusivent d'une imagination romantique... Son livre : *Les Femmes de la Révolution* est une apologie systématique du rôle des femmes à cette époque. Il ne montre que l'idéalisme généreux de quelques-unes d'entre elles: Charlotte Corday, M°° Roland, par exemple, et il laisse dans l'ombre les abominations sanglantes des Bacchantes dansant autour de l'échafaud.

Ecrivains didactiques.

Si des purs littérateurs nous passons maintenant aux théoriciens, nous trouvons des écrivains de

(1) Tiré du discours prononcé par le poète sur la tombe de Louise Julien, proscrite, morte à Jersey (1853).
(2) Voir ci-dessus, page 24.

moindre envergure, certes, mais d'une utilité plus documentaire. Si jamais le suffrage des femmes bien vient en discussion devant le parlement, ce seront ces modestes et bons ouvriers qui, plutôt que les lettrés de haut vol, devront être appelés en consultation.

La plupart d'entre eux sont avant tout des juristes : Laboulaye (1), dont on a des *Recherches sur la condition civile et politique des femmes* ; les deux lauréats du prix Rossi (Ecole de Droit) en 1891 : MM. Léon Giraud et Louis Frank. Le premier est simplement tendancieux dans son étude sur la *Condition des femmes au point de vue de l'exercice des droits publics et politiques* ; le second, soit dans son *Grand catéchisme de la femme*, soit dans son *Essai sur la condition politique de la femme*, est « violemment » féministe. Mais, en sa qualité d'étranger, il est excusable d'ignorer l'art des nuances, tant de pensée que de style (2).

Ostrogorski.

Au contraire, M. Ostrogorski, également lauréat de la Faculté de Droit de Paris, publiait l'année suivante (1892) une étude purement objective, à la façon de Laboulaye : *La femme au point de vue du droit public.*

(1) Laboulaye repousse formellement la théorie de l'égalité politique des deux sexes.

(2) Il dira par exemple : « la puissance maritale est une institution *barbare...* » et : « les femmes qui n'ont pas le loisir d'*écouler* le temps à recevoir les hommages... »
Ou bien :
« Est-ce à dire qu'il faille maintenir cet assujettissement et laisser *croupir* nos compagnes dans un état de subordination *servile*, qui *atrophie* leur esprit, abaisse leur *moralité*, *déprime* leur caractère, et *paralyse* leur activité ? » (p. 117).
Tel est le ton habituel de ce *féministe* belge, je n'ose dire : de cet *admirateur* de la femme. En revanche il « admire » et célèbre le système de la coéducation des sexes, alors nouvellement introduit en France, et qui depuis...

Son ouvrage, beaucoup moins volumineux que les deux précédents, notamment que celui de M. Frank, n'est pas moins instructif : c'est, en cette matière, l'autorité la plus sûre à consulter. M. Ostrogorski est très sympathique à la cause des *femmes*, sinon à celle des *féministes*, auxquelles il ne ménage pas leurs vérités. Il ne se laisse pas éblouir, comme les érudits de l'école de M. Frank, par quelques faits isolés, il ne déclame pas, il n'accuse pas, comme M. Ferdinand Buisson, la France d'être un pays rétrograde, parce qu'elle ne s'empresse pas d'établir chez elle le suffrage des femmes. Il se sépare nettement des esprits systématiques quand il déclare, au terme de sa consciencieuse enquête : « En un mot, la plupart des sociétés *civilisées* s'engagent décidément dans la voie de l'émancipation intellectuelle et économique de la femme, *en laissant de côté l'égalité politique* ».

M. Turgeon, professeur à l'Ecole de Droit de Rennes, a écrit vers le même temps sur *Le féminisme français* deux gros volumes compacts, dont le second s'ouvre par une soixantaine de pages sur les capacités politiques des femmes. C'est un document qui, malheureusement présenté sous une forme lourde, n'offre qu'une utilité relative.

Novicow.

L'*Affranchissement de la femme* (1903) par M. J. Novicow, vise à servir de pendant à l'*Assujettissement de la femme* de Stuart Mill. Mais il en est plutôt une aggravation, disons mieux : une caricature. Le publiciste russe souligne pesamment les erreurs du philosophe anglais. Comme si la condition de la femme avait encore empiré depuis l'époque de Stuart Mill, ce qui était chez le premier simplement « esclavage » devient chez le second « martyre ». Stuart Mill n'avait dénoncé que les imperfections du mariage, M. Novicow,

lui, proclame « la supériorité *morale* de l'union libre ».
Son livre est franchement révolutionnaire et anar-
chique. Le moindre reproche, en effet, qu'il fasse à
l'état social existant, c'est de « reposer sur des principes *contre nature* ». On nous pardonnera donc de
nous montrer sceptique, lorsque nous voyons l'émancipation des femmes réclamée au moyen d'arguments
aussi subversifs. Assurément l'œuvre du temps n'est
pas immuable ; mais il nous semble que c'est par la
voie de discrètes retouches qu'elle est susceptible
d'être amendée, plutôt que par des coups de bélier.

Ferdinand Buisson.

Le dernier en date de tous ces ouvrages de fond
appelle les plus expresses réserves. C'est le rapport
parlementaire déposé, au nom de la Commission du
suffrage universel, par M. Ferdinand Buisson (1), député de la Seine, en fin de législature 1906-1910. L'ouvrage manque d'unité : plusieurs mains y ont manifestement collaboré.

De là des erreurs de fait et de dates, des attributions
fausses, des confusions, particulièrement pour les pays
de langue germanique. Quant aux fautes d'impression, elles ne sont pas à compter. L'auteur a trop pré-
sumé de l'excellence de son sujet pour faire passer
tant de négligences. Les conclusions du rapporteur se
résument dans l'octroi du suffrage municipal aux
femmes, comme préparation à l'octroi du suffrage
législatif, que l'honorable député appelle de tous ses

(1) Edité en volume chez Dunot et Pinat, juillet 1911
(3 fr. 50). Dans cette réimpression l'auteur élimine les « an-
nexes » du rapport, et en revanche il ajoute des données sur
l'état actuel de la question jusqu'en avril 1911 dans la plupart des grands pays. Il réédite l'erreur que les femmes ont
le vote municipal en Belgique et en Hollande (p. 246). Il continue à estropier l'orthographe des noms propres.

vœux. La discussion de ces conclusions viendra à sa place, dans notre IVᵉ partie.

Les plébiscites sur le suffrage des femmes.

Depuis que la question du suffrage des femmes est posée devant l'opinion, les publications périodiques s'en sont naturellement emparées. Divers journaux ou revues ont organisé des « plébiscites » soit auprès de leurs lecteurs, soit auprès des notabilités du monde des lettres, des sciences, des arts, de la politique. Le groupe officiel des « suffragettes » françaises, qui s'appelle l'*Union française pour le suffrage des femmes*, a pratiqué, lui aussi, son referendum, et en a porté les résultats à *La Revue*, dont le directeur, M. Jean Finot, auteur de *La charte de la femme* (nᵒ du 15 mai 1910), est tout acquis à la cause féministe.

Rien de plus instructif que de telles consultations à la condition qu'on en publie les résultats en les *classant*. C'est ce que ne s'est pas donné la peine de faire *La Revue*, qui reproduit simplement ces réponses à la file, dans l'ordre *alphabétique* des préopinants. Nous allons donc faire nous-même ce dépouillement, qui nous permettra pour ainsi dire de tâter le pouls à l'opinion publique sur la question du suffrage des femmes.

A. Groupe des *sceptiques*. — Un grand nombre des notabilités consultées ne se prononcèrent ni pour l'affirmative, ni pour la négative, tout en penchant plutôt vers le *non*, mais crurent devoir à la politesse d'envelopper leur *non* sous des formules lénitives. Ce furent :

MM. Jacques Bardoux, professeur à l'Ecole des sciences politiques ; Daniel Bellet, secrétaire perpétuel de la Société d'Economie politique ; Henry Bernstein, auteur dramatique, qui déclare énigmatique-

ment qu' « il faut que nous prenions hardiment la défense de la femme, *fût-ce contre elle-même* ».

M. Bonet Maury, professeur à la Faculté libre de
théologie protestante, est pour l'admission des femmes
au droit de cité « à condition qu'elles soient veuves
ou célibataires, âgées de 25 ans ». Par contre il « n'est
pas d'avis qu'elles soient éligibles ».

M. Maurice Donnay, de l'Académie française, ne voit
là que l'occasion d'adresser de vives critiques au suffrage universel.

M. Victor du Bled graduerait et sérierait l'admission.

M. Yves Guyot, ancien ministre, remarque qu' « en
Finlande et en Angleterre l'intervention des femmes
n'a pas été heureuse ».

M. Elie Halévy, professeur à l'Ecole des Sciences
politiques, constate « la parfaite apathie que manifeste à l'égard de la réforme l'immense majorité des
femmes ».

M. Jules Huret pense qu' « au lieu de servir à la
cause féminine, le droit de vote des femmes françaises
la desservirait », et se déclare « confirmé dans cette
opinion par l'exemple de la Finlande, de la Norvège,
de l'Australie et de la Nouvelle-Zélande ».

M. Labori, ancien député, n'est favorable qu' « en
principe ».

M. Paul-Hyacinthe Loyson nous intrigue en disant
que « ce qui l'intéresse, c'est... l'*homme-femme* ». Il
émet le vœu que « *toutes* les femmes se voient octroyer le droit de vote, avec l'espoir que *la plupart*,
fidèles à elles-mêmes, sauront s'abstenir d'en user ».
Il ne veut pas qu'on invoque, comme équivalent du
service militaire des hommes, la maternité des
femmes, parce que beaucoup de femmes « refusent ce
service en se dérobant à l'enfantement ». Il s'attriste
de voir la femme « déserter sa mission la plus essentielle et la plus charmante, pour courir aux urnes dans
la promiscuité de la foule ».

M. Stanislas Meunier, professeur au Museum d'histoire naturelle, dit : « Voudriez-vous que la masse ignorante et arriérée des femmes votât? »

M. Raymond Poincaré, sénateur, ancien ministre, membre de l'Académie française, constate aussi que la majorité des femmes se désintéresse de la question. Il ajoute finement que « avant d'étendre le suffrage aux femmes, les hommes eux-mêmes feraient sagement de réformer le régime électoral masculin ».

M. Eugène Rostand, de l'Institut, est favorable « en principe », mais il demande : « Le droit de suffrage n'emportera-t-il pas l'éligibilité? Si oui, l'accès des femmes à l'activité publique *dénaturerait*, sans bons résultats, *leur fonction naturelle et magnifique dans le monde* ».

M. Marcel Prévost, de l'Académie française, fait remarquer que « les avantages d'être socialement égales aux hommes impliquent la suppression de tous les *privilèges de faiblesse* dont les femmes jouissent » et que sans doute elles ne sont pas en humeur d'abandonner.

M. Rosny aîné affirme nettement que « l'admission brusque des femmes à l'*électorat* (*sic*) doublerait le nombre immense des *imbéciles* qui votent ».

M. Frédéric Passy, de l'Institut, est, lui aussi, un partisan très mitigé du vote des femmes. Il admet qu'en principe « ces deux moitiés de l'espèce humaine, nécessaires l'une à l'autre comme les deux lames de la paire de ciseaux (Franklin),... sont égales en droit. Sans désirer les voir prendre directement part aux luttes de la place publique et des parlements, et souhaitant qu'elles ne se croient pas trop aisément appelées à régénérer le monde, il ne voit pas de quel droit on leur interdirait d'émettre. comme l'homme, des sottises ». Il conclut « en condamnant l'exagération et la violence des procédés des suffragettes ».

M. Georges Montorgueil « ne voit aucun motif qui puisse empêcher les femmes de se servir de cet *outil dangereux* (le suffrage universel), au même titre que les hommes, avec le même discernement et le même aveuglement, la même logique et la même incohérence, le même égoïsme, le même fanatisme, la même indifférence et la même passion ».

MM. Lucien Descaves et Pierre Mille déclarent l'un et l'autre, en termes analogues, qu'ils n'ont aucune raison de « souhaiter aux femmes une chose dont *ils* ne voient pas l'utilité pour *eux* ». C'est se tirer d'affaire en gens d'esprit.

M. Maurice Faure, sénateur, et, depuis, ministre, ne se récuse pas moins spirituellement : « j'en pense trop de bien pour en dire du mal, et j'en augure trop de mal pour en dire du bien ».

B. Groupe des *partisans* déclarés, avec ou sans réserves. — Le parti socialiste et le parti anarchiste fournissent quatre unités : MM. Allemane, Vaillant et Willm, députés ; M. Jean Grave. Ce dernier trouve d'ailleurs la question oiseuse : il ne s'agit pas, dit-il, de « délibérer sur le choix des maîtres, mais de savoir s'en passer. »

Les parlementaires ou anciens parlementaires qui adhèrent au *projet Buisson* sont au nombre de *onze.* MM. Paul Gérente (mort depuis), Goirand, sénateurs ; Louis Marin, Messimy, Beauquier, T. Steeg, L. Millevoye, députés ; A. Lavy, ancien député ; M. Andrieux, député, qui remarque avec humeur qu'« à voir l'usage que les hommes font du bulletin de vote, il n'y a pas grand risque de tomber dans le pire » ; M. Paul Deschanel, député, fidèle aux traditions paternelles ; M. Joseph Reinach, député, qui fait malignement observer que les femmes, « aussi exclusives que les hommes, n'auraient pas admis Stuart Mill dans leur bureau », à raison de son sexe.

M. Georges Renard, professeur au Collège de France, adhère également au projet Buisson.

Quant à M. Urbain Gohier, il trouve, ce qui n'étonne

pas de sa part, « monstrueuse » la constitution qui nous régit.

Sont *pour* également : MM. Henri Monod, de l'Académie de médecine ; Jules Bois ; Jules Claretie, de l'Académie française ; Léo Claretie ; Ambroise Colin, professeur à la Faculté de Droit de Paris, qui affirme que « les femmes doivent être électeurs et éligibles, *ou personne ne doit l'être* ».

M. Emile Faguet, de l'Académie française, n'est pas moins absolu. L'éminent critique, après avoir posé en principe que les femmes sont incomparablement plus vertueuses que nous, ajoute : « *cela me suffit* : elles devraient, *plutôt* que les hommes, faire la loi ».

Le docteur Armand Gautier, de l'Académie de médecine, est de la même école : il veut le suffrage féminin, « parce que la femme a un sens pratique et une universelle bonté ».

Pour également M. Paul Hervieu de l'Académie française ; M. Paul Margueritte, qui motive son avis par les banalités d'usage : « pour qu'il y ait plus de bonté, plus de justice, plus de progrès ».

M. Henri Poincaré, de l'Académie française, « redoute l'influence cléricale sur les femmes », néanmoins il passe outre.

M. Eugène de Roberty se range aux côtés de M. Novicow : il veut du suffrage féminin, parce que « la distinction physiologique entre les sexes est *idiote* » et qu'il est révolté de voir un privilège politique accordé « à la brute humaine du sexe mâle » (Peut-être était-il possible de revendiquer un privilège pour un sexe, sans pour cela injurier l'autre).

Enfin MM. Ch. Turgeon, professeur à la Faculté de Droit de Rennes ; Laurent Tailhade ; Paul Viollet, de l'Institut ; Octave Uzanne ; Marquis de Ségur, de l'Académie française, qui est pour le droit de vote et non pour l'éligibilité ; Gabriel Trarieux, qui cependant trouve qu' « un plus grand nombre d'électeurs n'est pas souhaitable ; « M. R. Montreuil, qui, « au cours de sa longue carrière administrative,... a constaté que l'élément féminin est *toujours* supérieur, intellectuellement et moralement, à l'élément masculin ».

C. Groupe des *hostiles.* — M. Alfred Fouillée (1), de l'Institut, n'admet nullement qu'on assimile les droits politiques aux droits civils, ainsi qu'on fait couramment. L'avis de M. Fouillée est exprimé très explicitement dans son ouvrage : *La propriété sociale et la démocratie* (2).

M. Jean Reibrach ne veut pas que les femmes « se fourvoient » dans la politique. « Elles s'y laissent tenter... par l'attrait du fruit défendu... Avant dix ans, celles qui sont intelligentes s'en seront retirées ; tandis que les autres, en persistant seules, ne pourront que contribuer à accroître l'immense somme de bêtise que nous devons au suffrage universel ». M. Théodore Reinach, député, membre de l'Institut, estime que, « dans l'état actuel de notre civilisation, ce serait une faute; qui aurait pour le pays tout entier, *aussi bien que pour les femmes elles-mêmes*, de fâcheuses conséquences... Pour les femmes, il signifierait l'éclaboussure de nos mêlées de partis, la destruction, dans bien des cas, de la paix du ménage, la fin... de la vieille courtoisie française... Une réforme qui va à l'encontre d'une des spécialisations les plus anciennes, les mieux indiquées par la nature, les plus fortifiées par l'histoire, est-elle un progrès ? »

M. Henri de Varigny voudrait un suffrage restreint des deux côtés : « Le suffrage universel accordé aux femmes serait simplement une *calamité* nouvelle ajoutée à celle qui existe déjà ».

M. F. Martel, inspecteur général de l'Instruction publique, repousse la réforme, parce que les femmes « ne sont pas affranchies de la tutelle du prêtre ».

Enfin M. Vidal de la Blache, de l'Institut, motive son

(1) Mort depuis.
(2) Voir à l'Appendice, pièce 3.

peu d'enthousiasme par des considérations de la plus
haute portée : «... Ne serait-ce pas acheter cet avantage un peu cher, par une mesure qui engagerait la
gardienne de nos foyers dans le tumulte de nos mêlées
politiques ?... Les femmes s'exposeraient ainsi à susciter des antagonismes beaucoup plus violents que
ceux qui déjà se sont manifestés en certaines occa-
sions. La question de rivalités professionnelles entre
les deux sexes risquerait de se dresser avec une âpreté
inaccoutumée... L'expérience de pays lointains et
neufs, en admettant qu'elle soit favorable, ne prou-
verait pas grand'chose pour nos vieilles sociétés. »

   D. *Solution transactionnelle.* — Deux membres de
l'Institut, MM. Eugène d'Eichthal et Gabriel Monod,
ouvrent un autre avis, celui d'un *Parlement féminin.* M. d'Eichthal, dans une lettre dont tous les termes
sont à peser et à méditer, propose *une représentation
spéciale des femmes, nommée par des femmes.* » Indication très importante que nous prions le lecteur de
vouloir bien retenir (1).

* *
*

   Telle est cette consultation, qui est à nos yeux un
document du plus grand poids, bien qu'il ait été
« filtré », ou plutôt *parce qu'il* a été « filtré ».
   On pourra s'étonner, en effet, que le groupe C, celui
des « hostiles », soit relativement peu nombreux. Mais
il faut savoir que l'*Un* n'a livré à la publicité que
le minimum de réponses défavorables qu'elle a jugé
indispensable à la formation d'un *justum plebiscitum.*
Elle s'était bien gardée de demander leur avis à des
« antisuffragistes » notoires ; elle avait pris la précaution de « trier sur le volet » ses correspondants. Nous
ne sommes donc pas en présence d'une enquête large

   (1) Nous y reviendrons à loisir dans notre V⁰ partie, et
nous aurons à y associer M. Paul Hervieu.

et impartiale, dont les indications pourraient être
aveuglément suivies. Nous n'avons en somme entendu
qu'un son de cloche...

Quoi qu'il en soit, la consultation n'a pas donné le
résultat brillant qu'en attendaient ses organisatrices.
Car *la note évasive et sceptique y domine*. Il serait
même possible de détacher plusieurs des membres du
groupe B pour les rattacher au groupe A; tant l'indécision perce presque partout.

.·.

D'autres personnalités littéraires ou politiques, consultées depuis, ont aussi fait des déclarations intéressantes.

M. Eugène Lintilhac, sénateur, « interviewé » par
Mlle Hélène Miropolski, s'écrie : « Quelle formidable
inconnue à introduire dans l'équation politique que la
volonté intensive de la femme, et comme cette équation devient aussitôt *rebelle !* »

M. Clémenceau, sénateur, ancien président du con-
seil, « interviewé » par Mlle Miropolski, lâche cette boutade : « Socialistes ou catholiques recherchent égale-
lement l'absolu... Moi, plutôt que de donner le vote
aux femmes, j'aimerais mieux le retirer à certains
hommes », façon spirituelle d'éluder le problème.

M. Charles Benoist, député, membre de l'Institut,
« interviewé » par la même, dit avec finesse et malice :
« Pourquoi faire voter la femme ? D'abord elle n'y a
pas d'intérêt, car elle suit plus sûrement son instinct,
en usant en secret de son influence, qu'en bataillant
en plein jour. Et puis, songez un peu à ce que pourrait
être le foyer de la femme-député. Songez à ce que
sera la femme au Palais-Bourbon, au milieu de tous
ses collègues masculins. Encore si elle témoignait, ou
pouvait témoigner de réelles aptitudes ! Mais ses
préoccupations, ses goûts, les tendances habituelles
de son esprit font qu'elle s'attache trop aux détails et

qu'elle s'élève avec peine aux idées générales. Ne me citez pas les étrangers, les Anglo-Saxons... Dans ces pays la chevalerie n'a jamais existé, j'entends cette hantise éternelle de la femme, cette cour discrète, respectueuse, exaltée quand même, qui fit d'elle au Moyen Age le centre et l'unique attrait de la société ».

M. Denys Cochin, député, membre de l'Académie française (même interview) : « Si la réforme était votée, elle aurait pour résultat de faire sortir la femme de son vrai rôle, celui que le christianisme lui a assigné ».

M. Sembat, député, déclare sans ambages que les femmes en politique « butineront le miel socialiste ».

D'autre part, un de nos grands « magazines », *Les Annales*, a voulu savoir l'avis sur cette question de quelques femmes notoires. Se sont prononcées contre le vote des femmes : Mmes J. Adam, Jean Bertheroy, Marie-Anne de Bovet, Daniel Lesueur, etc.. Mme Rachilde motive crûment sa sentence en disant : « Permettre aux femmes, de voter, c'est introduire l'élément *hystérique* dans le gouvernement des peuples, car les femmes sages ou simplement calmes ne voteront pas.» Elle conclut que « si d'aventure nous possédons jamais des femmes-tribuns, il y aura encore de beaux jours pour les humoristes ».

*
* *

La revue internationale, *Les Documents du progrès*, dont le directeur, un Autrichien établi en France, est un zélé féministe, a voulu avoir, elle aussi, son plébiscite. Elle en a consigné les résultats dans ses quatre numéros de décembre 1910 à mars 1911.

Une cinquantaine de personnes (exactement 49) répondirent à son appel. Mais beaucoup d'entre elles avaient déjà été interrogées par « L'Union française pour le Suffrage des femmes », et ainsi leur opinion ne fut qu'une redite. C'est

donc parce que ce plébiscite fait en partie double emploi
que nous l'avons relégué en post-scriptum.

Comme *La Revue*, *Les Documents* se sont adressés de
préférence aux personnes présumées favorables à la réforme. Comme *La Revue* encore, *Les Documents* ne se sont
pas préoccupés de classer les réponses. Les déposants com-
paraissent, ici et là, « à la file indienne ». Nous avons pris
encore la peine de mettre de l'ordre dans ces témoignages,
et voici les conclusions qui se dégagent de cette seconde
consultation.

Les 49 noms se répartissent en 3 catégories : 1° 26 *pour*,
2° 19 *contre*, 3° 4 *ni pour ni contre*, ou faisant des réserves.

1re Catégorie. — Les 26 personnes qui la composent
sont :

Institut de France : MM. Paul Deschanel, Jules Claretie,
Paul Viollet, Jean Richepin, Emile Faguet ; hommes poli-
tiques : MM. Emile Flourens, Yves Guyot, anciens mi-
nistres, J. Coutant, Delory, Ch. Dumas, Tarbouriech (mort
depuis), Marcel Sembat, députés socialistes ; Thalamas,
Ferdinand Buisson, Joseph Reinach, députés radicaux,
Goirand, Gérente, sénateurs ; Georges Renard, professeur
au Collège de France et ancien membre de la Commune ;
Charles Gide, professeur à l'Ecole de droit ; Dr af. Ursin,
(Finlande), Lino Ferriani (Italie), Dr Broda (Autriche),
Dr Pierre Bonnier, sociologue et physiologiste, Dr Auguste
Forel (Suisse) ; Mmes Lucie Félix-Faure-Goyau et Princesse
Rosalba (Italie).

2e Catégorie. — Institut de France : MM. Alfred Fouillée,
Brieux, Jules Lemaître, Marcel Prévost, Alfred Mézières,
Maurice Barrès, Morizot-Thibault, Edmond Perrier, Comte
d'Haussonville, Vidal de la Blache, Louis Léger ; académie
de Médecine : Dr A. Gabriel Pouchet ; Dr Stéphane Leduc,
professeur à l'Ecole de médecine de Nantes ; hommes politiques : Maurice Ajam, François Deloncle, commandant
Driant, députés ; Dr Blanchier, Delpech, l'un des fondateurs
de la « Ligue des Droits de l'homme », André Lebert, sénateurs.

3ᵉ Catégorie. — Institut de France : Marquis de Ségur, Comte de Franqueville ; Alfred Naquet, ancien député ; Dʳ Max Nordau (Allemagne).

.·.

Quelques-uns des votants firent suivre leur vote de commentaires intéressants, dans un sens ou dans l'autre. Passons-les en revue dans l'ordre des catégories.

1ʳᵉ Catégorie. — M. Ferdinand Buisson, tout auteur qu'il est du projet d'émancipation déposé à la Chambre, déclare que « les femmes voteront quand elles voudront voter », ce qui laisse supposer qu'il aimerait autant être déchargé de la responsabilité qu'il a prise, et que les femmes fissent leurs affaires toutes seules.

M. Thalamas, qu'aussi bien nous aurions pu ranger dans la 3ᵉ catégorie (1), n'accorderait pas le suffrage intégral ; il commencerait par le suffrage municipal et continuerait par le suffrage politique, mais *sans l'éligibilité.*

Mᵐᵉ L. F. F. Goyau (2) réclame le vote, parce qu'elle trouve « absurde et injuste que le jour où le peuple serait appelé à trancher, par voie de referendum (?) certaines questions, spécialement les questions qui touchent au domaine de la conscience (?), la femme n'eût qu'à se taire ».

M. Émile Flourens dit oui, en vertu de l'égalité.

M. Yves Guyot dit oui, parce qu'il est « convaincu que les femmes élimineront les hommes de la politique » (?).

M. Georges Renard veut, comme MM. Thalamas et Goirand, du suffrage féminin « par étapes ».

M. Joseph Reinach compte sur les femmes pour « épurer notre code de ses anomalies et de ses injustices ».

Le Dʳ af. Ursin, vice-président de la Diète finlandaise, c'est-à-dire d'un Parlement qui compte des femmes dans son sein, s'applaudit de cette innovation qui accroîtra « la

_____

(1) Comme le sénateur Goirand, qui n'admet le vote féminin qu'en matière municipale.

(2) Morte depuis.

force de résistance (de la Finlande envers la Russie) en-
tant que nation ». Mais il nous intrigue un peu en parlant
du « plus intense développement de la *psyché* féminine »
qu'il attend de l'action politique des femmes.

M. Lino Ferriani, ancien procureur général de Rome, et
surnommé « le Magnaud de l'Italie », est *pour*, à condition
que les femmes sachent lire et écrire. Il leur attribue en ce
cas « un sens pratique et une rectitude de jugement qui
font défaut à beaucoup d'hommes ».

Le D⟨r⟩ Broda, directeur de la Revue plébiscitante, est
pour, naturellement. Il avoue qu'il a été ébloui par
l'exemple de l'Australie et de la Nouvelle-Zélande.

Le D⟨r⟩ Pierre Bonnier, ardent socialiste, accompagne son
oui d'une longue dissertation où il y a de tout un peu. « La
femme conçoit vite et bien, et elle énonce clairement. Le
langage de l'homme est lourd et lent, comme sa pensée!...
Le pivot de la société, ce ne sera plus ni l'homme ni la
femme, ce sera l'enfant... Les vertus qu'on exige d'un bon
président de République, sont précisément celles d'une
bonne maîtresse de maison. Les fourmis, les abeilles ont
une reine ; nous, nous avons un vieux président de Sénat...
Si les femmes votaient, on ne verrait bientôt plus dans les
églises que de vieux hommes ».

Le D⟨r⟩ Auguste Forel, ancien professeur à l'Université de
Zurich, « psychiâtre » de carrière, est *pour*, à cause de
« cet instinct de la femme qui la pousse à désirer le *gé-
nisme* (?) de notre race ».

Le D⟨r⟩ Paul Gérente, sénateur d'Alger et maire du XVI⟨e⟩
arrondissement(1), ne peut pardonner aux hommes d'avoir
au cours des âges, « abruti la femme dès sa première enfance ». En conséquence de cet « abrutissement » il est
pour le vote des femmes.

M. Charles Dumas, député socialiste, affirme que le
moyen d'empêcher la femme d'être « l'éternelle entravée
de l'ignorance », c'est... de la mêler à la politique.

La « princesse romaine » Rosalba accompagne son vote
d'un plaidoyer de six pages (in-4°) en faveur de l'émanci-

(1) Mort depuis.

pation de la femme. Cette princesse s'égaie fort sur le
compte de Pie X, qui aurait opposé un jour à l'une de ses
requêtes ce dicton populaire à Venise : *La donna che la
piasa, che la tasa, che la resti a la casa* (Que la femme
plaise, qu'elle se taise, qu'elle reste à la maison).

De même notre Baudelaire lui semble avoir atteint le
comble du ridicule le jour où il a risqué cet hémistiche :

> Sois charmante, et tais-toi !

Elle déplore ces « obscures, vénitiennes, papales et *sau-
vages* façons de voir ». Elle veut bien être charmante,
mais muette, ah! non pas! Et elle le prouve copieuse-
ment.

Les autres réflexions des votants de cette catégorie ne
sont pour nous que du « déjà vu ».

2ᵉ *Catégorie.* — M. Alf. Fouillée dénie aux femmes
« l'esprit public, le sens politique », et les déclare « incom-
pétentes ».

M. Jules Lemaître pense que leur promotion à la politique ne serait pas *convenienter naturæ*.

M. Marcel Prévost affirme, avec toute son autorité de
« leader » féministe, que les femmes sont dédaigneuses du
droit politique.

M. Alf. Mézières trouve la question prématurée.

M. Maurice Barrès : « les femmes qui veulent voter me
semblent des agitées ».

M. François Deloncle : « il ne saurait être question aujourd'hui de suffrage des femmes ».

M. Morizot-Thibault : lancer la femme dans la politique,
ce serait « bouleverser sa nature... Dans un temps où les
femmes ne réclamaient pas le suffrage, Blanche de Castille
fit Saint Louis, et leurs mères firent Bayard, Lhospital et
Colbert ».

M. Edmond Perrier : « elles ont leurs occupations chez
elles, non dans les réunions publiques, et, si elles ont
quelque revendication à présenter, elles n'ont qu'à convaincre leur mari ».

Le commandant Driant estime que « les politiciennes surenchériraient bien vite sur nos pires politiciens ».

M. Brieux, qui croit encore au « gouvernement des curés », pense que les femmes ne sont pas « suffisamment libérées de l'influence religieuse » pour pouvoir aborder la politique.

Le comte d'Haussonville, si intelligemment dévoué à la cause des femmes, est résolument opposé à leur immixtion dans la politique : « Je craindrais qu'elles ne se jetassent dans les luttes politiques avec une ardeur qui augmenterait encore les divisions de la France ».

M. Louis Léger repousse la réforme à cause de ses conséquences morales et sociales : « un des premiers résultats de cette réforme, ce serait l'augmentation du nombre des divorces ».

M. Vidal de la Blache est pour le développement économique de la femme, mais il regrette que celle-ci en France se désintéresse de la croisade antialcoolique. Il ne veut pas du vote : « Je doute que les très délicates questions que soulèvent les revendications féminines soient de celles que l'on puisse discuter et résoudre avec discernement dans de grandes assemblées politiques. C'est dans le calme et la réflexion qu'elles méritent d'être examinées, et non dans une atmosphère échauffée où la surenchère et le hasard disposent trop souvent des votes. Elles s'exposeraient à susciter ainsi des antagonismes beaucoup plus violents que ceux qui se sont déjà manifestés. La question de rivalité professionnelle entre les sexes risquerait de se dresser avec une âpreté inaccoutumée ». On ne peut mieux dire.

M. André Lebert ne daigne pas prendre au sérieux cette revendication féminine, et l'enterre sous des plaisanteries spirituelles.

Le Dr Stéphane Leduc, profondément pénétré des différences physiologiques entre les deux sexes, déclare qu' « attribuer aux femmes le rôle politique des hommes, les mettre en compétition, en lutte avec eux, c'est vouloir effacer toutes les différences établies par la nature, et c'est vouloir instituer les conflits et la guerre à la place de l'ordre et de l'harmonie ».

Mais de tous ces considérants ceux qui ont le plus de poids nous paraissent être ceux de M. Maurice Ajam, député de la Sarthe : « Donner à la femme des droits politiques et un rôle extérieur au foyer, c'est créer, au mépris des lois naturelles, un conflit entre les sexes, qui deviendra plus âpre que la guerre de classes entre les hommes... La femme se doit à l'enfant et à la famille ; elle est le ministre de l'intérieur. L'homme est le ministre des affaires extérieures. Toutes les autres solutions du problème domestique préconisées par l'*anarchie contemporaine* nous conduisent à la dégénérescence.

Les nations qui pratiquent le féminisme intégral seront éliminées de la planète par les nations dans lesquelles la famille n'aura pas été dissociée ».

3° *Catégorie*. — Le marquis de Ségur accepterait les femmes comme électrices et leur refuse l'éligibilité.

Le comte de Franqueville leur refuserait le vote *en théorie*, mais l'accorderait *en fait*, parce que le fonctionnement actuel du suffrage universel lui semble « stupide ».

M. Naquet semble subordonner le vote des femmes à la réalisation de la « révolution sociale », « bouleversement qu'il appelle de ses vœux ».

Enfin le D[r] allemand Max Nordau, l'auteur de *La comédie du sentiment*, ouvrage destiné à montrer que l'homme est toujours fatalement dupé par la femme, n'accepterait le droit de vote que pour les femmes mûres.

M. Nordau motive ainsi sa motion : « Un mandat représentatif est à peu près incompatible avec l'état de gravidité et la période de l'allaitement... On pourrait peut-être restreindre l'éligibilité de la femme à la période de sa vie où son activité génésique est achevée, quarante-cinq ans ».

Il est à craindre que la majorité des femmes ne trouve que ce savant recule peu galamment la période de leur activité « politique » au delà des limites convenables.

*
* *

En résumé, dans ce plébiscite comme dans l'autre, nous
ne voyons guère l'émancipation des femmes réclamée
qu'au nom du socialisme, de la révolution et même de
l'anarchie, et nous la voyons repoussée par l'esprit politique, par la prudence, par la bienséance, par la morale,
enfin par le culte de la famille.

Le tableau comparatif des arguments *pour* et des arguments *contre* nous semble parler assez de lui-même...

V

CONCLUSION

En résumé, les théoriciens du droit politique des femmes, tant ceux du passé que ceux de l'époque actuelle, se présentent à nous non seulement comme des *insurgés contre l'ordre social*, mais aussi comme des *négateurs de la morale* traditionnelle. Ou plutôt, leurs aspirations politiques *procèdent* de leur hostilité contre cette morale. « L'affranchissement » de la femme n'est pour eux qu'un *moyen* : le *but* à atteindre, c'est la substitution d'une « morale » *indépendante*, sans fondement ni sanction, à une morale *impérative*.

Un autre caractère qui leur est commun à tous, presque sans nulle exception, c'est que dans leur pensée l'émancipation rêvée doit être *intégrale*. Presque tous ont jugé qu'il était impossible de s'arrêter à mi-chemin, c'est-à-dire d'admettre le droit de vote sans l'éligibilité, ou le suffrage municipal sans le suffrage législatif. Tout ou rien, disent ces intrépides logiciens.

Mais quand il s'agira d'en venir à la pratique, nous verrons les législateurs les plus avancés chercher des tempéraments et biaiser avec les difficultés.

Le rapide examen historique et juridique auquel

nous avons à procéder maintenant nous montrera
l'*idée* ne s'avançant, elle, que pas à pas, même dans
les pays qui offrent les plus magnifiques champs d'expériences. Le passage de la spéculation à la réalité
corrigera de lui-même les hardiesses téméraires des
« penseurs » (1).

(1) Cette première partie, qui est, à certains égards, une
sorte d'*introduction*, devait nécessairement contenir quelques
considérations générales sur le féminisme. Nous espérons
qu'on aura bien voulu faire la part de cette exigence du
sujet, et même qu'on aura remarqué quel jour ces « considérations » jettent déjà sur la question spéciale qui fera
l'objet exclusif des pages subséquentes.

DEUXIÈME PARTIE

Historique des principales manifestations tentées pour réaliser le droit politique des femmes en France ou à l'étranger.

Le dépôt sur le bureau de la Chambre du rapport de M. Ferd. Buisson est le « fait nouveau » qui renouvelle l'agitation tendant à implanter en France le suffrage politique des femmes.

Nous avons maintenant à retracer cette longue et ardente campagne, mais en raccourci, autrement ce serait une grande partie de l'histoire intérieure de notre pays que nous entreprendrions de raconter.

Viendra ensuite le tour des autres pays où le droit de cité a été accordé aux femmes dans une mesure plus ou moins large. Chacun de ces pays, et cela se comprend, nous arrêtera moins longtemps que la France. Nous devrons, quand il s'agira d'eux, négliger toute leur histoire proprement dite, et nous borner à enregistrer sommairement les résultats politiques que le mouvement féministe y a obtenus.

FRANCE

I

MOYEN AGE

Confusion du droit civil et du « droit politique ».

Les historiens du féminisme ont coutume de célébrer très haut les privilèges « politiques » dont
jouissaient les femmes dans l'ancienne France et
d'affirmer que les gouvernements modernes ont été
moins libéraux à leur égard que les vieilles dynas-
ties.

Il est très vrai que les femmes avant la Révolution
possédaient certains « droits » qu'elles ont perdus depuis, parce que les raisons qu'on avait eues de les leur
accorder n'existaient plus. Mais il est très vrai aussi
que ces « droits » ne leur conféraient aucune espèce
d'avantage *politique*. Car, bien loin de songer à faire
de la femme un personnage dans l'Etat, l'ancien droit
français, influencé par les lois canoniques de l'Eglise,
s'attacha plutôt à maintenir la femme dans la condition d'une *mineure* (1).

(1) Démonstration péremptoirement faite par Laboulaye
dans ses *Recherches sur la condition civile et politique des
femmes*.

C'est la Révolution qui a établi la distinction entre le *droit civil* et le *droit politique*. Jusqu'alors les « droits politiques » qui étaient reconnus à la femme, et qui consistaient dans la participation aux élections communales, provinciales et même d'Etats généraux (1), ainsi que dans la représention à ces Assemblées, se confondaient, en réalité, avec les droits civils résultant de la propriété.

On sait qu'à l'époque féodale la condition de la terre détermine toujours la condition de la personne, c'est-à-dire que nul compte n'est tenu du sexe. Une seule exception était faite en France à ce principe, et elle concernait la possession du trône : cette exception est connue sous le nom d'application de la *loi salique*. On voit donc que l'ancienne société inclinait visiblement à écarter les femmes de la politique : elle les excluait, en effet, de la plus haute fonction *politique*. En outre, dès le xive siècle, elle restreignit l' « habileté » des femmes à succéder aux simples fiefs.

La représentation. — Parallèlement s'établit, de la part des femmes feudataires, l'usage d'exercer le pouvoir attaché aux « tenures » par des mandataires, ou des baillis, plutôt qu'en personne. A plus forte raison s'il s'agissait de participer aux *travaux* des Etats, tant provinciaux que généraux. Là les femmes n'étaient jamais admises que par ministère de procureur. On va répétant dans les milieux féministes que la marquise de Sévigné « siégea » aux Etats de Bretagne qui se tinrent pendant l'un de ses séjours annuels aux Rochers. C'est une légende complaisamment reproduite par tous les publicistes qui prennent à cœur les intérêts du féminisme (2). Mme de Sévigné,

(1) Pour ceux-ci à partir de 1302 seulement.
(2) Nous avons eu l'étonnement de voir qu'il n'était pas jusqu'au rapporteur parlementaire, M. Ferdinand Buisson, qui ne la prit à son compte (*Rapport parlementaire*, page 5). Nous retrouvons aussi cette « bourde » sous la plume d'un

quand elle en aurait eu le « droit », avait trop de goût
pour s'exhiber ainsi dans une assemblée de gens
d'affaires, discutant d'intérêts locaux et positifs, murs
mitoyens, bornage, péage, servitudes, etc., ainsi qu'il
s'en discute dans nos Conseils généraux, lesquels cor-
respondent assez bien aux États provinciaux d'autrefois. Elle s'y serait d'ailleurs mortellement ennuyée.

Il ne faut donc pas que les mots nous en imposent.
La portée des *lois* ou *coutumes* que les érudits peuvent
exhumer (1) était très restreinte à l'égard de la « franchise » électorale des femmes. Cette « franchise » ne
trouvait son usage que là où, par l'absence ou le décès
du chef naturel de la famille, sa femme, sa veuve, ou
sa fille majeure se trouvaient investies de fonctions
actives. Ce furent des femmes de cette catégorie qui
prirent part aux élections pour les États généraux de
89, ainsi que nous l'apprend un passage de Condorcet (2). Mais dans les familles qui étaient, si l'on peut
dire, « de plein exercice », la femme retournait au
second plan. Tout, dans les institutions, dans l'esprit,
dans les croyances de l'Ancien régime proteste contre
l'idée d'une prépondérance quelconque accordée à la
femme ailleurs qu'au foyer domestique.

professeur du collège de France, M. Georges Renard, (article
sur les suffragettes anglaises dans *La Démocratie* du 19 avril
1911). Nous citons à l'appendice, pièce 4, les textes de la
correspondance de M⁻ᵉ de Sévigné qui détruisent cette légende.

(1) Notamment la *Coutume de Beaumont* (Argonne) qui fut
en vigueur jusqu'à la Révolution dans des centaines de communes.

(2) « Plusieurs de nos députés nobles doivent à des dames
l'honneur de siéger parmi les représentants de la nation. »
Sur l'Admission des femmes au droit de cité.

II

Avant l'époque révolutionnaire.

Avec les Valois et ensuite avec les Bourbons l'influence de la femme s'étend au dehors de la famille. C'est la vie de société qui se constitue sous la dicta-. ture de la femme, lorsque la femme du monde est ou spirituelle ou jolie. Il s'écoula alors deux siècles pendant lesquels l'empire moral de la femme s'exerça d'autant plus absolument qu'il était plus volontairement accepté. Ainsi que l'ont remarqué les Goncourt, sous la monarchie absolue « le gouvernement de la femme, soit par le salon, soit par l'alcôve, est le seul gouvernement visible et sensible ». Mais pour ce mode de gouvernement on ne s'avisa jamais de revendiquer aucune sanction légale. Les intéressées aimèrent mieux la réalité que les apparences du pouvoir. Même au xviii° siècle, même au plus fort de la croisade engagée par l'*Encyclopédie*, alors que le moindre des « privilèges » était mis en question, et la moindre des inégalités sociales vigoureusement flétrie, même aux approches de la Révolution, dis-je, nulle protestation ne s'éleva jamais ni de la part des femmes, ni de la part de leurs admirateurs, contre la condition qui leur était faite.

Preuve que cette condition était douce et que l'origine du mouvement dit « féministe » est toute artificielle.

.·.

La Révolution : les trois Assemblées. — C'est, nous le savons (mais nous sommes obligés de le rappeler d'un mot, pour marquer l'enchaînement des faits). Condorcet le premier qui persuada aux femmes qu'elles étaient malheureuses et qu'elles avaient un joug à secouer. Il rédigea la Charte, non pas précisément de la femme, mais de la *citoyenne ;* il composa le premier manifeste véritable du féminisme, du féminisme avant la lettre. Ce mathématicien se montra d'ailleurs peu conséquent avec ses principes en ce qu'il ne réclamait pour les femmes que le suffrage restreint et qu'il y mettait comme condition la propriété.

Nous avons exposé et discuté ci-dessus les plus notables de ses affirmations (1). Bornons-nous à ajouter ici qu'elles n'eurent aucun écho dans les Assemblées révolutionnaires. Mirabeau (2) et Robespierre y opposèrent, l'un aussi bien que l'autre, la sourde oreille. Gracchus Babeuf lui-même, « ce grand fanatique de l'égalité n'y songea pas un instant pour les femmes » (3). Sieyès fut avec Condorcet le seul député marquant qui osât soutenir, timidement d'ailleurs, cette cause d'avance perdue. Pas plus que Condorcet il ne fit impression sur l'Assemblée, parce que comme lui il raisonnait sur des principes abstraits et tentait d'introduire dans les questions morales une rigueur géométrique qu'elles ne comportent

(1) Voir Iʳᵉ partie, pages 10 sq.
(2) *Sur l'éducation publique.*
(3) Buisson, *Rapport parlementaire.*

point. Leur erreur commune, ce fut de considérer l'homme et la femme comme deux unités qu'on peut additionner selon les lois de l'arithmétique.

L'agitation féministe.

Mais si les Assemblées législatives persistaient à ne pas rendre de décrets en faveur du droit des femmes, l'une d'elles, la Convention, fut obligée néanmoins de s'occuper de l'agitation féministe et même de la réprimer enfin par un coup de force, dans la crainte qu'une horde de « Jupons gras » ne vînt à compromettre l'œuvre glorieuse des « Sans culottes ». Cette affaire mérite d'être racontée avec plus de détails.

L'origine en remonte au 28 octobre 1789. Ce jour-là les femmes de Paris, à qui la Commune venait de permettre d'assister à ses séances, sauf à « tricoter » pendant ce temps-là, comme les y invita le procureur Chaumette, adressèrent à l'Assemblée nationale une pétition dans laquelle elles demandaient l'égalité des deux sexes, l'accès aux places et emplois qui seraient à leur portée et sollicitaient un décret qui contraignît les hommes à épouser les femmes sans dot.

Miss Wollstonecraft.

A la même époque l'Anglaise Miss Mary Wollstonecraft dédiait à Talleyrand son livre sur *La défense des droits des femmes* (1) dans lequel l'auteur se déchainait surtout contre J.-J. Rousseau, qui eût été, en effet, nettement hostile à la doctrine émancipatrice. Elle prétendait aussi que la distinction sexuelle est

_____

(1) Dont la traduction française parut trois ans plus tard, en 1792. Après son mariage l'auteur devint Mᵐᵉ Godwin, et eut pour gendre le poète Shelley. Son portrait, par John Opie, figure à la National Gallery ● Londres.

purement arbitraire : en traitant des mœurs des femmes, disait-elle, laissons de côté le sexe !

Etta Palm d'Aelders.

Dès les premiers temps de la Constituante, une aventurière hollandaise, nommée Etta Palm d'Aelders, qui devait brusquement disparaître au beau milieu de la tourmente révolutionnaire, apprit aux femmes à monter sur une estrade et à célébrer les bienfaits de la liberté. Comme cette étrangère avait du succès malgré le mauvais français qu'elle parlait, il n'en fallut pas plus pour lui susciter de nombreuses imitatrices. Alors se produisirent Mme Robert-Kéralio, Aspasie Carlemigelli, Théroigne de Méricourt.

Théroigne de Méricourt.

Celle-ci essaya, mais vainement, d'organiser le premier bataillon d'*Amazones*. Elle portait une cravache, dont la poignée était formée par une cassolette d'or remplie de sels destinés à neutraliser « l'odeur du peuple ». Cette délicatesse était de nature à rendre Théroigne suspecte comme « aristocrate ». D'ailleurs elle ne jouit pas de sa popularité jusqu'à la fin de la Révolution : en 1793 elle fut fouettée publiquement par des ingrates qui avaient assez d'elle, et cette correction mit fin à son rôle politique.

Les Clubs de femmes : le Club des Citoyennes révolutionnaires.

Théroigne fut une irrégulière qui guerroya à sa guise, sur les flancs de la colonne. La plupart des femmes qui apportèrent à la Révolution leur concours ressentirent, au contraire, le besoin de se grouper. De là les *Clubs de femmes*, qui, parallèlement aux Clubs d'hommes, devinrent de véritables foyers révolutionnaires, où les Conventionnels eux-mêmes venaient réchauffer leur zèle et fourbir leurs armes. Ainsi la mise des Girondins hors la Loi fut décrétée par cette Convention « à côté » qui s'appelait le *Club des Citoyennes révolutionnaires*. Mᵐᵉ Roland, la grande féministe (1), fut donc réellement guillotinée par les femmes. De telles victimes remettent en mémoire le fameux mot que la Révolution fut un Minotaure qui dévorait ses propres enfants.

Ce Club féminin, avec lequel les puissants du jour durent compter, avait été fondé par Pauline Léon, blanchisseuse de son métier, mais « amazone » par goût. Elle recruta entre autres l'actrice *Claire Lacombe* (2), Reine Audu, la femme Colombe, qui imprimait la feuille de Marat. Pauline Léon et Claire Lacombe se succédèrent à la présidence de ce Club et se succédèrent aussi dans les faveurs d'un nommé Leclerc, qui daignait admettre à sa couche la présidente en fonctions, et qui alternait les deux femmes avec une sereine indifférence.

L'insigne de ce groupe de Jacobines était le bonnet rouge, leur surnom : « les Jupons gras » ou « les Tricoteuses de l'échafaud ». « Tricoteuses » est encore trop peu dire. C'étaient bel et bien les *Pourvoyeuses* de l'échafaud. Elles finirent par adopter pour lieu de réunion *le Charnier* Saint-Eustache, désirant apparemment mettre dans leur organisation matérielle toute la *couleur locale* qu'elle comportait.

(1) Son rôle, qui fut tout de persuasion et d'influence, appartient à la grande histoire, c'est pourquoi nous ne faisons que l'indiquer ici.

(2) Son prénom de *Claire* lui a été restitué par son historiographe, M. Léopold Lacour, qui s'est fait dans un livre récent le panégyriste de ces trois « Grâces » révolutionnaires : Théroigne, Olympe, Claire.

Olympe de Gouges.

Une mention spéciale revient à Olympe de Gouges, qui, elle, cumulait le bas bleu avec le bonnet rouge. C'était une malheureuse en proie à toutes les formes de l'hystérie, notamment l'hystérie littéraire, car elle a composé par l'intermédiaire de ses secrétaires beaucoup d'ouvrages, quoiqu'elle fût complètement illettrée. L'un des plus curieux de ses pamphlets fut cette *Déclaration des Droits de la femme* (1), où Olympe s'applique à décalquer, à transposer sur le mode féminin la *Déclaration des Droits de l'homme* que l'Assemblée nationale venait de promulguer. Le factum d'Olympe se termine, comme les bons sonnets, par une pointe... qui devait, d'ailleurs, se retourner contre son auteur même : « La femme a le droit de monter à l'échafaud ; elle doit avoir également celui de monter à la tribune ». La Révolution n'accorda à Olympe que le premier de ces deux droits, et ce fut son châtiment pour avoir taxé Marat de tiédeur et l'avoir traité d' « avorton de l'humanité ».

La grande majorité des personnes affiliées à ce Club étaient des *filles publiques*. C'est le nom que leur donne Michel du Morbihan. Il ajoute qu'on se servait d'elles pour « avilir la Constitution » et qu'elles allaient de quartier en quartier « pour y provoquer la fermentation ». Même qualification sous la plume de Buzot : « Deux ou trois mille femmes, organisées et enregimentées par la *Société fraternelle* siégeant aux Jacobins, ont commencé à la Convention leur tintamarre qui a duré jusqu'à six heures. Il a fallu lever la séance. La plupart de ces créatures sont des *filles publiques*. » (*Mémoires*). Ailleurs Buzot les appelle « des femmes

(1) Ce document est reproduit partout. On le trouvera notamment dans le *Rapport* Buisson, page 8.

perdues ramassées dans la boue, de hideuses co-
quines » ; Chaumette : « des viragos sans vergogne » ;
Gamon de l'Ardèche : « des malheureuses payées 20
sols par jour » ; Fabre d'Eglantine : « des grenadiers
femelles ». Nous verrons sans cesse ainsi au cours de
l'histoire les « revendications politiques » des femmes
accaparées par ce qu'il y a de moins recommandable
dans ce sexe.

Leur « politique » consiste à réclamer, à acclamer
toujours les mesures les plus violentes et à pratiquer
la surenchère. Il leur faut : du sang ! toujours du sang!
Elles parviennent à écœurer même les hommes qui
« travaillent » avec elles. Robespierre disait : « Cette
réunion de sans-culottes ne saurait durer plus longtemps ». Claire Lacombe, anticipant sur « l'antimilitarisme » qui deviendra l'un des articles du programme
féministe, traçait en ces termes aux députés de la Convention leur devoir militaire : « Ne craignez pas de
désorganiser l'armée ». Elle voulait dire que tout était
préférable plutôt que de laisser en place les généraux
qui lui déplaisaient. Lors des massacres de Septembre,
les « Tricoteuses de l'échafaud » se montrèrent plus
acharnées que les hommes, auxquels elles repro-
chaient leur mollesse.

Dispersion du Club.

Tant d'excès de paroles et tant de violences appelaient une répression. La Convention le comprit.
D'ailleurs, une fois les Girondins détruits, et détruits
grâce au Club des Républicaines, les Montagnards ne
se crurent plus intéressés à ménager leurs alliés enju-
ponnés, et ils saisirent la première occasion de se dé-
barrasser d'eux.

Une députation de citoyennes de la *Section du Bon
Conseil* étant venue se plaindre à la Convention que
celles du Club Lacombe voulaient les forcer à porter le
bonnet rouge, cette démarche provoqua un énergique

6

rapport du député Amar et une véhémente apostrophe du procureur Chaumette, deux morceaux que nous analysons d'autre part (1). Dans son réquisitoire, Chaumette accusait spécialement Mᵐᵉ Roland et Olympe de Gouges d'avoir entravé l'action révolutionnaire. Seul le député Charlier s'enhardit à prendre la défense des « Républicaines ». L'Assemblée décida la fermeture du Club et, à cette occasion, retira aux femmes le droit de s'associer. Les nombreux clubs féminins de Paris et les innombrables clubs féminins de province (2), qui, d'ailleurs, firent peu parler d'eux, avaient vécu.

Les fanatiques qui en étaient l'âme représentent, suivant l'un des plus sagaces analystes de « l'émancipation » féminine, « l'exaltation dans le mysticisme, la frénésie dans la folie, et la folie dans le crime » (3). Ayant à s'expliquer sur cette « philosophie de la femme émancipée, Proudhon, lui, la ramène à une « luxure inextinguible » (4). Enfin, un célèbre féministe, ou soi-disant tel, juge ainsi le rôle des femmes sous la Révolution : « Hors ces jours d'ivresse sublime, hors ces actions toutes de cœur qui sont la poésie de la politique, mais non la politique même, l'intervention des femmes fut ou fatale, ou inutile, ou ridicule. »

(Ernest Legouvé.)

(1) Voir IIIᵉ partie, pages.
(2) Voir IIIᵉ partie, page.
(3) Maillard, La légende de la femme émancipée.
(4) De la Justice dans la Révolution et dans l'Eglise, 4ᵉ vol. alinéa sur George Sand.

III

DE 93 À 48

Sous le Premier Empire, les politiciennes se font oublier, sage précaution sous un autocrate aussi hostile à toute espèce d'émancipation, et particulièrement à l'émancipation féminine, que Napoléon. De rares et éphémères journaux féministes paraissaient alors. L'un d'eux était dirigé par Sophie Senneterre de Renneville et exclusivement rédigé par des femmes, ce qui d'ordinaire n'est pas pour un journal un gage de longue vie.

Il faut aller jusqu'à la Révolution de Juillet pour voir les politiciennes dresser de nouveau la tête. Le terrain de leurs « revendications » avait été préparé par les doctrines saint-simoniennes, fouriéristes, phalanstériennes, « fusioniennes », « babouvistes », tous ces tâtonnements du socialisme à ses débuts.

Le saint-simonisme.

Dès 1831 Michel Chevalier réclame « l'avènement de la femme », à la suite de la nouvelle distribution du pouvoir saint-simonien. Fourier, dans sa *Théorie des quatre mouvements*, déclare que « l'extension des privilèges des femmes est le principe générateur de tous les progrès sociaux ». Au moment de partir pour l'Amérique, afin d'y fonder son Icarie, Cabet s'avisa aussi, mais alors seulement, du parti qu'il pourrait tirer du suffrage des femmes. Nous verrons plus loin l'influence de ce système sur la Constitution de divers États de l'Union, notamment de l'Utah.

Saint-Simon étant mort (1825), une espèce de triumvirat se forma parmi ses disciples pour continuer son œuvre : Bazard devint « chef du dogme », Rodrigues « chef du culte », et Enfantin « chef de la religion ». C'est alors que les précurseurs du « féminisme » contractèrent cet infâme pacte d'alliance avec le *malthusianisme*, qui est aujourd'hui plus que jamais en vigueur et qui est une des principales causes de la dépopulation de la France. Proudhon flétrit ce genre de corruption du mot de « pourriture saint-simonienne ». Il avait fort bien compris que ce mouvement, en apparence philosophique et social, n'était au fond qu'une poussée de bas instincts : « ... théorie d'affranchissement et de promiscuité dont le dernier mot est la *pornocratie*, disait-il rudement ; ... le nivellement des sexes aboutit à la dissolution générale. Ce sophisme s'accrédite à certaines époques de fatigue... » De son côté Jean Reynaud reprochait à la doctrine saint-simonienne de « démoraliser les femmes, en affranchissant leurs passions au lieu de leur âme ».

Le communisme.

Il faudrait, en effet, un Brantôme, un Crébillon fils, ou un Choderlos de Laclos pour retracer les « applications » de ce « système ». La mise en pratique de la théorie si scabreuse de la Femme-Messie occasionna des procès retentissants. Cette théorie n'était au fond qu'un retour au paganisme de l'île de Cythère ou de Paphos. On en trouve la « glorification » dans la vie de Suzanne Voilquin, ou mieux encore dans la vie et les écrits de *Claire Démar*.

Celle-ci avait rêvé de réaliser le genre de communisme préconisé par le chevalier James Lawrence dans
un roman scandaleux, d'abord interdit par la censure
sous Napoléon I⁻ et qui s'appelait *L'Empire des Nairs*.
La formule de cet abject matérialisme était « l'épreuve
de la matière par la matière, *l'essai de la chair par la
chair* » (Claire Démar). Or la réformatrice se débattit
comme une forcenée contre les « préjugés » sociaux
qui font à la femme de la pudeur une règle et aux
hommes de la monogamie une loi. Fut-ce le désespoir
de ne pas arriver à convertir ses semblables, ou
la conscience du néant avilissant de sa doctrine ?
Toujours est-il que la malheureuse finit par le suicide :
elle n'avait pas trente-cinq ans.

La femme qui incarna le mieux à cette époque le
dogme de la Femme-Reine ou de la Femme-Messie,
ce fut la maîtresse de l'ex-abbé Constant, *Flora Tristan*.
Flora célèbre sur tous les tons la souveraineté, le
triomphe de la femme. Comme Claire Démar elle proclame également saintes la chair et l'âme ; elle appelle
de ses vœux le rétablissement du « matriarcat », mais
en attendant elle réclame, en termes crus, « la communauté de l'homme ». Pour elle, la femme est une
divinité qui daigne honorer les hommes de ses faveurs. Or l'essence de la faveur, comme de la grâce,
c'est de « souffler où elle veut ». Flora expose ces
idées dans un volume en pathos qu'elle intitule
*L'Emancipation de la femme, ou le Testament de la
Paria*. Elle passa auprès des socialistes de son temps
pour l'une des héroïnes de la régénération, une
« sainte humanitaire », comme ils l'appelaient pom-
peusement.

Les idéologues du saint-simonisme se figuraient que
le principal obstacle au progrès de l'humanité était
l'attachement des femmes aux principes de la morale
traditionnelle. Le Père Enfantin déclarait gravement à
Julie Fanfernot, condamnée le 22 novembre 1831 pour
avoir poussé des cris séditieux : « Oui, ma fille, *tu*

6*

(tutoiement symbolique dans l'école saint-simonienne) as raison, *nous avons besoin de femmes sortant des habitudes ordinaires de la vie féminine* ». D'ailleurs, Julie, adepte volage, quitta bientôt le saint-simonisme pour le fouriérisme, après un court essai de phalanstère.

Tel est le caractère que prit l'agitation féministe sous la Restauration et sous Louis-Philippe : elle fut surtout une révolte contre le spiritualisme religieux et contre la morale courante.

IV

LA RÉPUBLIQUE DE 48

Début de la campagne pour le droit de vote.

A la veille et au lendemain de la deuxième République, le féminisme redevient avant tout *politique*, c'est-à-dire révolutionnaire, sans abandonner toutefois les revendications concernant la promiscuité, l'union libre, le divorce... et les parades pittoresques.

Déjà, entre les années 1836 et 1839, *La Gazette des femmes*, fondée par Mme Pourret de Mauchamps, adressait une sommation à Louis-Philippe d'avoir à « se proclamer roi des Français et des Françaises », et réclamait le droit de vote pour toute femme payant 200 francs d'impôts. C'était la pure doctrine de Condorcet. En 1846, Emile Deschanel reprenait cette « revendication », mais en la limitant aux veuves et aux filles majeures.

Survient la proclamation de La République. Le 22 mars, sans perdre de temps, le Comité des *Droits de la femme* adresse une délégation au gouvernement provisoire pour demander le droit de suffrage. Armand Marrast, qui reçoit les déléguées, les renvoie à la future Constituante.

Cette démarche ne tarda pas à être suivie de pétitions concernant le rétablissement du divorce et émanant de divers groupes féministes.

La Constituante une fois réunie, au nombre de neuf cents membres, il ne se trouva dans le Comité de Constitution qu'un seul député qui voulût prendre la demande en « considération ». C'était naturellement Victor Considérant. En séance, Pierre Leroux, au milieu des rires de ses collègues, soutint la proposition, en la restreignant toutefois aux élections communales. Elle fut enterrée sous le ridicule. Ecartée aussi la motion concernant le divorce.

Vésuviennes. — Clubs féminins.

Cependant, la légion des *Vésuviennes* était née. Cette mémorable fondation remontait au 1ᵉʳ mars. Elle était l'œuvre d'un semi-aliéné, nommé Borme. Par le mot « Vésuvienne », on signifiait que chacune des contractantes avait au fond du cœur tout un « volcan de feux et d'ardeurs révolutionnaires ». L'une des premières à s'enrôler dans cette brigade fut *Jeanne Deroin*, ex-saint-simonienne et fouriériste, dont tels furent les débuts dans la carrière politique. Elle entra en polémique avec Proudhon, qui la malmenait dans *Le Peuple* et lâchait les rieurs contre elle. L'historien féminin Daniel Stern (Comtesse d'Agoult) constate dans son *Histoire de la République de 48* à quelles exhibitions scandaleuses donnèrent lieu les faits et gestes de ces Amazones.

Le Club des femmes. — Eugénie Niboyet.

Parmi la douzaine de Clubs féminins qui jaillirent alors d'entre les pavés de Paris, il faut mentionner spécialement celui qui aspira à jouer dans la deuxième République le rôle que les Tricoteuses avaient joué dans la première. Ce fut le *Club des femmes*, qui était la parole vivante du journal *La Voix des femmes*. Fondatrice et directrice de l'un et de l'autre : *Eugénie Niboyet*. (surnommée par le peuple *Nini Boyet*).

Celle-ci, qui brûlait de faire triompher le féminisme jusque dans la grammaire, se qualifiait de « rédacteurre en cheffe » de *La Voix des femmes*, et datait ses lettres de l'an Ier, II, III, etc., de l'ère du « Fusionnisme ». Les plus marquantes de ses adhérentes étaient Mmes Anaïs Ségalas, Amable Tastu, Augustine Genoux, Marie Dalınay, Cazamajor, Eugénie Foa (née Rodrigues Grady), Marie Noémi (femme de l'ex-abbé Constant), Gabrielle d'Altenheim (née Soumet), Jeanne Marie, Jeanne Deroin, Désirée Gay, Henriette Sénéchal, Pauline Rolland, Adèle Esquiros. Arthémise Cardelos, Fossoyeux, etc., etc.

Ce fut le 11 mai que le *Club des femmes* ouvrit ses séances rue Taranne. Cette première période de l'existence du Club fut relativement calme. Mais bientôt l'ambitieuse présidente essaya de faire plus grand. Elle transporta son Club au boulevard Bonne-Nouvelle et décida que désormais les réunions seraient payantes. Cette circonstance, qu'on espérait qui devait accroître la prospérité de la Société, entraîna, au contraire, sa débâcle, car les Parisiens sceptiques, trouvant qu'ils n'en avaient pas pour leur argent, protestèrent et firent du tapage. Les séances devinrent si orageuses que le gouvernement s'en émut et fit voter par l'Assemblée nationale une loi qui soumettait les réunions publiques à la déclaration préalable et à des mesures de police (26 juillet). Ce fut le pasteur Athanase Coquerel qui proposa la loi, à la grande indignation des féministes, dont quelques-unes, telles qu'Anna Knight, Jeanne Deroin, Mme d'Héricourt, lui reprochèrent durement son « apostasie ». La loi du 26 juillet, restrictive et non suppressive de la liberté de réunion, causa tout de même la ruine du *Club des femmes*, car le désordre est le seul élément dans lequel de telles entreprises puissent subsister. Des « Vésuviennes » à qui l'on enlevait le moyen de jeter feu et flammes n'avaient plus de raison d'être (1).

(1) La suppression des clubs féminins fut généralement

En même temps que se déroulait la bacchanale du *Club des femmes*, d'autres Clubs ou journaux féministes cherchaient à faire parler d'eux. Ainsi le Club de l'*Emancipation des femmes*, fondé par Jeanne Deroin et Désirée Gay, celle-ci fonctionnaire révoquée par un ministre qui était... Louis Blanc ; ainsi le journal socialiste *La Politique des femmes*, qui devint plus tard *L'Opinion des femmes*, et où nous retrouvons Désirée Gay, Jeanne Deroin, Pauline Rolland, Marie Dalmay, Augustine Genoux, Henriette Sénéchal, etc.

Candidatures parlementaires.

Cependant *La Voix des femmes*, que son échec auprès de la Constituante ne rebutait pas, prit l'initiative d'un mouvement d'opinion qui forçât la main au gouvernement. Elle lança la candidature politique de George Sand, comme de la femme la plus représentative qu'il y eût alors. Seulement George Sand, qu'on avait négligé de consulter, refusa nettement de se laisser porter et désavoua même toute cette agitation féministe (1). Grave déception pour les « militantes », qui ingénument identifiaient *féminisme à talent féminin*, et qui apprenaient par là que ces deux choses peuvent être — et sont généralement — très opposées.

bien accueillie dans le public. Les auteurs d'un ouvrage qui reflète fidèlement l'état de l'opinion en 48, Faure et Fontaine, se félicitent de cette mesure dans leur ouvrage : *Le peuple et la place publique* et ajoutent : « *Elles* auraient achevé de perdre les quelques restes de grâces qui les distinguent encore des hommes. Pour quelque temps encore il n'est pas mal qu'il y ait deux sexes ; plus tard, on verra. » (page 159).

Et de son côté Proudhon, juge prévenu, il est vrai, déclare : « L'influence féminine a été en 48 une des pertes de la République. »

(1) Voir 1re partie page 64.

On eut à essuyer même refus de la part de Pauline Rolland.

Battue de ce côté, Eugénie Niboyet, conseillée par Jean Macé, un homme d'esprit fourvoyé dans cette faction, se rabattit sur des noms masculins. Elle s'adressa d'abord à Ernest Legouvé, en qui l'on s'obstinait à voir un *féministe* et qui persistait à dire qu'il était trop *ami des femmes* pour cela. Aussi refusa-t-il également la candidature offerte, et il fut, ainsi qu'on l'a vu plus haut, l'un de ceux qui blâmèrent le plus sévèrement la politique faite par les femmes. De degré en degré, Eugénie Niboyet en arriva à Caussidière, Pierre Leroux, Cabet, Esquiros, Thoré, *Proudhon* (était-ce pour l'acheter ?) Olinde Rodrigues, le banquier des Saint-Simoniens, Schœlcher, Toussenel, « l'ami des bêtes », etc. Descendant encore plus bas dans l'échelle de la notoriété, et renonçant de plus en plus à « lancer » aucune candidature féminine, elle composa une liste de Grandménil, Dupaty, Pascal, Kersausic, Raspail, un nom qui tranche sur ce fond gris.

Telle fut l'œuvre de ce groupe féministe. Tant par les séances carnavalesques de son Club que par les excentricités de son journal, il jeta un vif discrédit sur la cause elle-même. On s'en convaincra en lisant, outre la protestation de George Sand, les appréciations sévères d'une autre femme, Daniel Stern, dans son histoire de la *République de 48*.

Après la déconfiture de *La Voix des femmes*, quelques intrépides continuèrent la campagne. Elles s'appelaient : Désirée Gay, Adèle Esquiros, Anaïs Ségalas, Amable Tastu, Marie Noémi, Bourgeois-Allix, Pauline Rolland, Eugénie Foa, Hermance Lesguillon, Elisa Lemonnier, sans parler d'Eugénie Niboyet elle-même.

Jeanne Deroin. — Mais le premier rôle appartient alors à Jeanne Deroin. Celle-ci, qui venait de fonder *L'opinion des femmes*, avec la collaboration de Jean Macé, se mêle activement à la campagne des banquels socialistes et pose avec fracas sa candidature à la députation. Arrêtée le 29 mai 1850 avec Pauline Rolland et Mᵐᵉ Nicaud pour infraction à la loi du 26 juillet 1848 sur les réunions publiques, elle fut condamnée à six mois de prison. Du fond de sa cellule, elle adresse à l'Assemblée une pétition. Le représentant Chapot propose de refuser aux femmes le droit même de pétition. La proposition Chapot, combattue par Laurent (de l'Ardèche), Schœlcher et Crémieux, fut spirituellement soutenue par Quentin-Bauchart : « Comment ? disait-il, il arrivera une pétition signée dans un sens par le mari, dans un autre par la femme ! Quelle serait donc l'autorité et le sexe qui dominerait ici ? Si la pétition politique était donnée aux femmes, ce ne seraient ni les plus distinguées, ni les plus instruites qui pétitionneraient, n'en doutez pas (1) ! »

L'Assemblée adopta les conclusions du rapporteur. Persistant dans la même doctrine, elle écarta encore, l'année suivante (21 novembre 1851), l'amendement de Pierre Leroux qui tendait à admettre les femmes aux élections communales.

Devant cet échec législatif de sa campagne féministe, Jeanne Deroin comprit que sa « carrière » active était finie. Au sortir de prison, elle s'exila d'elle-même en Angleterre, où elle mourut dans un âge avancé. Son dernier écrit, qui compte parmi les plus curieux, fut son *Almanach des femmes* : il parut pour les années 1852, 1853 et 1854.

_____

(1) Séance du 23 juin ; *Moniteur* du 24 juin 1851.

V

LE SECOND EMPIRE

Sous Napoléon III les femmes ne tentèrent rien pour faire triompher leurs revendications au regard de la politique. L'heure ne s'y prêtait pas.

Proudhon et Juliette Lamber.

Mais l'effervescence continuait dans la littérature et dans la presse. Il y eut d'abord la célèbre polémique entre Proudhon et Juliette Lamber (Mme Adam), où le dogmatisme de la femme de lettres fut cruellement raillé par le philosophe à la dent dure et à l'esprit caustique (1).

Il y eut les conférences de M. *Léon Richer*, alors à ses débuts.

Il y eut les bravades d'*Olympe Audouard* et sa campagne infructueuse pour le rétablissement du divorce.

Il y eut l'ouvrage si violent de Jenny d'Héricourt, une des victimes de Proudhon : *La femme affranchie* (1860).

Il y eut les feuilletons outranciers d'*André Léo* (2) dans *Le Siècle*.

(1) Voir à l'Appendice, pièce 5.
(2) Pseudonyme masculin qui cachait une personnalité féminine.

Maria Deraismes.

Vers la fin du règne entre en scène Maria Deraismes, qui devait pendant un quart de siècle être la « grande électrice » de l'arrondissement de Pontoise, où son influence et sa fortune faisaient et défaisaient les députés. Ce fut le chef incontesté du féminisme « anticlérical » d'alors, et cette circonstance, bien plus que son mérite, lui valut d'être après sa mort honorée d'une statue à Paris (1).

En 1869 elle s'unit avec M. Léon Richer pour fonder la « Société pour l'amélioration du sort de la femme et la revendication de ses droits ». Le même Léon Richer lançait *L'Avenir des femmes*, qui depuis s'est appelé *Le droit des femmes*.

Le Journal des femmes.

De son côté Eugénie Niboyet, voyant se réveiller le mouvement féministe, créa, pour l'occupation de sa vieillesse, le *Journal des femmes* (1869), qui trouva le moyen — au prix de plusieurs éclipses — de durer jusqu'à ces derniers temps. La doyenne des « militantes » y fit entrer Paule Minck, André Léo, Maria Deraismes, Clémence Royer, Elisa Lemonnier : toute la nouvelle « couche » des émancipatrices. Ce journal devait être l'un des organes de la Commune ; il fournit à ce mouvement insurrectionnel deux de ses principales instigatrices, Paule Minck et André Léo.

(1) Dans le quartier des Epinettes.

LA COMMUNE

Résurrection du jacobinisme de 93.

L'aube de la troisième République, comme l'aube de la deuxième, fut saluée par une prise d'armes féministe. Félix Belly, émule et même plagiaire du citoyen Borme, fonda sa légion d'*Amazones*, sous prétexte de contribuer à la défense de Paris assiégé (octobre 1870). Cette fondation fut bientôt complétée par celle d'un *Club* de femmes, mais son créateur, Allix, ne parvint pas à protéger son œuvre contre le ridicule.

La véritable agitation ne commença qu'après la proclamation de la Commune. Il se produisit alors comme en 93 toute une floraison de Clubs féminins, rivalisant de cynisme avec les *Clubs rouges* des hommes. L'outrance irréligieuse se donna même plus de carrière que sous la Terreur (1). Les *Louvetonnes* ou les *Pétroleuses* de 71 — qui renouaient la tradition des *Jupons gras* et des *Tricoteuses* de 93 — choisissaient habituellement les *églises* pour y vomir leurs anathèmes contre la société bourgeoise. Il est vrai qu'elles avaient commencé par « laïciser », en les amputant, les noms

(1) Voir notre III° partie, pages   où nous étudions « l'émancipation » au point de vue des mœurs.

de ces églises : Saint-Sulpice, Saint-Eustache, Saint-Ambroise, etc., étaient devenus : Sulpice, Eustache, Ambroise, etc.

La Commune ne manqua pas non plus d'une Théroigne : ce fut l'Amazone polonaise Lodoïska Caweska, qui n'avait jamais moins de deux pistolets à sa ceinture ; à moins que Théroigne ne revécût dans l'Autrichienne Reidenreth, qui « se glorifiait d'avoir été condamnée à Vienne pour délit d'outrage aux mœurs », et qui écrivait dans *Le Populaire* des articles d'une violence inouïe. Elle commandait *Les Carabinières de la Mort.* — Toutes ces Amazones participèrent au mouvement de la Commune, comme les Jacobines à la destruction des Girondins. On peut dire sans nulle exagération que *la Commune fut l'œuvre des femmes tout autant que celle des hommes.* Ainsi nous voyons à toutes les époques tragiques de notre histoire la signification de la revendication féminine cruellement soulignée par les féministes.

Louise Michel.

L'âme de l'anarchie était alors Louise Michel, qui l'incarna avec une sorte de grandeur. Cette ancienne institutrice était une illuminée dont la nature avait des ardeurs généreuses. C'est en somme la plus pure gloire du parti. Dès le début de l'insurrection, Louise Michel, en compagnie d'André Léo, de Rochebrune (1), d'Olga Dmitrieff, importune le gouvernement pour qu'il enrôle les femmes contre les « Versaillais ». Il se forme un *Comité central* de « l'Union des femmes pour la défense de Paris ». Ces zélées patriotes veulent à toute force imposer leur dévouement à la cité. Delescluze verse les plus ardentes... dans la brigade des Pétroleuses. Louise Michel, qui brûle d'être à la peine,

(1) La participation de celle-ci a été contestée par la famille de Rochebrune.

aime mieux faire le coup de feu sur les barricades. Elle s'offre aussi à aller poignarder M. Thiers à Versailles.

Après la « Semaine sanglante », on la déporte à la Nouvelle-Calédonie. A son retour du bagne, une ovation du Paris mécontent attendait la « Vierge rouge », la « Grande Citoyenne ». Rochefort, Clémenceau, Louis Blanc sont là qui l'accueillent et l'embrassent. Dans les réunions révolutionnaires qui suivent, on acclame en elle « la plus grande figure de la Révolution sociale ». Louise Michel promenait dans ces réunions une haine farouche pour Gambetta, qu'elle rendait responsable de tous ses malheurs et qu'elle surnommait peu élégamment « le Borgne » (1).

(1) Voir un résumé des idées de Louise Michel, Léonie Rouzade, Paule Minck, dans la   partie, page.

Emancipatrices de second plan.

Aux côtés de l'ex « bagnarde », figurait le plus souvent Paule Minck, autre ancienne institutrice, et connue par son apologie de l'assassinat d'Alexandre II.

Léonie Rouzade, qui voulut imiter Jeanne Deroin en faisant acte de candidate aux élections législatives, écrivait dans *Le Prolétaire* : c'était la note socialiste faisant écho à la note anarchiste des deux autres. Ces trois femmes furent les grandes agitatrices qui occupèrent la scène entre 1875 et 1890.

A côté d'elles se trémoussent plutôt qu'elles ne s'agitent les citoyennes Lebleu, Cadolle, Lemelle, Saint-Hilaire, Bonnevial (aujourd'hui la doyenne du parti) Eugénie Potonié-Pierre, Louise Koppe (dans *La femme*), Eugénie Cheminat (dans *La Tribune des femmes*), etc.

Hubertine Auclert.

La période où nous entrons est celle qui vit les débuts de Mⁱˡᵉ Hubertine Auclert (depuis Mᵐᵉ Antonin Lévrier), l'une de celles qui se sont le plus remuées pour faire aboutir l'émancipation politique. Celle-ci se signala d'abord par la fondation de la Société *Le droit des femmes*, devenue en 1883 *Le suffrage des femmes*. Grâce aux subsides du député de Gasté, qui soutenait au Parlement la cause féministe. Mlle Hubertine Auclert put faire paraître de 1881 à 1891 le journal *La Citoyenne*. Ce fut l'époque la plus active de la « carrière » de Mlle Auclert. Sa propagande fut multiple et acharnée : pétitions au Sénat et à la Chambre, au Congrès de Versailles, au Conseil général de la Seine ; candidature parlementaire (1878), appels à la presse, sommations aux pouvoirs publics, demandes d'inscription sur les listes électorales, proclamations naïves et incorrectes, mais chaleureuses, refus de l'impôt, demande de dégrèvement, pourvois devant le Conseil de préfecture, le Conseil d'Etat... Enfin, elle épuisa toute la filière administrative et judiciaire pour faire reconnaître son droit de se porter candidate.

Elle compléta son « apostolat » par la publication d'une brochure : *Le Vote des femmes*, espèce de plaidoyer *pro domo* présenté dans une langue barbare, et où l'auteur laisse trop voir que tout ce qui est de l'histoire lui est totalement étranger (1).

Innombrables furent ses disciples et émules. L'énumération minutieuse de toutes les manifestations féministes auxquelles nous avons assisté depuis une trentaine d'années remplirait tout un volume. Il faut nous borner à signaler les principaux de ces « gestes », en nous excusant de ce que la brièveté à laquelle nous sommes tenu n'ira peut-être pas sans sécheresse.

L'organisation politique du féminisme.

En 1871, Julie Daubié, qui fut la première bachelière et licenciée ès-lettres, fonda l'*Association pour l'éman-*

---

(1) C'est elle qui fait « siéger » Mme de Sévigné à de certains Etats *présidés* par *Anne de Bretagne* !

cipation de la femme. Mais l'œuvre ne survécut guère à sa fondatrice, qui mourut peu après, en 1874.

Les Congrès.

L'année 1878, celle où se produisit la candidature Auclert, vit se réunir le premier *Congrès* féministe par les soins de Maria Deraismes et de M. Léon Richer.

En 1882, fondation par M. Léon Richer, aujourd'hui le patriarche du féminisme (1), de la *Ligue française pour le droit des femmes*.

En 1889, nouveau *Congrès*, sous la présidence de Jules Simon. Le nom et le caractère du président indiquent suffisamment que ce Congrès féminin n'eut absolument rien de révolutionnaire.

En 1900, deux *Congrès* : le premier, organisé par Mᵐᵉˢ Maria Pognon, Chéliga, Bonnevial, Maria Martin ; le second par Mˡˡᵉ Sarah Monod et M. Léon Bourgeois, avec Mᵐᵉ Pégard pour secrétaire générale.

En 1908, cinquième *Congrès*. Organisatrice : Madame Jeanne Oddo-Deflou. Bien que les questions brûlantes en eussent été écartées officiellement, elles s'y glissèrent néanmoins et peu s'en fallut que ces comices féministes ne devinssent tumultueux.

A l'heure actuelle, nous en sommes au 10ᵉ *Congrès international*. On nous permettra de ne pas attacher beaucoup d'importance à ces sortes de villégiatures pseudo-scientifiques. L'expérience nous apprend qu'elles ne sont généralement qu'une variété du tourisme. Ce sont de simples prétextes pour visiter la France et l'étranger avec des billets à prix réduits, et pour reléguer au second plan le « travail des commissions ».

Mentionnons donc brièvement les deux derniers *Congrès* tenus. D'abord (en mai 1913) celui de Paris,

_____

(1) Depuis que ces lignes furent écrites, M. Léon Richer est mort, le 15 juin 1911, à l'âge de 87 ans.

où fut réclamé naturellement le suffrage des femmes. Mais, « afin d'éviter des secousses trop brusques pour l'État », le Congrès condescendit à ne demander pour le moment que le suffrage municipal.

Par exemple, les congressistes furent très énergiques pour « réclamer le droit de s'intéresser aux questions concernant l'alcoolisme, la tuberculose, l'hygiène », etc. Il y a ainsi des personnes qui font appel à toute leur force... pour enfoncer des portes ouvertes. Qui donc aurait l'idée de contester aux femmes le « droit » de « s'intéresser » à l'alcoolisme et à la maladie? Est-il bien nécessaire pour cela d'être « conseillère municipale » ? Même, cette façon d'insinuer qu'*en récompense* de ce qu'on les aura promues aux fonctions municipales, les femmes daigneront concourir à la santé publique, constitue une sorte de marchandage. Les femmes ne feraient que sage de prendre les devants : le pays leur en tiendrait compte à l'occasion. La propagande est libre...

Le conseil municipal de Paris décerna à ces féministes un « satisfecit », pour les encourager à ne pas imiter les suffragettes anglaises, lesquelles prétendent prouver par la violence, l'assassinat, l'incendie, leur aptitude... à la générosité et au dévouement féminins.

Puis, il y eut, le mois suivant (juin 1913) — ces deux dates paraîtront bien rapprochées — le congrès de Buda-Pesth. Cette assemblée se réunit sous la présidence de Mᵐᵉ Chapman Chat, qui est l'âme de « l'Union Internationale du suffrage des femmes ». Elle comprenait plus d'un millier de membres effectifs, parmi lesquelles des représentantes officielles du Commenwealth australien, de la Norvège, de quelques États de l'Union américaine, des membres du parlement finlandais, et plusieurs « conseillères municipales » danoises, norvégiennes, suédoises, irlandaises, anglaises et autres. Par contre les féministes de France ne semblèrent pas s'intéresser beaucoup au mouvement suffragiste, car les listes ne mentionnaient comme

venant de chez nous que Mme de Schlumberger,
Mme Maria Vérone, Mme du Breuil de Saint-Germain et
deux autres dames.

Le Congrès affirma, entre autres choses, que les
extravagances ou les excès des « suffragettes » ne
prouve rien du tout contre l'excellence de leur cause.

La présidente constata dans son allocution finale
que les résultats de cette assemblée n'avaient pas été
très satisfaisants, et invoqua comme motifs le grand
nombre de participantes au congrès et l'abondance
des matières en délibération. En effet, malgré cinq
journées de discussions aussi abondantes qu'animées,
les congressistes ne purent s'entendre, pas même sur
la ville où dans deux ans le prochain congrès siégera,
ni sur celle où devra être incessamment créé un office
international pour le suffrage des femmes.

Les délégués anglo-saxonnes déployèrent tous leurs
efforts pour centraliser et diriger à Londres le mouvement suffragiste du monde entier. Les représentantes d'autres pays, arguant que les suffragettes anglaises ont compromis ce mouvement, s'y opposèrent
avec une énergie extrême. Finalement, comme plusieurs congressistes étaient parties, et que la plupart
des autres se déclaraient fatiguées, l'assemblée pria le
bureau de prendre toutes les décisions requises et le
congrès se termina... en queue de poisson.

Pour compléter ces indications, il faudrait pouvoir
énumérer les journaux qui représentent la presse féministe. Mais, à part le *Journal des femmes* (1), toutes
ces feuilles ont en général un si court destin qu'on n'a
pas plus tôt enregistré leur naissance qu'il y aurait à
constater leur décès. Bornons-nous donc à dire qu'une
douzaine environ de périodiques féministes s'offrent à
notre curiosité.

(1) *Le Journal des femmes*, qui était le doyen de la presse
féministe, n'a pas survécu à sa directrice, Mme Maria Martin,
qui est morte en automne 1910.

Internationalisme politique.

L'action politique proprement dite du parti emprunte pour s'exercer deux théâtres principaux : 1° les locaux des *Ligues* ; 2° la rue.

1° Depuis le 31 mai 1888. date de la fondation à Washington du *Conseil international des femmes*, chacun des vingt-quatre pays (1) qui se sont affiliés à cette espèce de Fédération possède un *Conseil national*, qui communique et se concerte avec le bureau de Washington.

Le *Conseil international* ayant paru à quelques féministes d'avant-garde n'avoir pas une couleur politique assez tranchée, il fut décidé. au Congrès de Berlin de 1904, que, conjointement à la Fédération, fonctionnerait une *Alliance internationale pour le Suffrage des femmes*, qui devrait se proposer spécialement de faire aboutir législativement la campagne pour le droit électoral.

Toute cette organisation n'a valu encore à la France que quelques conférences académiques dans des salles moyennes et devant des auditoires peu nombreux (2).

(1) France, États-Unis, Canada, Allemagne, Suède, Angleterre, Danemark, Hollande, Nouvelle-Bretagne. Tasmanie, Suisse, Italie, Australie du Sud. Victoria, Autriche, Norvège, Hongrie, Belgique, République Argentine, Grèce, Bulgarie, Nouvelle-Galles du Sud, Queensland.

Ce chiffre de 24 est pour l'œil ; en réalité il n'y avait alors que 18 pays, si l'on tient compte des groupements *fédératifs*, ici dédoublés (Statistique de 1910 ; aujourd'hui le nombre des États se monte à 27).

(2) D'ailleurs la zizanie n'a pas tardé à s'introduire dans « L'Union française pour le Suffrage des femmes ».

Celle-ci avait été fondée et était présidée à l'origine (1909) par Mⁿᵉ J.-C. Schmahl, présidente, et Mⁿᵉ la duchesse d'Uzès, douairière, vice-présidente. Or ces deux dames durent donner

A l'étranger, où la condition de la femme est moins enviable, l'animation féministe est plus grande. Mais en France les tentatives des militantes pour galvaniser le public féminin se heurtent à l'indifférence générale.

2° L'agitation sur la voie publique ou autour des urnes, sans être aussi théâtrale et surtout aussi étendue qu'en Angleterre, a cependant attiré plusieurs fois l'attention et enfin a soulevé une question de droit intéressante.

Le conflit entre la Revendication et la Loi.

En 1880, lors de la revision des listes électorales, certaines femmes s'étant présentées aux mairies pour demander leur inscription se virent opposer un refus. Le Conseil de préfecture, saisi de leur plainte, rendit une décision de principe importante, par laquelle il rejetait la prétention des femmes, et se refusait à faire du *droit de vote un corollaire du devoir de l'impôt*.

En 1885, sentence identique des juges de paix dans une « espèce » semblable.

Pourvoi en Cassation.

L'arrêt de cette haute juridiction fixe jusqu'à nouvel ordre la jurisprudence. Nous le citons *in extenso* en Appendice (pièce n° 6). Le résumé, tant de ce jugement que de ceux dont les féministes appelaient, revient à dire que, à défaut d'une « disposition expresse » de la loi, les femmes sont exclues du droit de suffrage, et que tout au moins la *coutume* a consacré le privilège

leur démission (décembre 1910), ayant été évincées par leur secrétaire générale, Mme Jane Misme.

L'anarchie qui s'en est suivie tend maintenant à se calmer. On annonce, en date du 5 mars 1912, que le nombre des adhérentes atteint pour toute la France le chiffre de six mille.

—

masculin. Ces arrêts invoquent donc l'esprit de la loi plutôt que sa lettre et partant sont inattaquables. La proposition Buisson, lorsqu'elle aura été soit acceptée, soit rejetée, mais enfin discutée, fixera définitivement la question de droit sur ce point. Nous touchons donc à une solution.

Au Conseil d'Etat, même jurisprudence qu'à la Cour de Cassation. En février 1912, le Conseil d'Etat rejette le pourvoi de Mᵐᵉ Marguerite Durand contre la décision du Préfet de la Seine qui lui avait refusé récépissé de sa déclaration de candidature aux élections législatives de la 2ᵉ circonscription du IXᵉ arrondissement de Paris.

Le Conseil a rejeté le pourvoi comme impliquant une révision de la loi du 17 juillet 1889, révision qui appartiendrait à la Chambre des députés elle-même.

Les dernières campagnes électorales.

Le 20 novembre 1907, le Conseil général de la Seine, pour donner à Mᵐᵉ Hubertine Auclert un commencement ou un semblant de satisfaction, adopte sa requête relativement aux élections aux Conseil général et municipal.

En mai 1908, Mˡˡᵉ Jeanne Laloë était « reporteresse » au journal *Le Matin*, quand s'ouvrit la période électorale pour le renouvellement des conseils municipaux. Sur la proposition du directeur de son journal, elle accepta — moyennant salaire, bien entendu — de descendre dans la lice.

C'était une jeune personne avenante, dont le physique se prêtait avantageusement au rôle qu'on voulait lui faire jouer.

Elle se porta donc candidate, et par conséquent sans que le *féminisme* eût eu aucunement à intervenir dans l'affaire. Il ne s'agissait que d'offrir une distraction au public et de procurer de la « copie » au journal.

Ce ne fut qu'au cours de la campagne que, chapitrée par les zélées militantes, M¹¹ᵉ Laloë consentit à prendre le féminisme pour ainsi dire « en croupe ». Le résultat de cette espièglerie, dont s'égayèrent fort les Parisiens du IXᵉ arrondissement, ce fut un millier de voix que récolta la jeune politicienne improvisée.

Mais les élections *législatives* de 1910 surexcitèrent bien davantage les convoitises féminines. Depuis la tentative Auclert en 1878, il y avait eu, en 1881, la tentative Léonie Rouzade, opérée par l'une des doyennes du féminisme d'alors. Résultat : 57 voix.

Que l'on rapproche ce chiffre de celui que M¹¹ᵉ Laloë obtint en 1908, et que l'on dégage de cette comparaison une « philosophie du scrutin ». Elle nous montrera combien nous avons de peine, en France du moins, à considérer les femmes autrement... que comme des femmes, et que toujours chez nous un *suffrage* féminin sera faussé par la notion de sexe.

Aux élections législatives de 1910, qui furent jusqu'ici la dernière étape du féminisme actif, une demi-douzaine de femmes environ, et dont la plus notoire était Mᵐᵉ Marguerite Durand, l'ancienne directrice de *La Fronde*, affrontèrent la lutte jusqu'au bout. Ces dames eurent en cela un certain mérite, puisque, l'arrêt de la Cour de cassation étant toujours en vigueur, leur candidature était nulle et leur peine perdue. Comme aucune d'elles ne disposait des mêmes avantages que précédemment M¹¹ᵉ Laloë, le nombre de voix que recueillirent ces manifestantes fut infime. Une « candidature » féminine qui se produisit à Toulouse, celle de M¹¹ᵉ Arria Ly, ne mérite pas davantage d'être retenue (1).

_____

(1) Ou plutôt elle mérite de l'être au point de vue « psychologique ». On sait que c'est à la suite de cette candidature malheureuse que M¹¹ᵉ Arria Ly provoqua en duel M. Massat, directeur du *Rappel* de Toulouse et le gifla en réunion publique. De telles mœurs font deviner la tournure que pren-

Elections municipales de 1912.

Ces élections laissèrent les propagandistes du féminisme assez indifférentes. Il n'y eut, sur la rive gauche de la Seine du moins, que deux femmes qui posèrent leur candidature. Ce furent Mᵐᵉ Elisabeth Renaud et la doctoresse Madeleine Pelletier, toutes deux très connues dans les milieux socialistes unifiés. La première se présenta dans le quartier de l'Odéon, la seconde dans celui de Saint-Thomas d'Aquin.

Du moins les « suffragettes » françaises ont-elles la consolation de savoir qu'au Palais-Bourbon un groupe assez considérable de députés s'intéressent à leur sort et font, non pas précisément des *lois*, mais des *vœux* pour elle. Ainsi, en avril 1910, à la veille même des élections, la 22ᵉ Commission des pétitions, saisie d'une requête tendant à obtenir pour les femmes le droit de vote aux élections tant législatives que communales, vota la résolution suivante : « En présence de la demande des pétitionnaires, c'est-à-dire le suffrage intégral donné aux femmes, pour réaliser enfin la représentation intégrale de la nation, la Commission a jugé nécessaire de se prononcer officiellement : à l'unanimité elle a accepté le bien-fondé du principe de la demande des pétitionnaires et reconnu l'importance essentielle que sa réalisation aurait pour le pays ».

Dès le mois d'octobre 1909, M. l'abbé Lemire, député, s'écriait, un peu mélodramatiquement, dans un de ses discours à la Chambre : « le féminisme gronde à nos portes ! » Prenant la parole après lui, M. Marcel Sembat, député socialiste, demandait que l'on complétât la réforme électorale en instance par l'adjonc-

drait l'agitation électorale si les femmes devaient s'y mêler. Elles placeraient les hommes entre l'odieux et le ridicule.

tion des femmes aux électeurs. Il est au contraire probable que dans ce cas la *disjonction* serait décidée par la Commission. Au cours de la même séance, on apprenait que le rapport de M. Ferdinand Buisson sur la proposition Dussaussoy, tendant à accorder aux femmes la franchise *municipale*, était officiellement déposé. La parole est donc maintenant au législateur.

ANGLETERRE (1).

Bien que l'agitation des *Suffragettes* anglaises ne se recommande pas précisément par la dignité et la tenue, cependant il faut convenir que de l'autre côté du détroit le mouvement a des causes plus sérieuses qu'en France.

En effet, la Révolution française de 1789, bouleversement économique autant que bouleversement politique, a tari les sources pures de la « revendication », en donnant aux intérêts des femmes d'autres modes d'expansion, ou plutôt en confondant étroitement les destinées des deux sexes.

Mais la Révolution anglaise de 1648, qui ne modifia que passagèrement l'assiette politique du pays, entrava brusquement l'exercice d'un certain *droit* (2), sans lui donner ni équivalent, ni compensation.

Le principe nouveau dont cette révolution fut l'indirecte affirmation peut s'énoncer ainsi : Les affaires sont... l'affaire des hommes. La femme est, socialement parlant, purement décorative ; l'homme doit pourvoir à ses besoins, et il connaît mieux qu'elle ces besoins (3).

(1) Nous devons beaucoup pour ce chapitre à l'ouvrage de M. Jean de la Jaline, *Le suffrage féminin en Angleterre*, librairie Roustan, 1909.

(2) Dont, remarquons-le, elles n'avaient presque jamais daigné faire usage avant qu'on le leur eût retiré.

(3) C'est le jurisconsulte Edward Coke dont les écrits firent prédominer ces théories.

Or, nous sommes dans un pays qui ne connaît pas la « loi salique », dans le pays qui est par excellence celui de la *tradition* et celui de la *liberté individuelle*, du « self government ».

L'évolution des coutumes féodales ne s'y accomplit qu'avec lenteur. Les droits ressortissant à la propriété foncière y sont considérés comme intangibles (1). Les femmes y sont donc fondées à se plaindre d'une rupture avec le passé qui choque les susceptibilités nationales et qui en effet lèse des prérogatives consacrées par un vieil état d'esprit aristocratique.

L'établissement du suffrage des femmes en France serait véritablement un saut dans l'inconnu ; l'établissement de la « franchise » en Angleterre ne serait qu'un retour à la « constitution » de l'ancienne société normande. D'où la véhémence qui se remarque dans la campagne des suffragettes.

---

(1) Encore aujourd'hui la femme anglaise peut succéder à des *titres* dont son époux ne jouit pas. Tel simple particulier peut avoir pour femme une comtesse, ou une duchesse. La pairie se transmet sans acception de sexe. Les femmes peuvent être titulaires de bénéfices ecclésiastiques. Mais le progrès des mœurs a généralement introduit dans l'exercice des charges publiques le principe de la représentation (*burgess*) de la femme par l'homme. En tout cas on ne cite presque aucun exemple d'une Anglaise qui ait voulu exercer *personnellement* son droit.

LE « PROCESSUS » DU SUFFRAGISME ANGLAIS

Nombreuses et violentes furent les protestations contre l'adoption de la doctrine de Coke. Nous en avons déjà mentionné (1) l'une des principales : ce fut le livre de Mary Wollstonecraft sur la *Défense des droits des femmes*, paru à l'aube de notre propre Révolution. La ténacité féminine obtint ce résultat qu'au commencement du xix⁰ siècle les Anglaises avaient sur beaucoup de points du territoire ressaisi le droit de voter dans les affaires municipales.

Mais en 1825 l' « antiféministe » James Mill, père du « féministe » Stuart Mill, affirmait que les intérêts de la femme n'étaient pas distincts de ceux de l'homme. Il rajeunissait la phraséologie de la vieille *common law*, suivant laquelle « la femme est fondue dans le mari », celui-ci s'appelant « baron », et celle-là simplement « femme ». En outre, le *Reform Bill* de 1832 décide que le mot *personnes* doit être complété par l'adjectif *mâles*. Enfin, en 1835 le *Municipal Corporation Act* « désaffranchit » à son tour les femmes quant au vote municipal.

La réaction ne se fit pas attendre. En 1851, l'*Act* de

(1) Voir ci-dessus, page 93.

lord Brougham tente de défaire l'œuvre du *Reform
Bill*. En 1866, Stuart Mill, sur qui les « émancipatrices »
fondaient de grandes espérances, présente à la Chambre
des Communes une pétition revêtue de 1.500 signatures. L'année suivante (1867), il proposa un amendement au projet Disraëli, amendement qui aurait eu
pour effet d'admettre à voter les femmes possédant,
à titre de chef de famille, les conditions censitaires
requises de l'autre sexe. L'amendement fut repoussé,
et l'année d'après (1868) son auteur ne fut pas réélu.
Mais il prit sa revanche en publiant son fameux opuscule, qui était destiné à devenir le grand arsenal où
désormais puiseront les partisans de la « franchise »
électorale des femmes (1).

En vertu de l'*Act* Brougham, les femmes se consi-
déraient comme électrices municipales et réclamèrent
leur inscription sur les listes électorales de Manchester. La Cour de Westminster les débouta de leur prétention en 1868, ne voulant pas créer de distinction
entre les femmes mariées, dont la personnalité civile
est absorbée par celle de leurs maris, et les femmes
célibataires, ni accorder à celles-ci de privilège. La
Cour, s'en tenant à la doctrine de l'*Act* de 1832, déclara : « Le mot *homme* n'a jamais, sauf dans les traités de physiologie, désigné les deux sexes, surtout
dans notre Constitution... L'histoire a réfuté cette
affirmation ». Controverse analogue à celle qui fut
soulevée incidemment au Concile de Mâcon (en 585)
sur le double sens du mot latin *homo* (2).

Séance tenante, pour ainsi dire, la brochure de
Stuart Mill porta ses fruits. Le membre de la Chambre
des Communes, Jacob Bright, réussit à faire passer

_____

(1) Le pamphlet *Subjection of Women* est de 1869. Nous
l'avons longuement analysé et apprécié ci-dessus, 1re partie,
pages 33, sq.

(2) D'où la légende que le Concile de Mâcon se réunit pour
décider si la femme avait une *âme*, erreur suffisamment ré-
futée par le principe même de la religion chrétienne.

une motion tendant à accorder aux femmes le droit de vote dans les affaires *municipales* (1869). Encouragé par ce succès, ce député essaya l'année suivante de leur obtenir le vote politique. Mais il échoua à cause de l'intervention de Gladstone, et ne réussit qu'à faire admettre le droit pour les femmes d'être électrices et éligibles, pour les « comités scolaires » (*school boards*, loi sur l'instruction primaire).

Dès 1867, les Universités anglaises s'étaient successivement ouvertes aux femmes. Seules les deux grandes Universités d'Oxford et de Cambridge leur restent encore aujourd'hui fermées, avec faculté toutefois d'y prendre des degrés.

Admises à la profession de médecin, les femmes anglaises n'ont pas accès au barreau.

En 1870, parut un décret garantissant aux ouvrières ou femmes en condition la propriété personnelle de leurs salaires.

En 1873, les femmes sont admises à voter pour les représentants de l'Assistance publique et à figurer parmi les Gardiens des Pauvres (*Poor Law Guardians*).

En 1881, le vote municipal est accordé aux femmes d'Ecosse (1). Plus heureuses encore, les femmes de l'Ile de Man obtiennent le vote *intégral* (1880).

L'année 1888 procure aux femmes le droit de vote

---

(1) Il est utile de faire remarquer que cette campagne pour ·la « franchise » n'intéresse jamais que la Grande-Bretagne, c'est-à-dire l'Angleterre avec le pays de Galles et l'Ecosse, et que l'*Irlande* n'y est jamais comprise. « Dans ce dernier pays, les femmes ne jouissent d'aucun droit électoral, ni dans la paroisse, ni dans les municipalités, ni dans les comtés, à quelques insignifiantes exceptions près. Ainsi elles sont admises à voter dans la ville de Belfast pour les Commissaires du port (*Harbour Commissioners*) et dans quelques autres endroits pour les commissaires des villes, et c'est tout. » (Os-TROGORSKI, *La femme au point de vue du droit public*, p. 106).

pour les *Conseils de Comtés* (Conseils généraux). Mais le législateur n'avait pas entendu leur donner l'*éligibilité*, aussi les tribunaux cassèrent-ils l'élection de lady Sandhurst que les électeurs s'étaient hâtés d'envoyer siéger au *London County Council*. Cette décision fut confirmée par la Cour d'appel, puis par la Chambre des Lords. C'est cet arrêt qui, jusqu'à nouvel ordre, barre la route aux ambitions féminines, ainsi que chez nous l'arrêt de la Cour de Cassation du 5 mars 1885.

Le stationnement politique n'empêcha pas les femmes d'améliorer leur condition économique et sociale. Actuellement leur situation se résume ainsi :

Électrices (1) aux Conseils municipaux. de Bourgs et aux *Boards of guardians*.

Électrices et éligibles aux Conseils de paroisse, Comités scolaires, Districts urbains et ruraux (Conseils d'arrondissement), Gardiens des Pauvres, et enfin, depuis le décret de 1907 sur la *qualification des femmes*, électrices et éligibles aux *County* et *Borough Councils*.

Par conséquent des femmes peuvent être présidentes de Conseils de Comtés et maires de Bourgs, mais toutefois sans être « habiles » à l'exercice du pouvoir judiciaire attaché à ces fonctions. C'est en vertu de ce décret que Miss Anderson s'est vu nommer en 1909 *mayoress* d'Aldeburg. Elle est actuellement la seule femme anglaise qui occupe la première charge d'une commune.

L'époque contemporaine.

En ces quarante dernières années, l'agitation parlementaire pour le suffragisme féminin fut très active. De 1871 à 1876, les députés Bright et Forsyth répétèrent tous les ans le même geste vain qui consistait

---

(1) Il ne s'agit toujours, bien entendu, que des femmes célibataires, à l'exclusion des femmes mariées.

à déposer pétitions ou amendements en faveur du vote des femmes.

En 1880, le cabinet Gladstone ayant élargi le personnel électoral, en y faisant entrer les paysans, les féministes s'élevèrent avec force contre cette mesure, parce qu'elle ne s'étendait pas aux femmes. On reprocha au premier ministre de « disqualifier, à raison de leur sexe, des femmes qui possédaient les qualités exigées des hommes pour voter. » Le député Woodall présenta, le 10 juin suivant, un amendement au projet du gouvernement, qui assimilait les femmes aux hommes comme électeurs.

Repoussé sur le moment, l'amendement Woodall fut périodiquement repris, soit en 1888, soit en 1904 par sir Ch. Mac Laren, soit en 1905 par M. Bamford Slack, soit en 1906 par M. Keir Hardie, au nom du parti socialiste, soit en 1907 par M. Dickinson. Enfin, depuis l'époque de Stuart Mill la campagne fut ininterrompue : en se livrant chaque année à une manifestation parlementaire, les suffragistes semblaient vouloir empêcher la *prescription* de leur « droit ».

Le *Women's Enfranchisement Act*, présenté à la Chambre des Communes, le 28 février 1908, par M. Stanger, contient, sous une rédaction nouvelle, la même revendication que les projets Woodall, Forsyth, Bright. Une différence à remarquer pourtant, et notable : « Une femme n'est pas privée, par le fait de son mariage, du droit d'être inscrite et de voter, » dit l'article 2 de l'Act Stanger.

C'est sur cette motion que, depuis 1908, suffragistes et antisuffragistes se livrent bataille, et c'est actuellement le 23ᵉ engagement depuis l'amendement de Stuart Mill au *Reform Bill* de 1867.

On connaît l'attitude prise par le gouvernement, c'est celle de Fabius Cunctator en face d'Annibal : différer, temporiser, refuser les batailles rangées. Grâce à cette tactique le cabinet Asquith atteignit assez paisiblement l'été de 1910.

Mais alors, le 25 juin, à la suite d'une démonstration des « suffragettes », devenues suff...rageuses, le premier ministre annonce aux Communes que la Chambre va avoir à discuter le bill Shackleton, par lequel toutes les femmes payant un loyer reçoivent le droit de vote. A cette nouvelle, les militantes de la *Women's Freedom League* d'annoncer qu'elles se livreront à des voies de fait, si la loi Shackleton n'est pas votée.

Cette sommation était une maladresse. Néanmoins la Chambre des Communes vota, le 12 juillet, par 299 voix contre 190, après deux jours de débats, le bill Shackleton en seconde lecture. Le résultat acquis par les féministes s'énonçait ainsi :

« 1° Toute femme chef de famille, ou payant un loyer « de 250 francs, aura le droit de se faire inscrire sur « le registre des électeurs et de voter ensuite pour le « comté ou le bourg où sera située sa maison.

« 2° Le mariage ne privera pas la femme de ses « droits électoraux, pourvu que le mari et la femme « ne tiennent pas de la même propriété leur droit de « voter. »

Mais, pour répondre à la menace des Suffragettes, la Chambre décida de renvoyer le bill à une Commission *composée de toute la Chambre...* ce qui équivaut, en bonne procédure parlementaire, à un enterrement de 1re classe. Ainsi avait-on fait, en 1908, pour le bill Stanger, parvenu, lui aussi, aux honneurs platoniques de la « seconde lecture ».

« Le bill Shackleton était une sorte de compromis « destiné à mettre d'accord ceux qui veulent le suf- « frage universel de tous les adultes sans distinction « de sexe, et ceux qui n'accorderaient le vote aux « femmes qu'à la condition de le restreindre une fois « pour toutes à celles qui possèdent.

« La Chambre des Communes ne songe donc pas à « ajouter dans un avenir prochain aux 7 millions « d'électeurs mâles, 1 million environ d'électeurs « femmes... Suffragettes et suffragistes ont déjà pro-

« fîté de cette concession parlementaire. Elles ont
« annoncé leur intention de mener une campagne fu-
« rieuse contre le ministère, si le bill Shackleton ne
« devient pas loi (1) ».

Elles avaient ouvert le feu le 11 juillet par une manifestation « monstre » à Trafalgar square, pour opérer une pression sur les résolutions de la Chambre
des Communes. Le 18 juillet, contre-manifestation au
même lieu, au cours de laquelle fut donnée lecture de
lettres approbatrices émanant de lord Curzon, de
M. Austen Chamberlain et de diverses autres notabilités. On cita notamment l'opinion antiféministe du
président Roosevelt (2) et celle, toute pareille, de son
successeur, M. Taft. Celui-ci parlant le 15 avril 1910 à
l'Association du Suffrage des femmes, avait déclaré :
« qu'il voyait dans le suffrage féminin un danger, que
« dans l'ensemble les femmes ne s'intéressaient pas à
« la politique, que celles qui « contrôleraient » le suf-
« frage constitueraient la « catégorie la moins dési-
« rable » des femmes ;... Vous vous montrerez, ajou-
« tait-il, capables d'exercer le droit de suffrage en
« ayant sur vous-mêmes la maîtrise nécessaire pour
« conduire les affaires du gouvernement, mais non
« point en sifflant... »

M. Asquith. — L'agitation désordonnée par laquelle
les suffragettes allaient répondre à ces conseils de
prudence devait trouver en M. Asquith un adversaire
intrépide. Le 10 novembre 1911, il annonçait le dépôt
aux Communes d'un projet de réforme électorale qui
aurait pour objet de substituer au suffrage restreint
et fondé sur la taxe le suffrage universel tel à peu près
qu'on le pratique en France.

(1) *Le Temps* du 14 juillet 1910.
(2) M. Roosevelt, qui est présenté par M. Buisson comme
favorable au vote des femmes (page 73 de son Rapport) en est
au contraire l'adversaire déclaré. « Je ne recommanderais pas,
a-t-il dit, le vote des femmes au Congrès, quand on me présenterait une pétition chargée de millions de signatures. »

Grand émoi dans le camp suffragiste. Etendra-t-on aux « citoyennes » les dispositions du nouveau projet concernant les « citoyens »? Auront-elles enfin le vote législatif, ayant déjà le vote municipal? M. Asquith, sans se départir de son flegme, assura la délégation féministe que les députés se prononceraient en toute liberté sur tel amendement que les amis des suffragettes pourraient proposer, mais que quant à lui...

Le nombre des femmes adultes dépassant en Angleterre notablement le nombre des hommes, il y avait peu de chance que les Communes donnassent satisfaction à cette partie remuante de la nation.

En effet elles repoussèrent, le 28 mars 1912, le « Conciliation bill » qui leur était soumis et qui tendait à conférer le vote à toutes les femmes « householders » (ayant leur propre intérieur), soit à environ 1 million d'individus. Elles le repoussèrent, bien qu'il eût été soutenu, à titre privé, il est vrai, par trois des membres dissidents du cabinet, mais parce que le président du cabinet avait fait ressortir avec force et avec clairvoyance quelles seraient les conséquences du précédent à créer.

« Je vous demande, déclara M. Asquith, de rejeter » le projet, parce que, à mon avis, l'expérience et « l'histoire montrent qu'un certain nombre de fonc- « tions de l'activité humaine sont mieux remplies, les « unes par les hommes, les autres par les femmes. Il « s'agit naturellement de l'ensemble et non pas de cas « particuliers.

« Comment pouvez-vous, dit-on, refuser le vote à « George Eliot, l'illustre romancière, une des gloires « du génie anglais, alors que vous le donnez à son « jardinier? *Ce n'est pas là la question.* On pourrait « tout aussi bien dire : Comment peut-on donner le « même nombre de voix à Shakespeare et à son do- « mestique? Dans ces sortes de choses il faut consi- « dérer les masses et non pas les individus. A mon

« avis, les avantages qui pourraient résulter de la pré-
« sence dans le corps électoral et dans le Parlement
« d'un certain nombre de femmes seraient plus que
« contre-balancés par les inconvénients de la partici-
« pation des femmes à la vie politique et publique. »

Les suffragettes ne se tinrent pas pour battues.
Deux semaines après (avril 1912), elles firent déposer
à la Chambre des Communes par MM. Arthur Hen-
derson et Ramsay Macdonald, tous deux « leaders » du
parti ouvrier, un nouveau bill.

D'après ce dernier projet, « toute personne, homme
ou femme, mariée ou non, n'ayant pas moins de 21 ans,
née ou naturalisée sujet britannique, et qui ne se
trouve pas « disqualifiée » en vertu des clauses subsi-
diaires de ce projet de loi, doit être inscrite sur les
listes électorales en vue des élections législatives ».

Que devait-il résulter du projet de réforme électorale *lié* à l'amendement en faveur du suffrage des
femmes ? Que M. Asquith rompît avec sa politique de
procrastination, combattue d'ailleurs par quelques-uns
de ses collègues du ministère, et provoquât la disjonction des deux projets, mesure devant entraîner
tout à la fois le rejet de la réforme électorale et
l'abandon de la question du suffrage des femmes.

Telle est en effet l'attitude que le chef du gouvernement prit dans le conseil des ministres tenu le
28 janvier 1913.

La nouvelle en parvint aussitôt au camp des suffragettes et détermina de leur part une nouvelle prise
d'armes. Il dut être procédé à une véritable mobilisa-
tion des forces de police autour du palais de Westminster : 2.000 policemen à pied et une centaine à
cheval gardèrent les abords du Parlement. En outre
des précautions minutieuses furent prises pour assurer la protection des membres du Parlement et des
ministres.

Pendant ce temps la « guérilla » se déroulait sur la
voie publique. Les suffragettes, armées de marteaux,

parcoururent les principales rues du West-End, brisèrent des devantures ainsi que plusieurs fenêtres du
ministère de l'Intérieur, du Conseil privé et du Trésor. D'autre part une députation de militantes, ayant à
sa tête M⁽ᵐᵉ⁾ Drummond, se dirigeait vers le palais de
Westminster, afin de voir M. Lloyd George, mais la
police s'opposa à l'entrée des manifestantes. Il en
résulta une bagarre au cours de laquelle de nombreuses arrestations furent opérées, notamment celles
de M⁽ᵐᵉ⁾ Drummond et de miss Sylvia Pankhurst.

Ces violences n'étaient que le signal d'une campagne scandaleuse dont nous retracerons plus loin les
principaux épisodes. C'est donc au milieu d'une situation très troublée que la Chambre des Communes
aborda, le 6 mai 1913, la discussion du projet de réforme
électorale et subsidiairement du projet de vote des
femmes. Ce dernier projet, élaboré par M. Dickinson,
n'engageait pas la liberté du ministère. Inspiré de la
loi norvégienne, il proposait de donner le droit de
vote à toutes les femmes âgées de 25 ans, dont le
mari serait locataire responsable d'une maison d'ha-
bitation, ou qui elles-mêmes seraient locataires res-
ponsables. Le nombre des femmes rentrant dans ces
deux catégories serait d'environ six millions.

Le débat offrit ceci de particulièrement intéressant
qu'on vit le premier ministre et le ministre des affaires
étrangères prendre successivement la parole, l'un
pour demander à la Chambre de rejeter le projet,
l'autre, pour demander son adoption. M. Asquith,
quant à lui, rappela, et en termes heureux, les raisons de son opposition : « Il ne faut point, a-t-il dit,
« prendre la question au point de vue abstrait. Il est
« absurde de prétendre que le droit de vote soit un
« droit naturel. Il faut se placer au point de vue pra-
« tique et se demander simplement, si, dans les cir-
« constances actuelles, étant donné la situation poli-
« tique, économique et sociale du peuple anglais, il
« est désirable de donner aux femmes le droit de vote.

« *Le jour où les femmes obtiendraient ce droit, la*
« *loi serait-elle mieux respectée, la vie publique et*
« *familiale de la nation serait-elle plus noble ?* Il est
« permis d'en douter. La femme prétend que la légis-
« lation est partiale à son égard. En aucune façon.
« Nulle part la législation n'est plus favorable à la
« femme qu'en Angleterre. Sans parler des considéra-
« tions pratiques, le· projet de M. Dickinson aurait un
« grave inconvénient, c'est à savoir la création de six
« millions de nouveaux électeurs, dont l'entrée en
« scène risquerait de bouleverser toute la situation
« politique. Un changement si radical ne saurait être
« accompli à la légère, surtout quand il est manifeste
« que l'immense majorité des femmes anglaises ne
« désire pas ce changement. »

Sir Edward Grey répondit au premier ministre.
Après avoir condamné les violences des suffragettes,
il demanda à la Chambre de ne pas se laisser influencer par ces manifestations qui sont l'œuvre d'une minorité (1). Il estime qu'on doit donner le droit de vote
aux femmes, car on ne peut pas dire qu'on possède
un gouvernement démocratique, quand les femmes
sont exclues du droit de vote. Ce droit leur est nécessaire pour assurer la défense des intérêts de la femme
qui travaille.

Après l'intervention de plusieurs députés, notamment de M. Ramsay Macdonald au nom du parti tra-
vailliste, le projet Dickinson fut repoussé à une majorité de 47 voix. Dans la minorité se trouvaient environ
150 libéraux, 20 unionistes et une dizaine de nationa-
listes. Les ministres votèrent de la façon suivante :
MM. Asquith, Churchill, le colonel Seely, Louis Har-

_____

(1) Qui sont l'œuvre de quelques femmes mûres que « leur
retour d'âge précipite dans le désordre mental », dit crûment le grand savant anglais, le docteur sir Almroth Wright.
Chez nous, Mme Rachilde pense de même. Voir plus haut,
page 77.

court, Mac Kenna, Samuel votèrent *contre*. Sir Edward
Grey, MM. Lloyd George, Birrell, Buston, sir Rufus
Isaacs, votèrent *pour*. MM. Balfour et Bonar Law s'abs-
tinrent.

Ainsi, législativement, les suffragettes anglaises ne
sont pas plus avancées aujourd'hui qu'au premier
jour de leur agitation. Il faudra un renouvellement de
législature pour qu'il puisse être de nouveau question
de leur « revendication ». Mais, cette porte leur étant
provisoirement fermée, elles ont ouvert, et toute
grande, celle de la « propagande par le fait ».

Le moment est donc venu pour nous d'exposer les
moyens d'action que les émancipatrices mettent au
service de leur cause. Ensuite nous rechercherons
quels sont exactement le *caractère* et la *portée* du
mouvement suffragiste en Angleterre.

LES « MOYENS D'ACTION » DU SUFFRAGISME ANGLAIS

Les principaux de ces moyens sont les *pétitions*, les *meetings* et les divers procédés *d'obstruction*.

La *pétition*, mode très employé au début de la campagne, vers 1874, époque où M. Forsyth présenta une pétition couverte de 445.000 signatures, a été à peu près complètement abandonnée, comme de médiocre portée. En effet, de réunir quelques milliers de signatures sur un papier, cela ne prouve évidemment pas grand'chose. Cela prouve uniquement qu'on s'est donné la peine de les solliciter. En général les personnes signent les yeux fermés, ou par politesse, ou par esprit d'imitation, ou par esprit de corps, ou par solidarité de sexe. En tout cas la généralité ne comprend pas le sens de la revendication. Il est à croire que si les agents de la Ligue antisuffragiste s'étaient présentés les premiers, ce sont eux qui auraient recueilli les signatures acquises au suffragisme. En effet, la Ligue antisuffragiste, dont il sera parlé plus loin, peut opposer autant de signatures *contre* que la Ligue suffragiste de signatures *pour*.

Aussi, depuis un peu plus de trente ans, est-ce le *meeting* qui est devenu le mode de manifestation favori des Anglaises. Plusieurs Associations féministes

se disputent l'honneur d'organiser ces réunions soit
en plein air, soit en lieu clos (1). Mais la plus considérable, la plus remuante de toutes, est incontestablement la *Women Social and Political Union*, en abrégé
la W. S. P. U. Elle a pris pour devise la formule : *Qui
paie l'impôt doit le voter*, pour cri de ralliement : *Vote
for Women !* et pour but la lutte sans merci contre le
Parlement et les Ministres. Elle ne recule ni devant le
ridicule, ni devant l'émeute, ni même devant la « grève
de la faim », pour jeter, s'il se peut, l'odieux sur le
gouvernement. On sait comment M. Asquith a tourné
spirituellement la difficulté, en nourrissant malgré
elles les prisonnières.

La tendance socialiste de ce groupement qui s'intitule d'ailleurs « le rejeton actif » du *Labour Party*,
résulte notamment du devoir imposé à ses membres
de « faire opposition au gouvernement quel qu'il soit,
jusqu'à ce que la *Franchise* soit accordée ». C'est une
variante de la formule célèbre : « Périssent les colonies plutôt qu'un principe ! » En effet, dût le vote des
femmes aggraver la confusion et l'incohérence où se
débattent les peuples qui jouissent du suffrage universel, il faut, d'après ces militantes, que les femmes
obtiennent le vote à tout prix. C'est ce qu'en leur langage elles appellent se conduire en « politiciens pratiques ».

Cette armée d'Amazones est commandée par lady
Pankhurst, assistée de sa fille, Christabel, la « Portia »
du parti, ainsi nommée, parce qu'elle a fait connaissance plusieurs fois avec « la paille humide » d'Holloway.
Mmes Pankhurst sont secondées par un comité de six
membres.

Nous avons déjà mentionné quelques-unes de leurs
manifestations « à grand orchestre », ce qui n'est pas

(1) M. Ferdinand Buisson s'est donné la satisfaction de les
énumérer toutes dans son rapport. On les trouvera à la
page 45.

une métaphore, car des musiques en faisaient partie. Il faut y ajouter les meetings du 13 juin 1908 à Trafalgar square, du 21 juin 1908 sur les pelouses d'Hyde-Park, du 13 octobre de la même année de nouveau à Trafalgar square. Cette dernière manifestation donna aux suffragettes l'idée de « mettre le siège » devant le Parlement et d'essayer d'en forcer l'entrée, mêlées qu'elles étaient à un nombre considérable de « Sans-Travail ». Il y eut trente-sept arrestations. La tentative d'intimidation contre le ministère était manquée. M. Asquith n'en persista pas moins dans sa politique de « dilation », et refusa de recevoir les déléguées du suffragisme.

Les suffragettes, outrées de n'avoir pu réussir à faire sanctionner leur revendication, organisèrent pour le 25 juillet 1910 une manifestation sensationnelle à Hyde-Park. On voulut faire grand. La description de cette « journée » ne laisserait, en effet, rien à désirer comme pittoresque...

Il restait à se surpasser comme violences. C'est ce qui eut lieu le 23 novembre suivant. M. Asquith, sortant enfin de sa réserve, avait promis un nouveau bill accordant le suffrage aux femmes, sans pourtant s'engager à le présenter comme un bill ministériel. Cela revenait à dire, en langage parlementaire, que la sympathie du gouvernement entendait toujours ne point sortir du domaine théorique.

Douche froide dont la conséquence ne se fit pas attendre. A la tête d'une cohorte de 300 suffragettes, lady Pankhurst se précipita vers la résidence de M. Asquith, aussi vers les habitations de plusieurs ministres (dont l'un, sir Edward Grey, devait bientôt épouser leur cause), et préluda aux scènes de destruction et de désordre qui devaient animer les rues de la capitale au cours des années 1911, 1912 et 1913. La « propagande par le fait » était instituée au nom du Féminisme.

Or, bientôt la division se mit dans le ministère même

au sujet de cette question féminine. Tandis que le président Asquith persistait à tenir bon, trois ou quatre de ses collègues se séparèrent de lui. Cette divergence donna un nouvel élan aux exploits des suffragettes. Les journaux de ces trois dernières années furent remplis des manifestations scandaleuses par lesquelles ces dames crurent servir leur cause.

On les vit le 23 novembre 1911, à la suite d'un meeting tenu au Capitol Hall, marcher en masse sur le Parlement et passer leur colère sur les vitres des différents ministères de White Hall et sur celles des bureaux des journaux, tant conservateurs que libéraux, de Pall Mall. On les vit le 3 mars 1912 parcourir les quartiers les plus luxueux de Londres, White Hall, Piccadilly, Bond Street, Haymarket, et y saccager les devantures de magasins, y casser les carreaux des résidences officielles, notamment celle de M. Asquith.

La personne même du premier ministre n'échappa point à leur exaspération. On vit l'une d'elles tirer un coup de revolver contre les glaces du ministère des colonies, une autre briser les vitres du bureau de poste de Regent Street, une autre jeter un brûlot dans le bureau central des postes. Des menaces de mort furent adressées par lettre jusqu'à M⁻ᵉ Asquith, si elle n'arrivait pas à persuader son mari de céder.

Les commerçants du quartier de Charing Cross durent protéger leurs devantures par des barricades. La police dut fermer jusqu'à nouvel ordre le British Museum, le Kensington Museum, la Royal Academy, les appartements des palais royaux, généralement ouverts au public, de peur que les forcenées n'en détruisissent les objets d'art.

Rien n'arrêtait la rage des suffragettes, pas même l'angoisse patriotique qui étreignait alors l'Angleterre, en proie à la grève des mineurs. On les vit encore, en septembre 1912, couper les fils de douze poteaux télégraphiques à 16 milles de Londres, pour marquer leur mécontentement contre le gouvernement; on les vit enfin profiter de la présence de la famille royale au château de Balmoral (septembre 1912) pour afficher dans le parc des placards séditieux.

Au cours de ces deux émeutes, il y eut près de 800 arrestations d'opérées, notamment celle de M. et de Mⁱˢ Pethick Lawrence. Quant à miss Pankhurst, recherchée également, elle put se dérober par la fuite. Des sentences allant jusqu'à la peine du « hard labour », alors que jusqu'ici le simple emprisonnement avait paru suffisant, furent prononcées contre les délinquantes.

(*) *La campagne de 1913.* — Ce titre n'a rien d'excessif pour résumer l'ère de violences et de crimes qui s'ouvrit à la suite de la détermination prise par le premier ministre de repousser le bill du vote des femmes. Nous avons déjà mentionné à cette occasion la bagarre du West-End de Londres (30 janvier). Il faut relever encore les principaux de ces stupides exploits pour montrer à quel diapason sont montés aujourd'hui le *fanaticus error et iracunda Diana* qui tourmentent les ambitions féminines de l'autre côté du détroit.

Le 9 février, dans la soirée, les suffragettes ravagèrent la fameuse serre d'orchidées de Kew Gardens, le jardin botanique de Londres. Elles brisèrent les vitres et piétinèrent les fleurs, semant, à la place des plantes détruites, des pancartes portant leur cri de guerre : *Vote for women !* L'un des jours suivants, elles cherchèrent à faire sauter, au moyen de bombes, la propriété de campagne que possède M. Lloyd George, chancelier de l'Echiquier, mais ne réussirent qu'à l'endommager en partie. Elles revendiquèrent hautement la responsabilité de cet attentat (1).

Le 20 février, elles complétèrent leur œuvre de dévastation de Kew Gardens en incendiant le pavillon de thé de ce jardin.

(1) Il fut la cause d'une des multiples arrestations de Mᵐᵉ Pankhurst. Cette dame gagna une condamnation à trois ans de travaux forcés pour ce délit.

A cette même date elles inaugurèrent un nouveau mode de déprédation.

Ce fut de verser de l'encre et de l'essence dans les boîtes aux lettres, ou d'y mettre le feu à l'aide de liquides inflammables. Edimbourg, Leith, Northampton, Birmingham, Manchester, Duncaster, etc., furent le théâtre de semblables exploits. Des milliers de plis furent détruits par ce moyen.

Au « sabotage » des boîtes aux lettres, elles ajoutèrent le « sabotage » des cabines téléphoniques et des fils servant aux signaux sur les voies ferrées.

Elles s'attaquèrent aux gares elles-mêmes. Les localités de Sauderton, à 50 kilomètres au nord-ouest de Londres, et celle de Crocley-Green, à 30 kilomètres au nord de Londres, virent leurs gares complètement incendiées. On retrouva des placards portant l'inscription : *Vote for women, Burning to get the vote* (les féministes *brûlent* d'avoir le vote), ce qui marque que ces dames ne sont pas ennemies de l'humour.

Leur imagination fertile leur suggéra un autre moyen encore d'ennuyer le public. Ce fut d'adresser aux contribuables des lettres insuffisamment affranchies et contenant une pièce de monnaie de 5 cents, d'où condamnation du récipiendaire à une double taxe. Il est vrai que l'enveloppe renfermait le charitable avis que le triomphe de la cause féministe ferait cesser ces vexations.

Il y eut alors un court ralentissement dans les manifestations de l' « action directe », dû à ce que la police londonienne avait réussi à découvrir dans un atelier de Notting Hill l'arsenal des militantes. Ce « laboratoire » comprenait une quinzaine de litres d'un liquide corrosif destiné à maculer les lettres, 5 jeux d'instruments à couper les fils télégraphiques, des scies de toute grandeur, des pierres, des cordes, de fausses plaques d'identité pour automobiles, etc.

En même temps le gouvernement donnait l'ordre de fermer le club de *Political Union*, qui est, comme

on sait, le quartier-général des suffragettes londo-
niennes, leur espèce de Bourse du Travail. Les per-
quisitions opérées dans ce local et les débats institués
devant le tribunal de Bow Street révélèrent l'existence
au sein de l'organisation féministe d'une société secrète dénommée *the Young hot bloods*, c'est-à-dire
littéralement *les jeunes sangs chauds*, à laquelle étaient
confiées les besognes les plus périlleuses. Ce groupe
n'admet dans son sein que les femmes non mariées.

Parmi les documents produits figurait aussi la liste
des salaires de l'organisation des suffragettes. Les
livres de la société contenaient mention de paiements
effectués pour les divers sabotages.

Ceux-ci continuèrent de plus belle. Ne s'agissait-il
pas de venger Mme Pankhurst, l'héroïne du parti ? Ne
pouvant la délivrer, on alla du moins manifester autour de la prison de Hollaway, où elle était détenue. On
chanta *La marche des femmes*, en poussant de fortes
acclamations pour encourager les prisonnières.

On se remit à l'œuvre de destruction. Le 7 avril, incendie d'une tribune avec 400 chaises au champ de
courses de Ayr. Le 14 avril, tentative avortée pour incendier l'école municipale de Shipcote, à Gateshead.
Incendie de l'atelier de menuiserie contigu à cette
école. Le 25 avril, tentative pour incendier un train
dans une gare : destruction d'un wagon. Le 3 mai, incendie d'une aile de l'école publique de Ashley, à
Aberdeen : dégâts évalués à 500 livres sterling. Incendie de la belle église moderne de Sainte-Catherine
à Hatcham, près de Newcross, dans le district sud-est
de Londres : dégâts, 10.000 livres sterling. Tentative
pour faire sauter un grand hôtel de Londres au moyen
d'une bombe munie d'une mèche allumée, et sur laquelle avait été fixée une étiquette portant les mots :
Vote for women.

Ce même mois, la propriétaire d'un chien de grande
valeur, qui avait été empoisonné quelques jours auparavant au cours d'une exposition canine, reçoit une

9

carte postale l'informant que cet empoisonnement est l'œuvre des suffragettes, qui sont résolues à ne reculer devant rien pour obtenir satisfaction. C'est ainsi que tout animal de prix et jusqu'au vainqueur du Derby sera tué ou blessé, si l'occasion s'en présente. Promesse qui fut tenue, comme on le verra.

Arrestation de l'imprimeur du journal *Suffragette* et d'un chimiste, qui, amenés devant le tribunal de Bow Street, sont obligés de reconnaître que des suffragettes avec le concours du chimiste, avaient élaboré un véritable complot comportant la destruction par le feu de plusieurs ministères, filatures et entrepôts de bois.

Le journal *Daily Sketch* révèle que les fonds de la *Women's Social and Political Union* « sont en sûreté sur le continent et que Paris est devenu le véritable. quartier-général des militantes anglaises ».

Le 15 mai, journée très chargée. Lancement de bombes, malheureusement — ou plutôt heureusement — d'une construction si grossière, qu'elles ne purent faire explosion. Incendie d'une maison à Sangate, près de Folkestone. Incendie des orgues de l'église de Penn, dans le Buckinghamshire. Jet d'une bombe contre le principal magistrat du tribunal de Bow Street. Enfin deux autres bombes placées dans un train du South Western.

Le 6 juin, continuation du *sabotage des animaux*, suivant l'avertissement donné le mois précédent. Ce jour-là, qui était le jour du Derby à Epsom, miss Emily Davidson, « le Polyeucte » féminin du mouvement suffragiste, tenta d'empêcher la course. Renversée par le cheval du roi, et piétinée par les chevaux qui le suivaient, elle fut transportée à l'hôpital, où elle mourut le surlendemain des suites de ses blessures. Il fut fait à cette « martyre » de la cause des obsèques solennelles. Rien n'y manqua, pas même un auto-da-fé, sous la forme de l'incendie de l'hippodrome de Hurst Park, tribunes et loges royales comprises. Dégâts : 14.000 livres sterling.

Miss Davidson était connue dès longtemps pour la plus exaltée des suffragettes. Agée de 35 ans, elle était entrée dans le mouvement en 1906. Ses exploits étaient déjà nombreux. Elle s'était cachée trois fois à la Chambre des Communes, dont une fois dans le calorifère. Elle avait mis le feu à l'Hôtel des Postes. Elle avait été neuf fois en prison et avait été relâchée trois fois pour avoir fait la grève de la faim. Elle s'était barricadée dans une cellule de la prison, et l'on dut, pour l'en déloger, l'arroser avec un tuyau de pompe. Elle avait tenté de se tuer en se jetant du haut de l'escalier de la prison pour protester contre la nourriture forcée. Enfin, elle avait souffleté un pasteur baptiste qu'elle prenait pour M. Loyd George. Tels étaient, au regard du féminisme, les « états de service » de miss Davidson.

Vers le 20 juin, fut découverte, au canal de Yardley Hall, près de Birmingham, une excavation qui paraissait avoir été produite à l'aide de poudre de mine. Des papiers portant ces mots : « Les femmes doivent avoir le droit de vote » avaient été déposés près de cette excavation, qui atteignait presque la paroi du canal. Si l'attentat avait été consommé, l'eau du canal, lequel a une longueur de 18 milles, se fût déversée dans la vallée, où elle aurait causé les plus grands ravages.

D'autre part, à Southend-on-Sea, on découvrit dans l'église Saint-Jean les preuves d'une tentative de destruction commise contre cet édifice. Un grand tas d'allumettes, sur lequel étaient disposées trente cartouches, fut trouvé dans la chambre de l'orgue. Une des allumettes avait été enflammée ; mais elle avait dû, sembla-t-il, être éteinte par le vent. Et tout alentour, éparse sur des papiers, la devise sacramentelle : *Vote for women !*

Enfin, vers le 1er juillet, les suffragettes et leurs partisans faillirent prendre d'assaut la maison du premier ministre. La chose se passa à la suite d'un

meeting très violent, organisé par la « Ligue pour la
liberté de la parole » à Trafalgar square. Nombre de
dockers et d'ouvriers de l'East-End y assistaient. Miss
Pankhurst se donna la tâche de monter toutes ces
têtes de prolétaires et de les lancer à l'assaut de
Downing Street. Un bonnet phrygien, qui avait servi
aux décorations de la place à l'occasion de la récente
visite de M. Poincaré, fut attaché au bout d'une perche
et servit de drapeau. Mais, au moment où le coup allait
réussir, un escadron de policemen à cheval parvint à
dégager la rue et à disperser les manifestants.

Il ne se pouvait que tant et de telles excentricités
criminelles ne provoquassent une réaction même de
la part du public le plus patient et le plus sceptique.
En effet, la placidité anglaise a commencé à se fâcher
devant cette imitation trop fidèle des mœurs des ouvriers grévistes. Aussi maintenant les suffragettes en
sont-elles venues à requérir pour tenir leurs meetings
l'appui de cette même police sur laquelle elles diri-
geaient naguère leurs coups. Partout on les hue, on
les conspue, on les malmène, on les lapide d'oranges
ou d'œufs pourris dans les réunions publiques qu'elles
se risquent à organiser. A St-Leonards, à Hyde Park,
à Wimbleton, à Hampstead, des scènes de ce genre
eurent lieu. Juste retour des choses d'ici-bas : la violence appelle la violence. Le féminisme anglais expie
ses origines et son « évolution » bassement réalistes.

Il devient de plus en plus évident que les violences
des militantes du suffrage ont eu raison des sympathies
qui pouvaient s'attacher au mouvement originel.
Une statistique, soigneusement dressée, établit, en
effet, que le nombre des suffragettes réellement dangereuses, notamment des incendiaires, ne dépasse
guère une quarantaine. Quant à l'armée des casseuses
de vitres et des saboteuses de boîtes aux lettres, elle
s'est complètement volatilisée.

La stricte application du système d'emprisonnement
connu sous le nom du « chat et de la souris », consis-

tant à relâcher les suffragettes faisant la grève de la faim et à les rattraper ensuite, a eu pour effet de réduire progressivement le nombre des délits.

D'autre part l'argent, qui est le nerf de la guerre pour les nations comme pour les suffragettes, commence à faire défaut à ces dernières, et c'est là l'indice le plus sérieux d'une prochaine et peu glorieuse fin (d'après *Le Temps* de juin et de juillet 1913).

En face du suffragisme se dresse d'ailleurs une organisation rivale, créée pour le tenir en respect. Disons en quelques mots.

III

On se souvient que le premier ministre avait émis un doute sur l'unanimité des aspirations féminines en matière de suffrage. Comme pour lui donner raison et lui fournir l'argument souhaité, il se constitua, à point nommé, sous le nom d'*Association nationale contre le suffrage des femmes*, une Ligue de résistance, dont l'importance est attestée par la valeur et le rang des personnes qui la dirigent. L'éminente femme de lettres, Mr Humphry Ward, en est l'âme, avec lord Cromer et lord Curzon. A côté d'eux figure toute une élite d'hommes d'Etat: lord Lansdowne, MM. Joseph et Austen Chamberlain, lord Balfour de Burleigh, M. Walter Long; l'Eglise anglicane est représentée par l'évêque de Manchester, le doyen de Cantorbéry, lord Halifax; l'armée par lord Roberts; les lettres par M. Rudyard Kipling, Saint-Loe Strachey, Frédéric Harrison; la science par le professeur Dicey, sir William Anson; les grands intérêts financiers et agraires par lord Rothschild, le duc d'Argyll, le duc de Norfolk, le duc de Devonshire, etc.

Dans l'esprit de ses fondateurs, la Ligue antisuffragiste opposera la raison à l'esprit de désordre et d'anarchie qui se colore d'un prétexte de liberté. Ce sera l'antidote à côté du poison des mauvaises doctrines.

Un manifeste nous explique son but. Nous le reproduirions ici, s'il ne devait faire double emploi avec les arguments que nous présenterons nous-même dans la IIIᵉ et dans la IVᵉ partie de cet ouvrage (1). Il signifie en résumé que le parti conservateur répudie le vote des femmes non seulement comme inutile, mais même comme nuisible à l'influence législative de la femme, et susceptible de développer entre les deux sexes un antagonisme regrettable en soi et dangereux pour le gouvernement du pays (2).

Ce manifeste était appuyé de 250.000 signatures : le revirement d'opinion provoqué par le gouvernement était donc pleinement réalisé.

(1) Il a été publié par le *Nineteenth Century* en août 1908, le mois qui suivit la constitution officielle de la ligue. M. Jean de la Jaline en a inséré la traduction française dans son excellente brochure.

(2) Voir *Appendice*, pièce nᵒ 7.

IV

LE CARACTÈRE ET LA PORTÉE DES « REVENDICATIONS »

Il faut distinguer en cette matière, comme en tout conflit, entre la *cause* et le *prétexte*.

Telle circonstance qui ne semblerait chez nous qu'un prétexte devient une véritable cause en Angleterre. De ce genre est le principe suivant lequel celui qui est imposé et qui possède a le droit de contribuer au choix de son représentant. « Toute taxation sans représentation est injuste. » Ce principe est plus fort en Angleterre qu'il ne le serait chez nous (1), parce que les Anglais mêmes n'ont le droit de suffrage qu'autant qu'ils possèdent et qu'ils sont imposés. Ainsi le droit politique y est comme une émanation du droit de propriété. C'est pourquoi, dans ce pays de propriété foncière et de suffrage censitaire, les femmes revendiquent avec quelque fondement leur assimilation entière aux propriétaires hommes.

Il s'ensuit encore que cette « revendication » se fait d'autant plus âpre qu'elle est plus limitée dans son objet. Les femmes, en effet, ne demandent pas formellement le suffrage universel, puisque les hommes eux-

(1) C'est en somme l'une des causes de la révolution qui a renversé Charles Ier

mêmes ne le possèdent pas; elles se contenteraient du suffrage restreint auquel donne accès un certain état de fortune.

Mais alors on peut se demander quelle est la sincérité qui anime la masse des suffragettes, lesquelles ne retireraient pas le moindre avantage du *Reform Bill* ? Il est évident que cette masse ne manifeste que par turbulence ou par esprit de corps.

Le mouvement des suffragettes anglaises est avant tout un mouvement de... femmes célibataires — nous aurions pu employer une expression plus familière. — D'abord, il n'y aurait qu'elles qui en profiteraient, puisque les femmes mariées sont hors de cause. Leur effort vers « l'émancipation » perd donc en surface tout ce qu'il peut avoir en profondeur. Le fameux « assujettissement » conjugal, objet de l'indignation de Stuart Mill, n'est plus, aujourd'hui du moins, qu'un « cliché », puisque le mariage procure à l'Anglaise une indépendance absolue, lui confère tous droits de propriété et de gestion sur ses biens, l'admet à poursuivre en justice sans autorisation maritale, lui permet même de... faire faillite. L'Anglaise mariée est bien *sui juris* et *sui compos*. Ainsi l'égalité dans la vie domestique existe en Angleterre, et les femmes mariées n'ont rien à attendre du droit de suffrage qu'une satisfaction de vanité. C'est pourquoi leur adhésion à la campagne que mène la W. S. P. U. est toute superficielle : le « droit politique » apparaît plutôt comme une sorte de compensation que recherchent les femmes non mariées (1) pour leur célibat forcé. Au fond dans le suffragisme anglais il n'y a pas véritablement de *question de principe* d'engagée.

(1) Les femmes qui ne se marient pas sont beaucoup plus nombreuses en Angleterre qu'en France par exemple, où cependant les femmes se plaignent que les hommes ne les épousent pas. Voir dans notre Ire partie, page 136 en note la liste des principaux *Acts* ayant libéré la femme anglaise mariée.

Une des choses qui ont nécessairement éveillé l'ambition des femmes, c'est l'élargissement de la base électorale masculine, pratiquée à deux reprises, en 1867, à l'époque de Stuart Mill, et, en 1884, sous le ministère Gladstone. Ces accroissements intéressaient surtout le monde du travail. Or, la question ouvrière, non envisagée par Stuart Mill dans son pamphlet, donne aux revendications économiques de la femme en Angleterre un caractère bien plus pressant qu'en France. Pourquoi, s'est-on dit, cette inégalité de traitement entre les deux sexes ? Et alors la question du relèvement des salaires et du bien-être de l'ouvrière a apparu comme liée à l'émancipation politique de la femme. L'accroissement subit de l'importance du sexe fort faisait trop pencher la balance d'un côté et constituait une menace pour la situation économique de la femme. De là l'immixtion du *Labour Party* dans les affaires de l' « émancipation ».

Ainsi, tandis que la situation de l'homme s'améliore en Angleterre, celle de la femme y reste stationnaire. Or, dans le domaine de l'industrie, du commerce et de la main-d'œuvre, qui dit stationnement dit recul. Joint que l'homme apporte naturellement des éléments de concurrence plus redoutables. L'Anglaise qui lutte pour le suffrage défend donc son gagne-pain. Elle veut empêcher l'avilissement du prix du travail exécuté à domicile. Elle voit dans le droit de suffrage un moyen de se protéger elle-même, puisque la loi actuelle la sacrifie. « Elle voit en lui une sauvegarde pour son sexe menacé d'écrasement économique ». (Jean de la Jaline). Là, en effet, bien plus que sur le terrain moral où le plaçait Stuart Mill, se trouve le véritable « assujettissement » de la femme.

* *

La revendication du suffragisme est donc beaucoup plus rationnelle en Angleterre qu'en France.

Mais elle est aussi bien plus complexe.

Comme nous l'avons vu, la W. S. P. U. demande pour les femmes une « franchise » identique à celle des hommes. Or, le suffrage anglais n'est pas universel, et c'est ce qui complique singulièrement la question.

En effet, seuls sont électeurs les propriétaires ou occupants soit de terres, soit d'immeubles représentant une rente annuelle. Le suffrage est aussi accordé aux « employés » de tout ordre, quand la maison où ils travaillent n'est pas occupée par celui qui les emploie. C'est en principe *un* suffrage par un ménage (*household suffrage*), avec quelques cas de vote plural, déterminés par le fait d'une propriété répartie dans diverses circonscriptions ou déterminés par certaines fonctions universitaires (1).

La question qui se pose est donc celle-ci : — Faut-il étendre le vote à toutes les femmes, ou l'attribuer seulement aux femmes célibataires ?

Dans le premier cas, on va à l'encontre de la « constitution » anglaise, dans le second cas on sanctionne un injuste ostracisme. Parmi les suffragettes les avis sont partagés. La fraction avancée, représentée par lady Pankhurst, tient pour l'affranchissement intégral. La fraction modérée, représentée par M⁽ᵉ⁾ Fawcett, tient pour un affranchissement progressif.

Si le parti extrême l'emporte, comme le souhaiterait le leader socialiste Keir Hardie, c'est un appoint formidable de *dix millions d'Electrices* que le *Women's Enfranchisement Bill* jetterait dans l'arène électorale. « appoint » qui serait supérieur en nombre à tout le

(1) Voir à l'appendice, pièce n° 8.

contingent masculin (1). Ce serait par voie indirecte l'établissement du suffrage universel, et le raz-de-marée du socialisme se déversant à pleins bords. On comprend que cette perspective fasse reculer le gouvernement le plus libéral.

* * *

Aussi l'Angleterre conservatrice fait-elle des vœux pour le succès de la réaction entreprise par la Ligue dissidente. Celle-ci « fait appel à toutes celles qui désapprouvent l'agitation présente des Suffragettes ». Elle affirme que « le mouvement en faveur du suffrage féminin peut être défait — doit être défait — par les femmes elles-mêmes. » Elle adjure, « au nom du patriotisme, au nom du bon sens » les « femmes d'Angleterre » de se lever.

M. Jean de la Jaline, l'historien français de cette prise d'armes, applaudit à cette péroraison : « Oui, « dit-il, il y aura toujours des femmes qui se main- « tiendront en dehors de tout esprit de parti, que les « ambitions parlementaires n'atteindront pas, et qui « resteront reines de l'opinion par leur éducation su- « périeure, le charme de la beauté, de l'esprit et du « cœur. Il importe peu qu'elles aient, une fois tous les « quatre ans, à tendre le bras pour déposer un bulle- « tin dans une urne. C'est leur pensée qui règne, et « personne ne s'occupera du geste... Si l'on considère « les actes du Parlement depuis quarante ans, on voit « une série ininterrompue de mesures législatives en « faveur des femmes. On peut compter sur la loyauté « réfléchie de l'esprit anglais pour admettre que l'ère « des réformes n'est pas close... »

Quant à la rupture d'équilibre social qui suivrait

(1) Le nombre des femmes dans le Royaume-Uni surpasse celui des hommes d'environ un million 250.000 unités.

l'accession en masse des femmes au droit de vote, elle a été parfaitement indiquée par le Comité de l'Association antisuffragiste dans son appel au public (1).

De son côté, Gladstone, dans une lettre fameuse à Samuel Smith, dénonce, avec sa clairvoyance d'homme d'Etat, les abus contenus en germe dans le principe de l' « émancipation » :

« Pendant longtemps nous avons maintenu une dis-
« tinction entre la compétence pour voter et la com-
« pétence pour siéger au parlement... On en a rendu
« l'inconsistance palpable, et elle s'est évanouie. Elle
« ne revivra pas. Le vote des femmes signifie leur
« droit à être élues, et là ne sera pas la fin. La capacité
« de siéger dans la Chambre des Communes entraîne
« légalement et pratiquement celle de remplir toutes
« les charges de l'Etat. On ne changera pas cette règle.
« La fonction législative est la plus haute des fonctions
« publiques ; aux femmes qu'on jugera dignes de la
« remplir on ne pourra interdire les fonctions exécu-
« tive et judiciaire, qui sont inférieures à la fonction
« législative »

Gladstone voyait juste. Il faut, en effet, que ceux qui dictent les lois soient capables au besoin d'en imposer matériellement l'exécution. La supériorité physique n'est pas un vain mot et ne mérite pas tous les mépris de ceux à qui elle est refusée. Une loi d'origine essentiellement féminine serait, avant même son application, caduque. Pratiquement parlant, un *droit* qui ne peut pas s'exercer, et même s'imposer par la *force*, n'est plus un droit.

Quant à la politique étrangère, « l'empire anglais
« est trop vaste, le lien qui en réunit les diverses par-
« ties, et qui repose autant sur le prestige de la force
« que sur les affinités de race, est trop fragile, pour
« qu'il n'y ait pas un danger réel à laisser le pouvoir
« en des mains incapables de le défendre (de la Ja-
« line) ».

(1) Voir à l'appendice, pièce n° 9.

V

CONCLUSION

Le suffragisme féminin en Angleterre s'explique par des raisous historiques; il peut invoquer le principe de l'évolution sociale. Il renouerait le fil de la tradition, rompu depuis 1648. Il serait en harmonie avec un ensemble de privilèges qu'aucune nuit du 4 août n'a abolis de l'autre côté de la Manche. Il compléterait, ou plutôt restaurerait une organisation politique reposant sur le respect de la propriété, des titres et de l'individu. Tel du moins serait-il s'il était environné de conditions restrictives et s'il était dispensé avec discernement.

Mais, tel qu'il se présente actuellement, c'est à dire sous la forme d'une « conquête » de la démocratie et d'une étape socialiste, il se heurte à l'esprit particulariste de la vieille Angleterre. Il se heurte à l'esprit de *paroisse* si puissant en Grande-Bretagne (1). Il emprunte aux circonstances politiques une signification de représailles et de menace. Issu de la rancune et de la jalousie, il tend à faire prédominer le nombre sur la capacité. Il serait la préface du suffrage des adultes, multipliant par deux les facteurs de suren-

(1) Voir à l'appendice, pièce n° 10.

chère qui vicient un tel mode de suffrage. Il engagerait brusquement l'Angleterre dans des voies nouvelles. Il précipiterait l'évolution sociale au point de
la transformer en révolution. Il ferait succéder l'impulsion aveugle et la versatilité de la multitude à la
marche lente du progrès. Le bill Shackleton serait pour
tout dire la digue ouverte au *suffrage universel* dans
un pays de suffrage censitaire et restreint. Cette « musique de l'avenir », comme on a appelé le vote des
femmes, ne serait sans doute qu'une cacophonie.

Quelle aventure à courir pour une nation qui met
sa force dans la continuité de ses vues et sa fierté dans
le recrutement de ses hommes d'Etat et de ses
hommes politiques! Elle sent que c'en serait fait de son
élite dirigeante et que le suffrage de tous les adultes ne
la paierait jamais du sacrifice consenti. L'Angleterre a
trop de sagesse pour abandonner aux impulsions con-
tradictoires de la nervosité féminine le moteur de ses
destinées dans le monde.

ETATS-UNIS

Nous abordons maintenant les pays où « le soleil de la liberté s'est levé. » Nous allons enregistrer une date qui « marquera un *jour* mémorable pour l'humanité, qui sera un des grands *tournants* de l'histoire, un des grands *triomphes* de la justice et de la civilisation sur la violence et la barbarie » (1). Tel est le ton d'emphase auquel se haussent les historiens de « l'émancipation », quand ils en viennent à célébrer l'avènement du suffrage des femmes en Amérique. Essayons de voir jusqu'à quel point la vieille et retardataire Europe doit se trouver humiliée par l'initiative de quelques circonscriptions fédérales des Etats-Unis.

.*.

Pendant le premier siècle de son existence politique (de la déclaration d'Indépendance, 1776, à la fin de la

(1) Novicow, *L'affranchissement de la femme*, page 227.
De son côté Mrs Martell nous assure que le jour de l'émancipation des femmes en Nouvelle-Galles du Sud fut le plus beau jour de sa vie. « Si, dit-elle, les législateurs d'Angleterre savaient qu'ils ont le pouvoir de rendre les femmes si entièrement heureuses, ils n'hésiteraient pas un seul instant à leur accorder ce qui leur est dû. » (*The Women's vote in Australia*).

guerre de Sécession, 1865), l'Amérique tout entière
estime que la place de la femme est au foyer domestique. Les idées qui avaient présidé à la colonisation
du Nouveau-Monde ne lui permettaient pas une autre
conception :

« L'esprit d'austérité implacable dont étaient péné-
« trés les hommes qui sont allés au Nouveau-Monde
« chercher la liberté et fonder un empire, ne fut rien
« de moins que favorable à l'admission des femmes
« à la vie publique. Les Écritures, que les colons con-
« naissaient par cœur, déclaraient que la femme de-
« vait « se taire dans la congrégation ». Les exemples
« que l'on cite pour prouver que dans la période co-
« loniale de la future Union américaine les femmes
« jouissaient du suffrage, sont extrêmement rares et
« peu concluants (1). »

La constitution du Massachusetts (1780) motivait, en
effet, en ces termes l'exclusion des femmes de la vie
publique.

« Les femmes, quel que soit leur âge, sont consi-
« dérées comme n'ayant pas acquis assez de discré-
« tion, non par manque de capacités intellectuelles,
« mais à cause de la tendresse et de la délicatesse na-
« turelles de leur esprit, de leur manière de vivre re-
« tirée et de leurs devoirs domestiques variés. Tout
« cela réuni entrave les rapports avec le monde exté-
« rieur qui seraient nécessaires pour les rendre capa-
« pables de s'acquitter du devoir d'électeur (2) ».

C'était écarter les femmes de la République à la manière dont Platon fait les poètes, en les couronnant de
fleurs ; mais enfin c'était les en écarter.

Jusqu'au milieu du xixe siècle, le mari américain
était maître des biens de sa femme, des immeubles
comme des meubles, usufruitier de tous ses intérêts

(1) *Essex result*, dans les *Memoirs of Chief Justice Parsons*,
Boston, 1859, p. 376.

(2) On ne peut citer, en effet, que le district de New-Jersey
où les femmes fussent alors admises à voter.

économiques; pendant toute la durée du mariage, et même après la mort de la femme, il conservait la jouissance de ses biens, à elle, s'il y avait des enfants issus du mariage. En 1860 encore. le mari pouvait par testament retirer à la mère survivante la garde de ses enfants et la déférer à qui bon lui semblait.

*
* *

L'affranchissement des noirs fournit tout à la fois la cause, l'occasion et le prétexte du mouvement d'émancipation féminine.

Par intérêt personnel autant que par générosité, les femmes se jetèrent avec ardeur dans la campagne abolitionniste. L'une d'elles, Mᵐ Becher Stowe, le célèbre auteur de *La Case de l'Oncle Tom*, eut la gloire d'attacher son nom à l'œuvre libératrice.

Pouvait-on accorder l'émancipation aux *esclaves* des blanches. en la refusant à elles-mêmes ?

Le premier congrès de femmes, tenu en 1848 dans l'Etat de New-York, trancha cette question par la négative. Mêmes conclusions de la part du *Congrès national des femmes d'Amérique*, tenu en 1850 à Worcester (Massachusetts). Néanmoins la Constitution fédérale de 1865 admit au suffrage les nègres seuls et renvoya les demanderesses à leurs législateurs respectifs.

La tactique « nationale » n'ayant pas abouti, les femmes, sans négliger de continuer à circonvenir le Congrès, se rabattirent sur la tactique « locale », laquelle consista à entreprendre de convertir isolément les Parlements régionaux à la cause féminine. Ce fut le signal d'une ère véritablement héroïque, dont l'un des derniers épisodes atteste que même les moyens extrêmes imaginés par la Lysistrata ou par la Praxagora d'Aristophane ne feraient pas reculer une Américaine moderne. *Le Temps* du 13 avril 1910 nous apportait, en effet, l'information suivante :

« Les étudiantes de dix-huit lycées de jeunes filles « des États-Unis se sont engagées par serment à ne « pas se marier, jusqu'à ce qu'elles aient gagné à la « cause des femmes chacune cinq cents électeurs. « C'est un des mouvements les plus radicaux qu'aient « encore entrepris les suffragettes (1) ».

**

Comme en Angleterre et comme en France, les partisans du suffragisme en Amérique ont voulu amener leurs plus hautes juridictions à émettre une décision de principe. Ils saisirent donc la Cour du district de Columbia (dont fait partie Washington, la capitale de l'Union) de la question suivante : Le droit de vote est un *droit naturel* : en vertu de la vieille *common law* anglaise. cette source des libertés américaines, les femmes doivent jouir de la franchise, et les amendements à la constitution des Etats Unis défendent d'y toucher.

La Cour suprême, sur appel interjeté des décisions refusant aux femmes soit l'inscription sur les listes électorales, soit l'admission au scrutin, décida que le vote était réservé aux « citoyens mâles », et replaça les femmes dans la situation à elles faite par les constitutions des Etats. D'après la doctrine de la Cour fédérale, le terme de « citoyen » ne doit s'entendre que par opposition au terme « étranger ».

(1) Voir aussi le récit que fait *Miss Julia Smith* de sa résistance toute épique aux agents du fisc. Miss Smith, fermière du Connecticut, refusait d'acquitter les taxes, et laissait saisir ses vaches l'une après l'autre. Le livre où elle retrace ses « gestes » est orné d'une gravure sur bois avec les portraits des vaches. Les suffragettes anglaises sont dépassées.

Quant au « droit » politique, il est si peu un « droit »
qu'il peut mettre en péril la société elle-même (1).

Il restait aux suffragistes un degré encore de juridiction à épuiser, à savoir la Cour suprême des Etats-
Unis. C'est à ce tribunal, qui est la plus haute autorité
de l'Union en matière de droit constitutionnel, que la
controverse fut enfin déférée. La Cour suprême confirma la sentence de la Cour de Columbia, et y ajouta
des considérants dont chacun est de poids (2).

Ainsi dans le domaine judiciaire la prétention des
suffragistes américains, comme celle des suffragistes
anglais et des français, a complètement échoué.

*
* *

Mais devant les législatures de cinq Etats particuliers
leur campagne porta des fruits.

Pendant une vingtaine d'années le *Wyoming* assuma
seul le rôle de « pionnier de la civilisation ». Depuis
lors, quatre autres Etats, *Colorado*, *Utah*, *Idaho*,
Washington, partagent avec lui cet honneur.

Il convient de dire un mot sur chacun d'eux.

Wyoming. — On peut dire que le suffrage féminin
s'introduisit dans ce pays par surprise, car il s'y introduisit en manière de plaisanterie. le 12 décembre 1869 (3). Il s'y maintint pour plusieurs raisons :
1° par besoin de réclame : cette singularité constitutionnelle était, en effet, escomptée comme devant attirer des émigrants et des capitaux dans un pays qui
ne renfermait encore, en 1868, quand le *territoire* de

_____

(1) Nous citons en *Appendice* (pièce 11) cette partie du jugement *in extenso*.

(2) On les trouvera à l'*Appendice*, pièce 12.

(3) M. Ostrogorski (pages 64 et 65 de *La femme au point de
vue du droit public*), raconte avec humour la façon dont les
choses se sont passées.

Wyoming fut découpé dans « le grand désert américain », que 5.000 habitants (1). 2° l'autonomie n'étant accordée en Amérique qu'à une région possédant un nombre déterminé d'électeurs, et les *hommes* seuls n'atteignant pas, au Wyoming, le chiffre fixé, il fallut bien les doubler de leurs femmes.

C'est ainsi que le territoire du Wyoming fut amené à conférer aux femmes la *plénitude* du droit de vote. Le Wyoming promu au rang d'Etat en 1890 (2) confirma la prérogative issue d'un expédient. Les « grandeurs » humaines ont souvent des origines humbles. L'Assemblée des représentants du Wyoming a d'ailleurs décerné aux femmes du pays un satisfecit public pour le surcroît de moralisation que les femmes auraient introduit dans la tractation des affaires.

Ces représentants font valoir tout ce que le pays a gagné en dignité et en humanité à la participation politique des femmes. Sans chicaner sur la réalité du concours apporté par l'élément féminin, et sans vouloir rappeler les hommes au sentiment de leur propre importance, dont ils font un peu trop bon marché, on ne peut s'empêcher de remarquer, tant à propos de ce « satisfecit » qu'à propos des trois qui suivront (3), que cette Assemblée de représentants étant en partie composée de femmes, ou du moins étant élue par les femmes conjointement avec les hommes, *ce sont en réalité les femmes elles-mêmes qui se décernent ces certificats de complaisance.*

(1) Aujourd'hui le Wyoming, qui est grand comme l'Italie ou la moitié de la France, en compte un peu moins de 100.000.

(2) Et non en 1899, comme l'écrit le rapporteur parlementaire.

(3) On les trouvera tous les quatre pieusement recueillis dans le rapport parlementaire de M. Ferd. Buisson. Nous n'avons pas cru utile d'en encombrer cet ouvrage ; nous nous sommes borné à citer et à commenter l'un d'eux dans notre IV° partie, page.

.·.

Le *Colorado* accorde la *franchise* aux femmes en 1893.

Là aussi le Parlement délivre aux « citoyennes » des éloges et des remerciements officiels.

L'*Utah* « territoire » accorde la franchise aux femmes en 1870, et, admis comme « Etat », la leur confirme en 1896.

La « genèse » de l' « émancipation » politique des femmes dans cet Etat est importante à noter.

Le pays de l'Utah est, comme on sait, la création et le quartier-général de la secte polygame des *Mormons*. Or, il s'agissait pour les *saints* du mormonisme de maintenir leur position dominante contre les *gentils*, c'est-à-dire les immigrants. C'est pourquoi ils firent passer dans la législature locale l'acte qui admettait toutes les femmes au suffrage et qui leur conservait, à eux, la majorité. Ainsi la polygamie continuerait à fleurir dans l'Utah.

Les Américains ne s'étonnent pas et ne s'indignent pas facilement. Cependant le scandale était si grand que l'autorité fédérale se décida à intervenir. Mais ni son décret de 1882, ni celui de 1887 ne purent venir à bout du *self-government* local. La loi de l'Utah promulguée en 1896 sanctionna et maintint définitivement les dispositions de sa loi de 1870.

Il ne restait plus au gouverneur de cet Etat, agissant au nom de l'Assemblée des représentants, qu'à décerner aux « Mormonnes » un certificat de moralité. *C'est ce qu'il fit.*

.·.

L'*Idaho* accorde en 1896 la franchise aux femmes. Certificat flatteur du gouverneur.

Washington.

Les fluctuations de cet Etat sont intéressantes à noter. Comme *territoire*, il accorde aux femmes le suffrage en 1883, mais, comme *Etat*, il le leur reprend en 1889.

Vingt-et-un ans après, nouveau revirement. A la suite d'un referendum organisé dans le pays, le Washington revient à la combinaison primitive, et, suivant le style féministe, *affranchit* sa population féminine (novembre 1910). Cette population est évaluée à 165.000 âmes.

Orégon.

En revanche, à la même date, l'Etat d'*Orégon*, situé au sud de l'Etat de Washington, manifeste de nouveau sa volonté de tenir les femmes à l'écart de la politique.

Ohio.

Même attitude de la part de l'Ohio. Les tentatives faites dans cet Etat par les femmes ont été une fois de plus repoussées à une grande majorité lors des élections de septembre 1912.

Californie.

Dans cet Etat les femmes jouissent du vote municipal, et elles en usent avec enthousiasme. Mais les

attributions juridiques qui leur sont conférées les
prennent fort au dépourvu. Exemple cette banale
affaire d' « excès de vitesse » de la part d'un jeune
motocycliste, qui venait en novembre 1911 devant le
jury exclusivement féminin siégeant à Los-Angeles.
Les « jurées » ne parvinrent pas, même en s'y repre-
nant à trois fois, à se mettre d'accord sur un verdict.
Il fallut renvoyer l'affaire à un jury d'hommes.

Kansas.

Le Kansas (environ 1.430.000 habitants) accorde le
suffrage municipal aux femmes en 1887. Certificat élo-
gieux délivré par le juge Johnston.

Ajoutons enfin que les femmes possèdent le suffrage *scolaire* dans la moitié environ des Etats-Unis,
ce qui est justice, car l'instruction primaire aux Etats-
Unis, où est très répandu le système de la coéducation des sexes, est presque tout entière aux mains
des femmes.

Dans trois Etats de l'Union les femmes ont, outre
le suffrage scolaire, le suffrage *fiscal* ; dans deux Etats
le suffrage fiscal seul.

(*) Postscriptum

Le lecteur n'a sans doute pas oublié que le manuscrit de
ce livre, ayant dû être remis à l'Institut vers la fin de
l'année dernière, n'a pu serrer de près la toute récente ac-
tualité.

Or, avec les Américains, il faut se résoudre à être toujours distancé par les événements. En ce pays le temps est
de la vitesse, plus encore que de l'argent. Depuis que nous
écrivions les pages ci-dessus, l'évolution du féminisme politique s'est vivement accélérée aux Etats-Unis, sans cependant infirmer les *conclusions* que nous tirons ci-après.
A l'heure qu'il est (17 juin 1913), l'Etat de l'Illinois, vient,

lui, *treizième*, d'accorder aux femmes le droit de vote aux élections législatives.

Voici, d'après *Le Temps*, le résumé de ces « conquêtes » féministes.

« Un onzième Etat de l'Union américaine (sur 48), le Nevada, vient d'accorder le droit de vote aux femmes.

Les Etats de Wyoming, d'Utah, de Colorado, d'Idaho et de Washington ont adopté depuis longtemps le suffrage féminin. La Californie s'est ajoutée à cette liste il y a environ un an et demi, et dans les élections du 5 novembre 1912 les Etats d'Arizona, de Kansas, de Michigan et d'Orégon l'ont également institué. Il faillit même l'être aussi dans le Wisconsin, où seul l'appui que les socialistes lui donnèrent le compromirent.

Enfin nous avons annoncé ces jours derniers que le Sénat de l'Etat de New-York, gagné par l'exemple des Etats de l'ouest, avait voté en faveur d'un amendement à la Constitution accordant le droit de suffrage aux femmes. New-York serait donc le douzième Etat suffragiste de l'Union.

Non seulement les femmes sont électrices dans les Etats de l'ouest qui viennent d'être énumérés, mais déjà elles leur ont fourni des législateurs. Dans l'Etat de Wyoming, Mᵐᵉ Robinson siège au Sénat. La Législature du Colorado s'honore de posséder deux sénatrices et cinq députées, qui y font excellente figure de politiciennes, et dans les Chambres de l'Utah et d'autres Etats siègent aussi des « female representatives », comme on dit maintenant dans les Etats suffragistes.

A ce propos un correspondant spécial du *Times* a fait une intéressante enquête sur les conséquences politiques et sociales du vote des femmes dans les Etat de l'ouest qui l'ont institué et d'où il gagne maintenant les Etats de l'est.

Le suffrage féminin, d'après ses constatations, a simplement augmenté le total des votes, mais n'a pas créé de nouveaux courants électoraux. En général les femmes votent avec leur mari et plutôt d'accord avec ses convictions et ses préjugés que d'après leur propre inspiration. La majorité des femmes électeurs va du même côté que les

hommes. Bien qu'on puisse supposer qu'elles sont les ennemies de l'alcool et des cabarets, on n'a pas remarqué
qu'elles aient voté plus particulièrement que les hommes
pour ou contre la prohibition.

On a noté que l'entrée en scène des femmes dans les comices et les assemblées politiques y a introduit plus de
courtoisie et de galanterie chevaleresque ; mais on n'a pas
l'impression qu'elle ait matériellement affecté les mœurs
électorales et élevé la moralité du suffrage et des candidats.
Les leaders des suffragistes eux-mêmes conviennent que
des résultats « indesirables » ont été constatés à certains
égards et dans certains milieux mélangés, où l'on a vu la
proportion des votes des femmes tomber de 70 à 40 0/0 par
suite de l'abandon du droit de suffrage par beaucoup d'électrices dégoûtées de la fraude et de la corruption régnant
parmi les femmes de morale facile ou d'entourage douteux,
ce qu'on pourrait appeler les « femmes de café ou de bar ».

Ainsi à Denver, capitale de l'État de Colorado, où il y a
465 *saloons*, ou bars, pour une population de 200.000 âmes,
on est assez disposé à admettre qu'il existe de nombreux
centres de corruption aussi bien électorale que morale, et
que les femmes des classes les moins estimables n'échappent pas à l'exploitation d'agents politiques peu scrupu-
leux. Les adversaires du suffrage égal des deux sexes en
concluent que le résultat le plus clair du vote des femmes
a été d'étendre le domaine de la corruption et d'augmenter
l'élément vénal.

Une opinion assez répandue aux Etats-Unis est que, si le
suffrage égal avait été soumis à un plébiscite de toutes les
femmes dans les Etats où il a été adopté, il aurait été rejeté.
Cependant 75 à 80 0/0 des femmes qui jouissent du droit
de suffrage l'exercent et le considèrent comme un droit
qu'il ne serait pas plus raisonnable ni équitable de leur
enlever qu'aux hommes.

Bref jusqu'à présent le vote des femmes aux Etats-Unis
ne paraît y avoir produit aucune révolution dans les conditions et les mœurs politiques. Le temps seul pourra dire,
à mesure que s'étendra le suffrage féminin et que la femme

développera son éducation et sa conscience politiques, si ce
nouvel élément électoral jouera réellement ce rôle de conservation et de défense de l'ordre social, qu'on attend de
lui, contre les passions et les violences révolutionnaires. »

Conclusion.

L'agitation dans les législatures provinciales a donc
produit en somme des résultats fort médiocres et,
dans l'une d'elles, fort peu édifiants. Il n'empêche que
les hérauts de l' « émancipation » les célèbrent à l'égal
de retentissantes victoires, destinées à changer la face
du monde civilisé.

Le gain positif se réduit au suffrage *politique* dans
cinq États (sur 48), représentant une population inférieure à un million 600.000 habitants (1) et au suffrage
municipal dans un sixième, le Kansas. Encore faut-il
noter que, même dans ces quatre États de « franchise »
féminine, les femmes ne sont représentées qu'aux
Assemblées locales, et qu'elles ne concourent aux
élections présidentielles, tous les quatre ans que pour
une voix.

L'agitation inouïe à laquelle s'est livrée la population féminine d'Amérique pour aboutir à si peu de
chose n'est pas sans rappeler l'allégorie bien connue
de la montagne en travail. On est même en droit,
quand on raisonne sur le cas de l'État de Washington
retirant aux femmes le suffrage après le leur avoir

---

(1) Depuis janvier 1912, par suite de l'élévation du « territoire » du Nouveau-Mexique au rang d'État, ce sont bien en
effet 48 États que compte l'Union américaine. Nous avons
indiqué plus haut le chiffre de la population du Wyoming,
celui du Colorado est sensiblement le même (100.000 hab.),
celui de Washington est environ de 1 million d'hab., celui
de l'Utah de 250.000 hab., celui de l'Idaho de 84.385. En
tout pour les *cinq* premiers États environ 1 million 535.000
habitants.

accordé, ou sur celui de l'Ohio et de l'Orégon repoussant le suffrage féminin à une grande majorité (en
1907 et en 1910), de conclure à un recul de l'idée
émancipatrice.

Il faut tenir compte également du fait que les Etats
affectés par le féminisme sont situés à l'Ouest, sont
des Etats neufs, où la civilisation s'essaie et tâtonne,
sont à peine peuplés relativement à leur étendue. A
mesure que la vie sociale se perfectionne, en raison
de la population plus dense, le féminisme décroît : les
Etats de l'Est, situés sur le versant de l'Atlantique,
sont à peine impressionnés par le mouvement. Quant
aux Etats du Sud, où l'influence latine se fait encore
le plus sentir, ils sont parfaitement réfractaires au féminisme anglo-saxon. Or, ce sont ces Etats qui, sous
le nom de *Nouvelle-Angleterre*, furent le berceau de
la liberté américaine et le noyau de la grande République.

Ces deux derniers groupes d'Etats, c'est-à-dire les
quatre cinquièmes au moins de l'Union, forment un
contraste complet avec les vastes solitudes de l'Est.

« Là règnent une législation en général inférieure,
« des mœurs primitives. Les mineurs et les cow-boys,
« qui les composent en majorité, sont peu sensibles à
« la douceur persuasive. Pour assurer aux femmes
« une influence réelle et lénifiante, il a fallu leur don-
« ner l'autorité tranchante du vote, plus en rapport
« avec cette brutalité de mœurs, et peut-être même
« avec le caractère viril que leur imposent leurs con-
« ditions d'existence. Il fallait en outre concentrer
« tous les éléments de force politique et législative
« devant le flot montant de l'immigration. Dans les
« autres Etats déjà parvenus à un stade plus avancé
« de civilisation, les mêmes besoins ne se faisaient
« pas sentir. Les femmes n'avaient plus à défendre
« leur foyer contre le désordre extérieur. Elles pou-
« vaient se conformer, dans la sphère plus restreinte
« « du home », de l'école et de la cité, au rôle que la

« nature leur a tracé. Elles se sont organisées pour
« lutter contre l'influence violente d' « outsiders » plus
« ou moins échevelées, elles ont protesté contre l'im-
« position d'une charge pour laquelle elles ne se sen-
« taient pas clairement désignées.

(Jean de la Jaline, *Le suffrage féminin en Angleterre*, p. 111).

Ainsi c'est une des nécessités du « struggle for life »
qui a fait, dans quelques contrées exceptionnelles,
mettre les femmes de pair avec les hommes. Il faut
donc renoncer à voir dans le suffrage féminin je ne
sais quelle « conquête » de la vanité du sexe, ou je ne
sais quel bibelot de luxe offert à sa frivolité. C'est,
dans les pays d'Amérique où ce suffrage est pratiqué,
une arme de guerre, un outil de travail. Cette prérogative évoque l'idée de sociétés primitives (1) et d'or-
ganismes qui se créent. C'est un tempérament de la
rudesse et un correctif de la barbarie. C'est un des
balbutiements de la civilisation naissante.

Et voilà pourquoi l'expérience des États-Unis d'Amérique, comme celle — nous allons le voir — de l'Australie, de la Nouvelle Zélande ou des pays scandinaves,
est fort peu concluante. Quelle commune mesure entre
l'extrême Orient ou l'extrême Nord et le pays tempéré,
modéré, raffiné par excellence, qui s'appelle la
France (2) ?

LES « SELF GOVERNING DOMINIONS »

Australie, Nouvelle-Zélande, Canada, Afrique du Sud.

Ce qu'on appelle improprement les « colonies anglaises » (ni l'Afrique du Sud, ni à plus forte raison le

(1) Il y a à ce point de vue un rapport curieux avec la Cité
antique. Voir à l'appendice, la pièce n° 13.
(2) Voir à l'appendice, la pièce 14.

Canada ne peuvent être considérés comme des « colonies » anglaises) partage à peu près, quant au suffrage féminin, le régime fait à la métropole.

Toutefois il y a des différences à noter, et qui sont généralement à l'avantage des Dominions.

Australie (1).

L'Australie (*Commonwealth of Australia*) comprend, comme on le sait, six États fédérés : Nouvelle-Galles du Sud, Victoria, Australie du Sud, Queensland, Australie de l'Ouest, Tasmanie.

Son acte constitutionnel, qui date du 9 juillet 1900, reproduit, dans ses lignes générales, la constitution des États-Unis d'Amérique.

Le Parlement fédéral a des pouvoirs limités. Les Parlements d'États peuvent gêner considérablement son action législative. Les deux Chambres du Parlement fédéral, la Chambre basse et la Chambre haute, sont élues au suffrage *universel*.

Actuellement, tous les adultes des deux sexes sont électeurs et, en principe, éligibles. Mais aucune femme n'est encore entrée ni à la Chambre, ni au Sénat fédéral (2).

Il va de soi que toutes les Australiennes jouissent du suffrage *scolaire*.

C'est entre les années 1867 et 1885 que l'accession des femmes de ce pays au vote a été successivement prononcée, à la réserve du Queensland, qui n'est entré dans le mouvement que lorsque le Parlement fédéral fît de la « franchise » féminine une mesure générale (1902).

(1) Nous avons puisé nos renseignements dans les brochures de Miss Vida Goldstein et de Mrs Martell sur le *Women's suffrage in Australia*.

(2) Aux dernières élections législatives (14 avril 1910), les femmes ont voté partout en nombre.

Le cens exigé est de dix livres sterling.

La participation des femmes a été proclamée ici, comme en Amérique, par les intéressés, comme hautement moralisatrice (1).

Nouvelle-Zélande (2).

Mêmes étapes franchies que dans la Fédération australienne : suffrage *scolaire* en 1877, *municipal* en 1886, *parlementaire* en 1893.

Le cens exigé est de vingt-cinq livres sterling.

Mais les femmes de la Nouvelle-Zélande ne sont éligibles ni à la Chambre des représentants, ni au Conseil législatif.

Les femmes de cet archipel, qui est situé au sud de l'Australie, livrent une guerre acharnée au fléau de l'alcoolisme. Cette bataille est rude, car la population masculine est en majorité dans ce pays de récente colonisation. Le premier ministre, sir Joseph Ward, a rendu hommage au concours que les femmes prêtent ici à la civilisation. Il est probable que la culture générale et les mœurs domestiques doivent beaucoup, en Nouvelle-Zélande, à l'influence des femmes sur la vie politique. Remarque : La Nouvelle-Zélande est entièrement acquise aux théories socialistes.

Canada.

Au contraire, le Canada, où domine la double influence française et catholique, se montre réfractaire au féminisme, bien que travaillé énergiquement par

(1) L'Australie est peuplée par une des races les plus arriérées qui soient au monde : sa population excède à peine le chiffre de 3 millions d'habitants.

(2) D'après la brochure *Women's suffrage in New-Zealand*, par Mrs K.-A. SHEPPARD.

le *Conseil national des femmes*, dont le siège est à New-York (1).

En 1885, un projet d'admission au droit de cité fut repoussé par le Parlement du Dominion.

Les Canadiennes ne connaissent encore, et non pas dans toutes les provinces, que le droit de vote *municipal*.

Ce suffrage existe dans les provinces suivantes : Ontario, Ile du Prince-Edouard, New-Brunswick, Nouvelle-Ecosse et Manitoba.

En Nouvelle-Ecosse il est retiré à la femme mariée dont le mari vote.

Partout ce suffrage est *censitaire*.

La principale province du Canada, la province de Québec, est indemne de toute espèce d' « émancipation » féminine.

Afrique du Sud et Indes anglaises.

Au Natal et au Transvaal, le féminisme est plutôt en décroissance.

Populations de laboureurs, où, comme dans toutes les races fortes, le droit de décider reste dévolu à l'homme. Quant aux Indes anglaises, l'agitation féministe n'y a produit que des résultats dérisoires.

Conclusion. — On pense bien que les « conquêtes » du suffragisme dans les « colonies anglaises » sont prônées bruyamment par les écrivains féministes. D'autre part ces écrivains font grand état de l'influence bienfaisante exercée par les femmes sur les mœurs politiques de ces pays, influence dont témoignent vaille que vaille les attestations officielles que nous avons mentionnées en leur lieu.

(1) Le 8 juillet 1910, le Conseil « national », réuni à Halifax, s'est énergiquement déclaré en faveur de l'octroi du droit de vote aux femmes.

En toute sincérité, nous trouvons ces résultats disproportionnés à l'effort, et les arguments tirés de la moralisation du suffrage universel par les femmes très peu probants.

Il plaît à telle féministe, Mrs Martell, par exemple, d'attribuer aux femmes l'honneur de toutes les lois de protection ou d'hygiène sociale qui furent votées en Australie depuis une dizaine d'années. Mrs Sheppard en dit tout autant pour la Nouvelle-Zélande.

Ce ne sont là que des conjectures.

Il est, au contraire, probable que dans tout Etat policé des lois comme celles qui établirent dans ces contrées lointaines soit l'assistance aux vieillards, soit la protection de la jeune fille, soit la réglementation des salaires, soit l'interdiction de la vente de l'opium, soit la recherche de la paternité, quand elle est à l'abri du chantage, soit l'interdiction aux jeunes garçons de fumer du tabac, ou d'autres prescriptions aussi élémentaires, se seraient imposées à toute assemblée législative. Point de société sans lois de conservation, point de citoyens sans civisme, ce que Pline le jeune énonçait ainsi : *Nihil ordinatione civilius*, c'est à dire rien n'est plus digne d'un citoyen que l'esprit *d'organisation*.

Il faut donc rabattre de ces exagérations complaisantes et se ranger à des réflexions comme celles-ci, que nous empruntons au sagace descripteur du mouvement suffragiste en Angleterre.

« Les Etats d'Australie sont habités par un peuple « en voie de formation, parfois disséminé sur d'immenses espaces où le pouvoir central ne se manifeste qu'affaibli. Législation et civilisation n'y ont « pas encore atteint la même complexité et la même « précision de rouages que dans l'ancien monde, et, « dans ce cas, il peut être avantageux de renforcer « l'autorité des lois par l'expression de la volonté de « tous les individus, sans distinction de sexe. (Jean de « la Jaline). »

Il n'y a pas plus à inférer pour nous de ces peuples « en voie de formation » qu'il n'y aurait à inférer quelque chose des anciennes cités grecques ou étrusques, par rapport aux grandes démocraties modernes. Entre les petites démocraties australiennes, zéelandaises et helléniques d'une part, et les républiques ou monarchies constitutionnelles du continent, d'autre part. il y a toute la différence qui sépare la *tribu* de la *cité*, et la *famille* de la *nation*.

PAYS SCANDINAVES ET FINLANDE

Toute la Scandinavie et la Finlande sont acquises au suffrage féminin. Mais il est inégalement réparti dans ces cinq pays, parce que soit les circonstances politiques, soit la tactique féministe ayant établi comme en Angleterre une connexité entre l'extension du suffrage masculin et l'octroi du suffrage féminin, il en est résulté que l'un s'est implanté parfois au détriment de l'autre.

Suède.

Ainsi en Suède ce mouvement parallèle et combiné n'a pleinement réussi qu'à la partie mâle de la population. Les Suédois ont obtenu de la couronne le droit de vote *parlementaire* sous certaines conditions de cens.

Mais les Suédoises se sont vu arrêter au droit de vote *municipal.* qu'elles ont pourtant obtenu en deux étapes assez distantes : en 1862, elles obtiennent le droit de vote sans l'éligibilité, et en 1910 seulement, l'éligibilité municipale (1), sous certaines clauses restrictives

(1) Les élections municipales de 1910 ont valu à deux femmes l'entrée au conseil municipal de Stockholm, Mme la doctoresse Palmyren, conservatrice, et Mlle Mansson, socialiste. Pour l'ensemble du pays, il y eut 35 conseillères, dont 17 sont des institutrices. Sur les 35 il n'y a que 7 femmes mariées.

à l'égard des femmes mariées. Aussi la « franchise »
municipale fut-elle d'abord accueillie par elles avec
une grande indifférence. Elles jouissent d'ailleurs de
ce qu'on peut appeler les droits *complémentaires* :
suffrage scolaire, assistance publique, médecine, pro-
fessorat d'Universités, etc.

Il est à remarquer que les conseils communaux de
ce royaume sont organisés sur le modèle des *vestries*
anglaises, en ce que les voix des électeurs comptent
au prorata des impositions qu'ils subissent, suivant
une échelle graduée. C'est une des formes de la représentation *proportionnelle*.

Les femmes ont la faculté de voter en personne ou
par mandataires.

Depuis 1902, année qui est le point de départ de
l'active campagne menée par les Suédoises pour obtenir leur assimilation politique aux hommes, leur zèle
à user de leur droit de vote est plus grand qu'au début. Empruntons à l'historien le plus qualifié du féminisme suédois, Mme Marc Hélys, quelques réflexions sur
les tendances politiques et sociales de la Suédoise (1).

« La situation de la femme mariée paraît aux Sué-
« doises humiliante au premier chef : elle n'est pour-
« tant pas pire que dans les autres pays. En effet... les
« Suédoises jouissent du produit de leur travail et en
» disposent librement... La campagne politique est
« conduite avec mesure, calme et énergie, mais sans
« hâte. Les leaders du parti ne cherchent pas à cueilllir
« le fruit avant sa parfaite maturité, et surtout avant
« que l'éducation sociale et politique des femmes ne
« soit plus avancée. Cette grosse question n'est vrai-
« ment agitée en Suède que depuis trois ans...

(1) *A travers le féminisme suédois*, chez Plon-Nourrit, 1906,
pages 38 sq. *passim*. On trouvera, de la page 33 à la page 38
de ce volume instructif, un tableau synoptique de toutes les
« conquêtes » du féminisme en Suède depuis 1845 jusqu'à
1892.

« Le mouvement féministe n'a englobé jusqu'à pré-
« sent que les femmes des classes cultivées. Ce qui
« était nécessaire au début a eu cependant pour résul-
« tat de séparer la femme du peuple des autres, et,
« par contre-coup, a favorisé les progrès du socialisme
« dans les milieux ouvriers. Aujourd'hui le mal est
« fait, et il est presque sans remède... On travaille à
« former les femmes à la vie publique et à l'exercice
« de leurs droits, plus qu'on ne témoigne d'impatience
« de les leur voir accorder... Leur éducation politique
« n'est pas achevée. L'opinion des femmes les mieux
« informées est que le bulletin de vote leur sera donné
« avant que la masse féminine sache en user ou s'en
« soucie. »

Ailleurs Marc Hélys expose que l'une des *plaies* de la
Suède est le célibat des femmes et l'abolition insen-
sible de la vie de famille (1). C'est une ressemblance
morale avec l'Angleterre, et qui explique que les
femmes cherchent dans la politique soit un dérivatif à
leur activité, soit un remède à leur situation anormale.

Anormale ou non, cette situation va changer, et
cela grâce à un Congrès.

En effet, au cours du mois de juin 1911, l'« Alliance
internationale pour le suffrage des femmes » tenait à
Stockholm ses assises annuelles. L'Alliance avait choisi
cette ville pour exercer une pression décisive sur l'opinion publique dans un pays mûr pour la réforme
électorale. Cette tentative eut un plein succès. Dès le
mois de janvier 1912. le gouvernement proposait et
l'Odelsthing votait une loi d'après laquelle les Suédoises sont dorénavant admises aux fonctions publiques
dans les mêmes conditions que les hommes. Il n'y aura
d'exception que pour les postes de ministres et pour
les fonctions ecclésiastiques, diplomatiques, consu-

(1) « Il y a en Suède plus de cent mille femmes non mariées ayant besoin de gagner leur vie. »

laires et militaires. Seront également exceptées du droit électoral les femmes mariées dont les maris n'auraient pas payé d'impôts pendant les trois années précédentes.

Voilà donc les Suédoises désormais aussi bien partagées que les Finlandaises et les Norvégiennes.

Norvège (1).

Ce petit royaume, dont la population totale excède à peine celle de Paris, peut être proposé comme le type du pays « neuf ».

Le droit de vote parlementaire avec l'éligibilité y ont été introduits dès 1907, presque au lendemain de la séparation d'avec la Suède (1905). Il va sans le dire qu'ici le vote parlementaire implique le vote municipal.

En Norvège les femmes sont exactement sur le même pied que les hommes. C'est, entre autres traits, un pays où est admise la « recherche de la paternité » avec tous ses *corollaires* habituels, c'est-à-dire de moindres garanties pour le mariage légal et une tendance marquée à assimiler les enfants naturels aux enfants légitimes.

Le suffrage y est *censitaire* : 400 couronnes de *revenu* dans les villes, et 300 couronnes de *revenu* dans les campagnes (la couronne = 1 fr. 40) (2).

---

(1) La situation de la Norvège a été étudiée à fond dans un article anonyme du *Correspondant* du 10 janvier 1910 : *Le premier vote politique des femmes en Norvège.*

(2) Nous soulignons le mot *revenu*, parce que le Rapport parlementaire commet sur ce point une grave confusion. M. Buisson écrit *impôt* au lieu de *revenu*. Or, il n'y a peut-être pas 10.000 personnes dans toute la Norvège supportant un *impôt* direct aussi lourd que le serait celui de 400 couronnes (550 francs).

Nous aurons à relever plus loin, à propos du Danemark,

L'élévation du cens dans ce pays très pauvre, n'a produit tout d'abord que 268.745 électrices. Tel est le chiffre relevé aux élections municipales de 1907, lesquelles firent sortir des urnes un certain nombre de noms de femmes. Mais ce sont les élections législatives de 1909 qui furent la grande date de l' « émancipation » politique des Norvégiennes. Elles envoyèrent au Storthing une majorité hostile au ministère qui avait présidé à cette consultation électorale. Les journaux de l'époque ont longuement philosophé sur le sens de cette manifestation : ils y ont vu une protestation contre le socialisme d'Etat et contre les lois tendancieuses sur la solidité du mariage. Il était donc avéré que, jusqu'à nouvel ordre, et contrairement à toute prévision, les femmes en Norvège formaient un appoint de *réaction* politique et religieuse, ce qui tenait probablement à ce que les femmes « possédantes » seules y avaient droit de vote.

Aussi le gouvernement, dans l'espérance que l'élargissement de la base électorale laisserait filtrer des courants plus démocratiques, s'est-il empressé de faire voter par l'Odelsthing une motion relative à l'extension des droits de vote dont jouissaient les femmes.

Le suffrage est donc en quelque sorte *universel*.

Les premières élections qui eurent lieu selon ce système rectifié furent les élections municipales de novembre et de décembre 1910 (1).

une seconde inadvertance de ce genre, bien plus grave encore. Ce rapport parlementaire doit donc être consulté avec une prudence extrême. L'auteur a pris de toutes mains sans se préoccuper suffisamment de contrôler et de coordonner les témoignages.

(1) Ces élections firent entrer 8 femmes dans la municipalité de Christiania, qui est composée de 84 membres. Trois d'entre elles sont socialistes, deux radicales, deux conservatrices, une indépendante. Celle-ci est institutrice, les socialistes sont ouvrières, les radicales sont l'une médecin, l'autre

Il se trouva que, par suite de la réforme, les électrices de Christiania par exemple étaient plus nombreuses que les électeurs de plus de 15.000 (exactement 54.173 contre 38.778). Aux prochaines élections législatives, les femmes admises à voter dépasseront le chiffre de 200.000.

La nouvelle loi (1) a donc une très grande portée, puisqu'elle met la majorité aux mains des femmes.

Danemark.

Le petit royaume de Danemark a été acheminé à l'idée du droit politique par l'établissement, vers le milieu du xix° siècle, des *Hautes-Ecoles* (*Hojskole*) (2), qui entreprirent l'éducation de la classe rurale.

Plus qu'en aucun autre pays scandinave, le droit de vote est, au Danemark, fortement appuyé sur la propriété foncière ou sur la richesse. Le cens, ou *revenu* que chaque citoyen doit posséder pour être électeur *municipal*, s'élève à 1.250 francs (800 couronnes) (3).

ingénieur, les conservatrices sont l'une commerçante, l'autre une dame de la haute bourgeoisie.

(1) Votée le 27 mai et promulguée le 7 juin 1910.

(2) A relever à ce sujet une plaisante méprise dans le Rapport parlementaire. M. le député Buisson écrit que les paysans danois furent arrachés à l'ignorance par des *Kojskole*, c'est-à-dire des *écoles.... de cuisine !* Il a voulu dire des *Hojskole* (en allemand : *Hochschulen*). Voir la page 98 du rapport, ligne 8 et ligne 14.

(3) Même confusion que plus haut dans le *Rapport parlementaire*, mais plus grave ici, parce que le chiffre est plus élevé et confine à l'absurde. M. le député Buisson écrit : « Sont électeurs tous hommes et femmes de 25 ans qui paient un IMPÔT d'au moins 800 couronnes (1.250 francs) à Copenhague... et dont la réputation est intacte. *Même les domestiques peuvent être électeurs...* » (page 100-101). Comment les « domestiques » pourraient ils être électeurs, s'ils devaient d'abord

Les Danoises se sont livrées à une active propagande pour conquérir leur « émancipation ». En 1880 elles obtiennent la propriété du salaire, en 1895 l'inspection des enfants assistés, en 1899 l'entrée aux commissions scolaires, en 1903 l'entrée aux conseils de paroisse, aux Conseils d'assistance des Eglises, aux Universités, aux postes et télégraphes. Elles peuvent être femmes-médecins, inspectrices du travail, enfin (en 1908) électrices et éligibles au Conseil municipal.

Leur « revendication » du suffrage législatif est à l'ordre du jour du Parlement danois, qui a déjà examiné en première lecture cet amendement à la Constitution (novembre 1909).

Pour accélérer l'adoption de cet amendement, les « revendicatrices » se sont jetées, comme elles font à peu près partout, dans les bras du socialisme le plus subversif (1).

Islande.

L'île d'Islande, qui est une possession danoise, mais qui est gouvernée par un Parlement indépendant (*Althing*), sous la sanction du roi de Danemark, a devancé sa métropole péninsulaire dans la voie de l' « émancipation » féminine. Mais aujourd'hui le Danemark n'a plus rien à envier à l'Islande.

Les Islandaises débutèrent en 1882 par les conseils de paroisse, de cité et de district pour femmes célibataires, ou veuves, de 25 ans et imposées. En 1902 elles obtiennent l'éligibilité à toutes ces assemblées.

Le congrès féministe tenu à Copenhague en 1906 accéléra sensiblement le mouvement d' « émancipa-

payer un *impôt* de 1.250 francs ? Des citoyens qui subissent un impôt aussi lourd ne sont pas d'ordinaire des « domestiques », mais bien des *maîtres*, et même des maîtres très bien rentés.

(1) Voir à l'Appendice, pièce n° 15.

tion » dans tous ces pays septentrionaux. Les travaux
de ce congrès furent pour les femmes de ces régions
comme une révélation des droits de la femme et un
appel à l'action. Malheureusement, nous l'avons dit,
une coïncidence se produisit entre les revendications
masculines pour l'octroi de quelque chose qui se rap-
prochât du suffrage universel, et les revendications
féminines pour l'accès des femmes au droit de
suffrage. Le premier de ces objectifs nuisit à l'autre.

C'est ainsi que les Islandaises ne furent gratifiées du
suffrage municipal *partiel* qu'en 1908. Actuellement
elles sont électrices et éligibles à toute Assemblée,
sauf au Parlement.

Finlande.

La Finlande, qui fut cédée par la Suède à la Russie
en 1809, a entrepris, particulièrement ces dernières
années, une campagne ardente contre la « russifica-
tion » dont elle est l'objet.

Les femmes se sont jetées dans le mouvement avec
ardeur. En travaillant pour la cause de l'indépendance
nationale, elles eurent la satisfaction de constater
qu'elles avaient travaillé pour elles-mêmes. En 1865
elles reçoivent en effet le vote *communal* ; depuis 1870
il ne se passe pour ainsi dire pas de « lustre » qu'elles
ne gagnent quelque nouveau droit.

Le Congrès féministe de Berlin (en 1904) eut chez
elles le retentissement que le Congrès de Copenhague
eut bientôt après en Scandinavie. Mais c'est surtout à
la faveur de la crise révolutionnaire traversée par la
Russie en 1905 que leur « émancipation » fit des progrès. Dès l'année suivante (mai 1906), la Diète de Finlande établit le *suffrage universel pour les deux sexes*.

La première Diète, celle de 1907, qui sortit de ce
suffrage élargi, n'eut qu'une brève existence : elle
comptait 19 femmes.

Nouvelles élections en 1908 : l'effectif féminin s'éleva

alors à 25. Dissolution au bout de quelques mois d'existence.

La Diète actuelle, élue en 1909, compte 21 femmes, à savoir 3 « bourgeoises ». (dont l'une est la baronne Alexandra Gripenberg), 1 paysanne, 2 ouvrières, 2 rédactrices en chef de journaux, 7 institutrices. Le reste est « sans profession ».

Conclusion. — La tentation à laquelle cède naturellement un écrivain féministe en retraçant la marche du mouvement « émancipateur » dans ces petites populations scandinaves ou finlandaises est de s'écrier avec le fabuliste :

C'est du Nord aujourd'hui que nous vient la lumière !

On ne manque pas de faire honte à l'Europe occidentale en lui opposant soit l'exemple de ces quatre pays septentrionaux, soit de quelques Etats d'Amérique, et en déclarant cette coïncidence de la mentalité de l'extrême-Nord et de l'extrême-Orient extrêmement significative.

Nous avouons être au contraire faiblement touché par ces manifestations *excentriques* (au sens *étymologique* du mot).

Pour ce qui est des pays septentrionaux, nous sommes surtout frappé des différences qu'ils présentent soit avec notre propre « mentalité », soit avec notre état politique et social, soit avec le chiffre de notre population.

Au premier rang de ces différences, il faut noter que le suffrage des femmes dans tous ces pays est plus ou moins *censitaire et restreint*, c'est-à-dire qu'il aurait à se transformer du tout au tout pour s'acclimater en France. Si des pays peu peuplés reculent devant le suffrage universel et ses conséquences, que sera-ce d'un Etat de près de 40 millions d'individus, qui souffre déjà cruellement des abus du suffrage « unisexuel » et du trop grand nombre d'électeurs ?

Nous constatons en outre que le rôle de ces pays est vraiment, à tous les points de vue, trop secondaire pour qu'une grande puissance comme la nôtre, qui a une foule de responsabilités que ne connaissent pas les Etats scandinaves, et qui entretient des relations avec l'étranger autrement importantes, pour que la France enfin copie les institutions de la Norvège ou de l'Islande.

Les conditions dans lesquelles les pays scandinaves sont venus à « l'affranchissement » relatif des femmes ne trouvent nulle contre-partie dans l'histoire des institutions de la France. L'acheminement à cette demi-émancipation fut, en Scandinavie et en Finlande, la coéducation des deux sexes, qui s'y établit d'ailleurs beaucoup moins pour des raisons de principe que par suite de nécessités économiques. Les peuples du Nord se trouvent bien, paraît-il, de ce système d'éducation. Mais on sait que dans les pays du centre européen, comme le nôtre, où l'on a cherché à acclimater ce système scabreux, il a fallu, après un court essai, soit y renoncer, soit enregistrer des scandales (1). Nous ne pourrions donc absolument pas compter sur ce mode de *formation* parallèle et identique de l'intellectualité de nos futurs citoyens et citoyennes. Les deux sexes chez nous seront toujours très différents d'esprit, de caractère, de tendances, d'opinions, de sentiments. Ils seront toujours chez nous, ce qu'on doit en somme se féliciter qu'ils soient, nettement *complémentaires* l'un de l'autre. Jamais identiques. Ajoutons enfin que dans les pays du Nord les grandes villes sont très rares, et que la différence entre communes urbaines et communes rurales y est moins saillante qu'en France.

Le féminisme politique ne trouvera donc jamais en France un sol qui lui convienne parfaitement. Il n'y sera jamais, comme en Norvège, par exemple, ou en Finlande, quasi *national*. Il y conservera toujours un

(1) En Allemagne et en Suisse.

caractère d'importation étrangère, un air de produit exotique.

« La femme finlandaise est plus « mobile » que ses « sœurs des autres pays ; le foyer n'est pas tout pour « elle, ou du moins il n'a pas une importance telle qu'il « l'empêche de s'intéresser aux affaires publiques. »

A qui devons-nous cette constatation ? Est-ce une *accusation* émanant de quelque adversaire du suffrage ? Non, c'est un *aveu* échappé à l'un des plus chauds partisans de ce suffrage, à l'homme politique qui s'en fait l'introducteur dans nos sphères parlementaires, à M. Ferdinand Buisson (1).

L' « émancipation » politique de la femme se heurtera donc en France au roc sur lequel y est bâtie la *famille*. Sur la terre latine ce roc pointe en plein ciel et se détache avec netteté sur un fond lumineux. Il est, pour le pays qu'il recouvre, à la fois une beauté et une force. Mais interrogez l'horizon brumeux d'où est descendue chez nous l'énigmatique Nora et d'où a pris son vol ce *Canard sauvage* aux déconcertants soubresauts. Là aussi se dressent vers le ciel d'humbles flèches symbolisant la forme la plus noble de l'amour humain. Mais, loin de s'élancer vers les astres, elles s'estompent dans le brouillard ; leurs contours demeurent indécis. On dirait un idéal qui n'arrive pas à se dégager de la matière, un art qui reste prisonnier de la réalité...

Le clair génie français répugne à tout ce qui est confusion et incohérence.

(1) *Rapport*, page 106.

11*

PAYS DE L'EUROPE CENTRALE

Allemagne.

De tous les pays où la civilisation cherche à se confondre avec l'émancipation politique, l'Allemagne est peut-être celui qui est le plus propre à faire comprendre au sociologue la différence qu'il y a d'une part entre le droit *abstrait* et le droit *pratique*, et d'autre part la distance qu'il y a entre le droit *civil* ou naturel et le droit *politique* ou conventionnel.

Dans ce pays de grandes agglomérations industrielles et ouvrières, la population est très inégalement répandue entre la campagne et la ville. On a défini les municipalités rurales ainsi : « des corporations privées, des associations pour des fins économiques, auxquelles un minimum d'attributions publiques a été délégué par suite de nécessités géographiques » (1). Sur ce principe, une distinction fort nette s'est établie entre les municipalités urbaines et les municipalités rurales (*Landgemeinden*), au point de vue du droit communal : les femmes sont admises au suffrage municipal dans les campagnes et en sont exclues presque partout dans les villes.

Ainsi en Saxe les femmes ont le droit de vote communal dans les campagnes, comme en Russie ; elles

---

(1) Sir Robert MORREA, *Local government in England and Germany*.

en jouissent personnellement, si elles ne sont pas mariées, et par délégation à leurs maris, si elles sont en puissance de mari. Encore faut-il, dans ce second cas, qu'elles ne soient pas « séparées de table ni de lit », comme s'exprime la vieille loi du pays, amie du mariage régulier.

Nulle uniformité d'ailleurs dans ce pays qui n'est que nominalement un *empire*, et qui est à maint égard resté *confédération*. Par exemple dans la province rhénane, où la législation administrative et civile se ressent encore profondément de la domination française, les femmes ne participent pas au *Gemeinderecht*.

Elles contribuent par voie de mandataire aux élections pour les cercles ruraux (*Kreistage*), ainsi dans le Brunswick.

Nulle part elles ne jouissent de l'*éligibilité*.

Or peut-être plus qu'en Angleterre, aux Etats-Unis ou en France, le féminisme *théorique* (*Frauenstimmrecht*) est passionnément agité en Allemagne : c'est une question de haute spéculation sur laquelle les « docteurs », si nombreux en ce pays, aiment à se prononcer, *inter pocula*, mais qui ne sort guère du domaine de la spéculation. La *Frauenbewegung* (1) y est intense, mais n'a abouti jusqu'ici qu'à procurer aux femmes les droits civils et économiques qu'il é'ait équitable de leur assurer. Depuis 1902, elles ont entrée dans les Universités, et depuis 1899 elles y ont même le droit d' « immatriculation », à l'instar des étudiants.

Elles participent au fonctionnement de la loi scolaire pour l'enseignement des filles. Elles ont des « höhere Mädchenschulen », où l'enseignement est très poussé, en Prusse du moins.

Mais politiquement elles n'ont rien obtenu encore, si l'on excepte le droit *d'association*, qui leur a été reconnu en 1908 et qu'elles poursuivaient parallèlement au suffrage lui-même.

(1) C'est le nom d'un journal en même temps que du mouvement féministe lui-même.

Ce premier jalon sur la voie de « l'émancipation » a été planté à la suite de l'agitation provoquée par les deux congrès féministes de Berlin (1904) et de Francfort (1907). Nulle autre « conquête » n'est en perspective pour le moment.

Pays-Bas.

De grandes espérances étaient fondées par les féministes sur ce pays, gouverné par une reine.

Mais apparemment que Wilhelmine 1ʳᵉ, en prenant la couronne, a pris aussi les sentiments qui animent d'ordinaire les personnes souveraines, c'est-à-dire une répugnance pour les nouveautés dangereuses, et une plus grande confiance dans l'initiative masculine que dans le zèle féminin. Une autre reine dont l'exemple est fréquemment invoqué — et bien à tort — par les féministes, pour démontrer l'aptitude des femmes à la politique, écrivait en 1852 : « Nous autres femmes, *nous ne sommes pas faites pour gouverner*, et, si nous sommes de bonnes femmes, *nous devons détester ces occupations masculines* » (1).

Il n'y a aucune invraisemblance à supposer que la jeune reine des Pays-Bas est dans ces idées, quand on la voit recevoir sans y répondre les pétitions et les brochures de ses sujettes « militantes ».

La condition des Hollandaises n'est d'ailleurs nullement mauvaise.

Elles ont accès aux Universités, à la médecine, à l'inspection du travail, elles possèdent enfin à peu près tous les droits « à côté ».

Le congrès féministe qui s'est tenu à Amsterdam en 1908 semblait avoir communiqué une vigoureuse impulsion au mouvement. Toutefois les suffragistes en sont encore à attendre les effets du bon vouloir des

_____
(1) La feue reine d'Angleterre, Victoria 1ʳᵉ.

députés qui leur ont promis de défendre leur cause au Parlement.

Autriche.

En Autriche comme en Allemagne, il y a eu une double action simultanée pour conquérir, si la chose se pouvait, le suffrage, et pour obtenir, à défaut du suffrage, le droit d'association.

D'autre part, les femmes d'Autriche ont imité la tactique des femmes belges, en ce qu'elles se sont momentanément effacées devant les hommes, engagés dans la poursuite du suffrage universel, espérant que les hommes, une fois entrés dans la place, les tireraient à eux.

Malheureusement le succès n'a pas couronné encore les efforts masculins (1), et c'est pourquoi les féministes ont amèrement reproché leur « trahison » à leurs alliés socialistes qui avaient proposé, eux, de « sérier » les deux questions.

L'agitation féministe d'Autriche s'est révélée prinripalement par le grand meeting de 1908, tenu pour rappeler aux députés élus leurs promesses, et antérieurement par le grand meeting du 10 octobre 1907. Le ministre de l'Intérieur, comte Andrassy, pratique à l'égard des « revendicatrices » la politique de son collègue anglais, M. Asquith : il fait la sourde oreille à leurs plaintes et refuse de prendre contact avec les déléguées. Il y a même à relever des actes du pouvoir qui dénoteraient une politique rétrograde : la diète particulière de la Basse-Autriche (Vienne) a retiré aux femmes le droit de suffrage qu'elles possédaient dans cette province depuis plus de trente ans. Sur d'autres points encore du territoire impérial l'idée féministe est en recul.

(1) Les lois électorales de 1907 et de 1908 n'ont, en effet, donné à la population mâle qu'une très faible satisfaction.

Les « places de sûreté » du féminisme autrichien sont clairsemées et ne constituent que de faibles points d'appui. En *Moravie*, province slave, les femmes ont le droit de vote par délégation, sans toutefois la restriction mentionnée à propos de la Saxe royale. Elles sont forcloses du suffrage dans les municipalités urbaines.

En *Bohême*, les femmes étaient électrices également par mandataires, mais elles étaient en principe *éligibles*. Aucune d'entre elles n'avait jamais été élue. Mais la loi de 1907, qui a introduit le suffrage universel des hommes, leur retira l'éligibilité.

Mais en Bohême, aussi bien que dans d'autres pays, les femmes ne respectent la loi que dans la mesure où cela leur agrée. Une femme, Mme Vikova-Kunétická, s'est donc fait élire députée dans un des arrondissements du parti jeune-tchèque, à Mladá-Boleslar (juin 1912). Ce serait, après les Finlandaises, la première « députée » élue dans toute l'Europe. Mais sans doute son élection ne sera point validée.

Aussi bien, depuis le 17 mars 1912, l'Autriche possède-t-elle ses « suffragettes ». Il y eut ce jour-là un meeting des différentes sociétés féminines autrichiennes éprises d' « émancipation », et proclamation d'un ordre du jour invitant le gouvernement à abolir l'article 30 de la Constitution qui interdit à la femme de participer à la vie politique. Les Viennoises ont estimé que la complexité des intérêts à régler par la monarchie austro-hongroise est telle... qu'il est nécessaire que les femmes s'en mêlent.

Le cas de la *Silésie* est à peu près le même que celui de la Bohême. Dans tout l'empire, le vote administratif est généralement accordé aux femmes. Les Universités leur sont ouvertes.

Suisse.

Quelque diversité qu'offre la république suisse, à raison de son caractère de fédération, il y règne un principe qui est accepté dans tous les cantons à l'égal d'un *dogme*. C'est celui de l'inégalité politique et même civile des deux sexes. La participation des femmes aux affaires strictement communales n'a lieu que dans une mesure restreinte, comme en Russie, et pour des raisons analogues : l'éloignement où sont fréquemment les paysans de leur commune et les intérêts qu'ils y laisseraient en souffrance. Les femmes suisses peuvent donc être appelées à se prononcer sur des questions intéressant l'église, l'école, l'assistance publique, etc. Le rapporteur parlementaire de la Chambre des députés française ajoute qu'elles ont « *l'électorat* ecclésiastique » dans le canton de Vaud (1), ce qui signifie sans doute qu'elles ont voix au chapitre pour la nomination des curés ou des pasteurs.

Il eût donc été fort utile que Charles Secrétan, dont nous avons analysé les idées dans notre Ire partie, commençât son « apostolat » par son propre pays.

Concluons sur la Suisse par ces réflexions de M. Ostrogorski, lesquelles montrent bien quelle relation intime il y a entre le *droit politique* et le *caractère du pays*, et que le *suffrage* est pour ainsi dire en raison directe de l'*emprise* du sol même.

« Un pays à la fois romand et germanique, la Suisse, « qui présente bien le contraste de l'organisation mu- « nicipale dans ses cantons romands et dans ses can-

(1) Cette impropriété de langue, qui évoque les temps du « saint empire romain » ou tout au moins de la guerre de Trente Ans, montre combien il est regrettable que les féministes modernes ne se soient pas mis jusqu'au *style* inclusivement à l'école de Condorcet.

« tons allemands, le (*le* c'est-à-dire : le principe ci-des-
« sus) confirme en quelque sorte par l'attitude diffé-
« rente des législations des uns et des autres cantons
« à l'égard de l'admission des femmes à l'administra-
« tion locale. Tandis que, dans les cantons de Genève
« et de Vaud, les femmes en étaient exclues, la loi
« municipale du canton de Berne, du 6 décembre 1852,
« accordait le vote par mandataire aux femmes
« indépendantes astreintes au paiement de la con-
« tribution communale (art. 22). Elles ne faisaient
« pas usage de ce droit, mais, en 1885, à l'insti-
« gation des partis rivaux, elles sont descendues dans
« la lice, pour se mettre derrière les combattants. La
« donnée selon laquelle les femmes ne représentaient
« au scrutin que les intérêts économiques dont elles
« avaient charge, se trouva faussée ; leur droit de vo-
« ter aux élections municipales, tandis qu'elles res-
« taient exclues des élections politiques, apparut alors
« comme une incongruité, et, après l'élection où les
« femmes avaient pris pour la première fois part au
« vote, on le leur retira. *La femme au point de vue du*
« *droit public* (page 121). »

DIVERS AUTRES PAYS

Belgique.

En Belgique les femmes possèdent la plupart des formes du droit administratif et de la liberté civile. Leur condition y est à peu près la même qu'en France. Elles possèdent notamment l'éligibilité aux Conseils de Prud'hommes (1). Mais elles se sont vu refuser jusqu'ici le droit à la profession d'avocat, interdiction contre laquelle elles se révoltent.

Plus habiles et moins impatientes que les féministes de Scandinavie, les femmes belges acceptent de faire passer le suffrage universel des hommes avant le leur propre, afin de ne pas compromettre l'un par l'autre. Effacement qui est rare dans les annales du féminisme politique. Tactique pleine de sagesse, car il pourrait arriver que l'une des deux revendications fût repoussée à cause de l'autre, si elles étaient liées ensemble. Ainsi, en France, les féministes ayant le sens de la politique ne voient pas sans appréhension que le « projet Buisson » pût être discuté concurremment avec le projet de la Représentation proportionnelle. La disjonction leur paraît, et à bon droit, préférable.

(1) Elles ont été appelées à faire pour la première fois usage de ce droit le 14 avril 1912. A cette occasion les femmes affluèrent dans les bureaux électoraux, car la loi belge rend le vote obligatoire.

Ce qui fait hésiter le parti socialiste en Belgique, relativement au suffrage féminin, dont ce parti est chaudement partisan, c'est la crainte que l'émancipation des femmes ne consolidât la « domination réactionnaire ». Admettons cette crainte comme fondée, et convenons que le vote des femmes aurait pour effet en Belgique de ramener l'influence religieuse dans les délibérations politiques. Qu'a ceci de commun avec le principe du *droit* ? Accorde-t-on aux hommes le droit de vote sous condition ? N'est-ce pas une atteinte à la liberté de l'électeur, c'est-à-dire à la liberté de conscience, que de lui imposer de voter dans un sens déterminé ? La majorité d'hier est-elle celle de demain, et doit-on considérer autre chose que la justice et le bien du pays ?

Or la *justice*, c'est peut-être que les femmes votent.

Le *bien du pays*, c'est assurément que le pays soit maître de ses destinées et que la majorité y décide de l'orientation politique. Nous trouvons donc que les radicaux et socialistes belges, en écartant sous ce prétexte le vote des femmes, manquent à la logique, violent le droit et nuisent peut-être à la patrie.

Italie.

En Italie, l'agitation pour le vote parlementaire a été consécutive du suffrage pour les Conseils de l'Assistance publique, des Prud'hommes, etc.

Le vote politique est « à l'étude » ; il est venu, sur une pétition déposée en 1907, en instance devant la Chambre. Le gouvernement a promis de s'en occuper, mais pour le moment M. Giolitti ne songe qu'à augmenter le nombre des électeurs-hommes.

Le 19 février 1910, la Chambre a « pris en considération » une motion tendant au vote des femmes et émanant du député Carlo Gallini. Tout dépend donc de l'attitude que prendra le gouvernement (1).

(1) Cette attitude s'est prononcée, le 12 juin 1913, pour la

Notons qu'en Italie le droit de suffrage est *restreint*.

Nombreuses sont les associations italiennes qui cherchent à exercer une pression sur les pouvoirs publics. Pour précipiter le mouvement, les féministes choisirent, en 1908, la ville de Rome comme siège d'un de leurs congrès internationaux. Ce congrès tint ses séances en même temps que celui de la « Libre Pensée » et dans un local voisin. Nous n'avons pas à apprécier ici le congrès des Libres Penseurs, mais celui des féministes donna lieu aux plus pittoresques spectacles d'intolérance qu'on eût encore rencontrés. Plus d'une des femmes qui y assistèrent revint à tout jamais guérie de la fièvre d'émancipation.

La propagande féministe continue d'ailleurs à être en Italie extrêmement active. Mais, à l'encontre de l'Angleterre et de l'Amérique, elle n'intéresse en Italie que les classes élevées. C'est un sport à l'usage de la haute aristocratie féminine. Car, en ce pays ultra-latin, les classes bourgeoises, l'administration et surtout le peuple se montrent sourdement hostiles à la doctrine émancipatrice. On sait que c'est le midi de la France et l'Espagne ou l'Italie qui ont donné cours à des dictons comme ceux-ci, nettement contraires à l'idée de l'*égalité* des sexes : « Les femmes ne sont pas des gens » ; « qui perd sa femme et ses écus, c'est bien dommage..... pour l'argent ».

Aussi le féminisme n'obtient-il en Italie que de rares « applications ». Par exemple, les Italiennes ont le droit d'être médecins, mais le nombre d'entre elles qui exercent cette profession est extrêmement réduit, par la raison qu'elles ne trouveraient pas de clientèle. D'autre part, il n'y a pas encore de femme-avocat. Même le célèbre écrivain féminin Teresa Labriola n'a

---

négative. L'ordre du jour du député Trèves sur le vote des femmes, n'ayant pas été accepté par M. Giolitti, président du conseil, a été repoussé par assis et levé.

pu, malgé de brillantes études juridiques, arriver à obtenir son inscription au barreau.

Ces faits confirment ce que nous répétons sans cesse, à savoir que le féminisme n'est pas un article d'importation latine. En revanche, certains emplois, qui sont encore en France réservés aux hommes, sont accessibles en Italie aux femmes. Ainsi celui de bibliothécaire. Il y a en effet une vingtaine de femmes en Italie occupant des fonctions de sous-bibliothécaires. Au dernier concours qui eut lieu à Rome. on comptait 13 candidates contre seulement 2 candidats.

Il y a aussi en Italie deux ou trois directrices de musée.

Russie.

En Russie la nation du *selfgovernment* local se présente comme essentiellement et exclusivement attachée au sol. Nulle acception de sexe. L'intérêt de la terre prime toute autre considération. La fonction délibérative ou administrative a pour objet d'assurer le libre exercice du travail agricole. C'est ainsi que cette fonction échet souvent aux femmes, que la nature de leurs occupations retient à la maison, pendant que leurs « hommes » sont appelés et retenus au loin par, les soins du labourage, de l'ensemencement, de la fenaison, etc.

En conséquence de ce principe, il ne peut s'agir ici que d'une prérogative *rurale*. La commune rurale en Russie s'appelle le *mir*. En leur qualité éventuelle de représentants de familles, de ménages, les femmes jouissent dans les assemblées des *mirs* des mêmes droits que les hommes. Elles y possèdent un droit de suffrage restreint qui a été régularisé par le décret de 1864 dans toute la Russie centrale, où il a sanctionné ainsi l'autonomie communale.

Aux Assemblées de *districts* (conseils généraux en France ; conseils de comités en Angleterre), les

femmes ont le droit de vote par mandataire. Le principe de la délégation est admis également pour les
Conseils urbains et pour les Assemblées « territo-
riales » de la noblesse. La condition de la femme
noble en Russie se trouve ainsi présenter une
grande analogie avec celle de la femme noble en
France sous l'Ancien régime.

Les femmes russes doivent ces avantages à l'absence
de tout caractère politique des corps électifs en Russie.
Elles n'interviennent dans les élections que comme
personnalités civiles, empruntant tous leurs droits à
leur qualité de propriétaires et de contribuables.

Les progrès de l'idée révolutionnaire ont eu pour
effet de restreindre assez sensiblement le droit municipal en Russie et, par contre-coup, les privilèges féminins. Ainsi le décret de 1890 avait déjà retranché
quelque chose à la faculté dévolue aux femmes de se
faire représenter par qui bon leur semblait : ne furent
plus admis à la délégation que les proches parents. La
constitution de 1905 est plus limitative encore : seuls
le mari, le fils, ou le père peuvent être mandataires de
la femme.

Les femmes ne sont pas encore admises dans les
Universités, et c'est pour cela que les « étudiantes »
essaiment en Allemagne, ou à Paris, ou à Grenoble.
Mais on cherche à créer pour elles un enseignement
supérieur qui serait équivalent à celui des Universités.

Elles sont admises dans l'administration des postes,
dans celle des chemins de fer (comptabilité), dans
celle du monopole de vente de l'alcool, etc. Chaque
année des circulaires ministérielles ouvrent aux
femmes quelque voie nouvelle dans les fonctions publiques. La commission législative de la Douma demande pour elles la libre admission au barreau.

Le congrès féministe de 1908, tenu à Saint-Pé-
tersbourg, et auquel assistaient environ 800 femmes,
chercha à provoquer en Russie une agitation « éman-

cipatrice ». Mais la police ayant interdit la mise en délibéré des articles 3 et 4 du programme, qui étaient relatifs à la politique, la manifestation projetée avorta.

Bulgarie.

Cet Etat est le seul pays de l'Europe orientale où les femmes, qui d'ailleurs y jouissent du droit administratif à peu près dans sa plénitude, se remuent pour conquérir le suffrage, tant municipal que législatif.

Nul résultat n'est d'ailleurs en vue pour le moment.

PAYS DIVERS

Monaco.

A titre de curiosité signalons que l'article 56 de la Constitution accordée le 5 janvier 1911 par le prince Albert à ses sujets monégasques annonçait « une ordonnance du prince déterminant les conditions dans lesquelles les femmes seront admises à prendre part à l'élection des conseils *communaux*. » L'élection au conseil *national* (Parlement) est provisoirement réservée aux hommes seuls.

Portugal.

Les « militantes » françaises et républicaines ne perdirent pas de temps pour avertir la jeune république portugaise de ses nouveaux devoirs. Mme Hubertine Auclert, secrétaire-générale de la Société « Le Suffrage des femmes de France », se chargea de ce soin. Elle adressa, le 23 octobre 1910, une lettre au gouvernement provisoire de la nouvelle République, pour l'inviter instamment à appeler les femmes au vote et à « faire ainsi leur éducation politique ». Apparemment le gouvernement portugais aura pensé qu'il était plus sage de procéder à « l'éducation politique » des femmes non pas au moyen du vote, mais *avant* de leur octroyer le vote. En tout cas, il ne répondit pas à la sommation, et même il refusa, lors des élections de 1911, à une femme, M⁼ᵉ Carolina Angelo, le droit de voter. Il est vrai que ce même droit fut reconnu à la féministe par une sentence du juge du tribunal civil de Lisbonne. Toutefois, aux élections aucune autre femme ne revendiqua le droit de suffrage.

Chine.

Il semble que l'éclosion de toute république donne l'éveil aux ambitions féminines. C'est un phénomène qui se remarque même chez les peuples les plus inféodés jusque-là à la tradition et à l'obéissance. Ainsi la république chinoise était à peine proclamée que déjà la Chine avait ses « suffragettes », à l'instar de l'Angleterre, et qui, elles aussi cassèrent des vitres à Pékin, pour se venger de n'être pas comprises parmi les électeurs du nouveau régime constitutionnel (mars 1912).

D'autre part, à l'assemblée provinciale de Canton, quatre femmes furent nommées membres (février 1912), ainsi que nous l'apprit le secrétaire du docteur Sun Yat Sen, promoteur de la révolution chinoise, dans une lettre adressée à la presse.

Mais en mars 1913 la Constitution de la République chinoise repoussa décidément le vote des femmes.

Le droit de suffrage, qui avait été accordé aux femmes par la Chambre provinciale provisoire du Kouang-Tong, laquelle comprenait des députés-femmes, ne fut pas reconnu par la Chambre consultative de Pékin.

Perse.

Le Medjliss n'est pas un Parlement républicain, tout de même il a ses « radicaux ». Ceux-ci ne voulurent pas attendre le triomphe définitif du régime constitutionnel pour proposer au Parlement persan un élargissement du principe représentatif. C'est en pleine crise politique (août 1911) que le député Hadju Vakil el Rooy prit l'initiative d'une motion relative aux droits électoraux de la femme. Il fondait sa proposition sur ce que la femme a une âme comme l'homme.

Affirmation qui fut.vivement relevée par un de ses collègues, un « mujtehid ». Pour celui-ci, les femmes n'ont ni âme ni droits ; l'opinion contraire est subversive des principes de l'Islam.

Cette dispute digne d'une académie ou d'un concile menaçait de se prolonger, si le président n'y avait coupé court brusquement en déclarant que le compte rendu officiel ne mentionerait pas ces propos oiseux.

Le féminisme a en Perse des débuts assez laborieux.

.*.

Notre « tour du monde » est terminé. Les pays dont nous n'avons pas eu à prononcer le nom — c'est-à-dire la grande majorité — sont ceux dans lesquels l'agitation « émancipatrice » n'a pas encore pénétré.

Dans la plupart des autres elle n'a donné que des résultats médiocres. Nous avons tenu cependant à les énumérer tous, par scrupule d'exactitude historique.

Il est temps de conclure.

CONCLUSION GÉNÉRALE

Telle est la *courbe* tracée par le féminisme politique sur la surface de la terre.

Comme on l'a vu, cette ligne passe à côté de l'Asie, de l'Afrique et de l'Amérique du Sud sans même y toucher. Elle effleure l'Amérique du Nord, où elle découpe quelques territoires secondaires, quelques solitudes plutôt, dont on pourrait dire que « la voix des femmes » y résonne comme « la voix dans le désert ». Elle embrasse toute l'Australie et son acolyte, la Nouvelle-Zélande.

Parvenue en Europe, elle intéresse exclusivement les régions du Nord, sauf la Russie, l'Allemagne et même sauf l'Angleterre, si l'on distingue, comme il convient, le suffrage purement communal des visées politiques.

Tels sont les résultats d'une campagne semi-séculaire. Ils sont piètres, et, comme le concours généreux du sexe mâle a conspiré à les produire, ils témoignent éloquemment du caractère chimérique de la doctrine « émancipatrice ».

.·.

Une tendance ethnologique se dégage nettement de l'étude comparative à laquelle nous venons de nous livrer.

Une ligne de démarcation très profonde doit être tirée entre le monde germanique, anglo-saxon et slave d'un côté, et le monde latin de l'autre côté. Au-dessus de cette ligne, s'étend la région *censitaire* : un domaine où l'attache avec le sol détermine le mode et le degré de participation des habitants aux affaires communales. *Coutume* plutôt que *droit* proprement dit et dont bénéficie l'occupant ou le maître de la terre, quel que soit son sexe. C'est ainsi que dans cette région les femmes sont généralement admises au suffrage local.

Au-dessous de la ligne, c'est le monde latin. Là ce qui l'emporte, c'est la qualité de *citoyen*. Plus de cens, plus de prérogatives tirées de la propriété. Le droit communal se confond alors plus ou moins avec le droit politique. Sur cette terre profondément fouillée par la culture romaine, la supériorité intellectuelle et morale, vraie ou supposée, devient le principe générateur du *droit*. Conséquence : la femme est dans toute cette région, centrale et méridionale, exclue de toute participation à la gestion des affaires publiques.

.*.

L'assimilation étroite qu'établissent quelques-uns entre les pays du Nord et ceux du Sud, entre l'Extrême-Orient et l'Extrême-Occident, entre l'Ancien et le Nouveau-Monde, est le fait de généralisateurs intrépides et de métaphysiciens qui légifèrent dans l'absolu. Si, parce que dans quelques contrées scandinaves ou dans quelques États de l'Amérique du Nord les femmes votent, *non est quod multa loquamur*, il faut que partout les femmes votent... et que partout elles s'habillent pareillement. Au contraire tous les écrivains *politiques*, vraiment dignes de ce nom, se lèvent en légion pour nous crier que tout diffère de latitude

à latitude, de race à race, de pays à pays, que telle
institution convient à tel peuple et ne convient pas à
un autre. La formule *non omnes omnia decent* est le
thème qui a fourni les plus riches variantes aux philosophes qui se sont occupés de politique. Voici Rivarol qui
grave cette pensée lapidaire : « Annuler les différences,
c'est confusion ; déplacer les vérités, c'est erreur ; changer l'ordre, c'est désordre. » (*Maximes et Pensées*, éd.
Jouaust, tome Ier, p. 265). Voici Montesquieu, l'autorité
par excellence : « Les lois doivent être tellement propres au peuple pour lequel elles sont faites, que c'est
un *très grand hasard*, si celles d'une nation peuvent
servir à une autre... La liberté même a paru insup-
portable à des peuples qui n'étaient pas accoutumés
à en jouir (1). »

D'autres contrastes, et de toute sorte, apparaîtraient
encore.

Les pays où le mouvement « émancipateur » rencontre le plus d'obstacles sont ceux qui possèdent une
aristocratie et une bourgeoisie opulentes, où les
femmes sont relativement exemptes de la loi du travail. C'est pourquoi, en dépit d'une effervescence tu-
multuaire, l'Angleterre est-elle loin de réaliser les espérances des « suffragettes » (2).

Les initiatrices de l'Evangile féministe furent à peu
près partout, sauf en France (3), des institutrices. En
d'autres termes l'inspiration *primaire* a suscité ailleurs

(1) Voir aussi les divers ouvrages de l'éminent psychologue
social, le docteur Gustave Le Bon.

(2) C'est depuis cette campagne désordonnée que le dicton
populaire des Trois *C* a pris cours en Angleterre pour résumer la destinée naturelle de la femme : *Church, Cooking,
Children*, qui fait pendant aux Trois *K* des Allemands :
Kirche, Küche, Kinder. Traduction naïve et touchante d'un
sentiment profond.

(3) En effet Louise Michel et Paule Minck n'ont fait que
traverser l'enseignement. On ne peut les considérer comme
des *professionnelles* de cette carrière.

un mouvemeut auquel notre race résiste à raison de son éducation plus raffinée.

Enfin les pays qui sont venus au féminisme sont, en général, des pays soit neufs, soit renouvelés par suite de quelque modification politique ou économique. Mais les pays qui se réclament et s'honorent d'une tradition ancienne et continue lui opposent une barrière faite d'expérience accumulée et de respect du passé.

.*.

Pour en juger autrement, il faudrait admettre que toute la civilisation antérieure s'est trompée, qui assignait à la femme le *foyer* et ses « dépendances » pour domaine essentiel.

Evidemment, à ne considérer que le droit *abstrait* de tout être pensant, la « franchise » politique doit appartenir à la femme aussi bien qu'à l'homme. Mais d'abord cette « franchise » est *limitée* pour l'homme lui-même, et l'on conçoit que cette *limitation* soit plus étroite encore pour la femme, parce que l'action de la femme est moins extérieure que celle de l'homme.

Aussi bien cette discrimination du droit *absolu* et du droit *relatif* est-elle une des principales questions que nous ayons à envisager dans le chapitre où nous allons entrer.

TROISIÈME PARTIE

Etude théorique de la question du droit politique
des femmes.

Exposition.

Le droit de vote est réclamé par les *féministes* — car
on ne peut absolument pas dire qu'il soit réclamé par
les *femmes* — au nom de plusieurs principes.

On invoque l'*égalité civique*, le *droit naturel*, les
capacités intellectuelles de la femme, sa *supériorité
morale*, les *charges* qu'elle subit ; on réclame ce suffrage au nom de la *justice*.

Ce sont là autant d'allégations que nous aurons à
discuter.

Nous aurons ensuite, à la lumière des faits que nous
venons de retracer dans notre II⁻ partie, à examiner
si la *nature de la femme* la prédispose à jouer directement aucun rôle politique, à interroger les *tendances de son esprit et de son caractère*, à démêler,
s'il se peut, les *véritables motifs* qui lui font désirer
cet accroissement de sa personnalité civile.

En d'autres termes : nous examinerons d'abord au
nom de quels principes les féministes réclament le
suffrage des femmes, puis nous dirons au nom de
quels principes nous le repoussons.

I

L'ÉGALITÉ CIVIQUE

La « Déclaration des Droits de l'homme », fondement de notre droit public, a proclamé, il y a environ
cinq quarts de siècle, l'égalité de tous les citoyens.
Elle a aboli toute distinction de caste ou de classe ;
elle reconnaît les mêmes droits et impose les mêmes
devoirs à toute créature humaine, née sur le territoire français et appartenant à la nationalité française. « N'est-ce pas en qualité d'êtres sensibles, capables de raison, ayant des idées morales, que les
hommes ont les droits ? Les femmes doivent donc
avoir absolument les mêmes... », ainsi s'exprime Condorcet au début de sa *Lettre d'un bourgeois de New-
Haven*, qui est le fondement du « droit » féministe.

Prévenons tout d'abord une confusion. Le genre
d'égalité que proclama la Révolution est l'égalité toute
théorique (1) des individus humains devant la *loi*.

(1) Dans toute cette discussion nous prendrons le mot
égalité avec son sens philosophique ou civique, et nous né-
gligerons son acception courante. Dans la pensée des « émancipatrices », en effet, être l'*égale*, c'est n'avoir plus de comptes
à rendre à personne, pouvoir faire librement tout ce qui bon
vous semble... tout en conservant son propre droit de contrôle
sur les faits et gestes du mari.

Cette conception de l'*égalité* est très en faveur parmi les
féministes.

Mais il n'est jamais entré dans la pensée des hommes de la Révolution de décréter l'égalité des individus devant la *nature*, ni de décréter l'égalité devant le mérite, l'intelligence, la fortune ou autres contingences.

C'est pourtant ce qu'on fait dire à la Déclaration des droits quand on assimile en tous points un sexe à l'autre.

D'un sexe à l'autre, il n'y a pas, il ne peut pas y avoir *égalité* absolue, pas plus que dans la nature végétale il n'y a — qu'on nous passe cette comparaison familière — « égalité » entre une poire et une pomme, par exemple. Il peut y avoir, il y a *équivalence*. Egalité supposerait identité. L'égalité engendrerait le double emploi, l'équivalence engendre l'équilibre. L'équilibre seul est principe social.

Il n'est donc nullement contraire à l'esprit de la Révolution d'affecter à chacun des deux sexes une fonction et une destination différentes dans le mécanisme social. A plus forte raison ne faudrait-il pas imputer à la Révolution l'affirmation de l'égalité *personnelle* des individus, affirmation que viendrait démentir à tout instant l'évidence des faits.

Même à titre d'idéal cette égalité apparaît comme impossible à l'un des fils les plus authentiques et les plus notoires de cette Révolution. M. Waldeck-Rousseau dit, en effet : « L'inégalité, suivant une parole qui « n'est que trop juste et trop forte, « est un fait de na- « ture et non de civilisation ». L'humanité l'a trouvée « dans son berceau ; elle accompagne l'homme, collée « à ses flancs, et jusque dans la mort ; tantôt cruelle « et tantôt clémente, tantôt glorieuse et tantôt obs- « cure, elle met son sceau impitoyable sur sa desti- « née. »

L'inégalité est donc, qu'on le veuille ou non, la loi même de toute société, comme la *subordination* en est la condition.

La subordination.

Mais inégalité n'est nullement synonyme d'*oppression* de l'un par l'autre. Cette confusion est une espèce de pétition de principe dont Stuart Mill a doté la littérature féministe et qu'il faut que, avant d'aller plus loin, nous démêlions. Stuart Mill, en effet, traduisit aux femmes le mot : *subordination*, par : servitude, ou : esclavage. Les mêmes raisonnements qui fondent la fausse thèse de l'égalité sociale lui ont servi à fonder la thèse de la tyrannie masculine.

Or, si les différents rouages d'une montre pouvaient parler, ne trouverions-nous pas parfaitement ridicule que l'aiguille se plaignît au ressort qu'il commande et qu'elle obéit ? Il nous semblait que dès les temps les plus reculés de la civilisation le principe de la *collaboration* vitale et sociale ressortait, avec force d'axiome, du célèbre apologue de Menenius Agrippa. Quel est le caractère de la véritable servitude ? Il consiste à infliger à autrui telle besogne qu'on est trop lâche ou trop égoïste pour faire soi-même, et qu'on est assez fort pour lui imposer. Dira-t-on que ce soit là le principe qui règle les rapports des sexes ? N'est-ce pas, au contraire, une certaine *division du travail*, déterminée d'après les aptitudes conférées par la nature à chacun d'eux ? Dans une famille où règne l'entente et le bon esprit, l'idée viendra-t-elle jamais à aucun de ses membres qu'il est sacrifié aux autres ? N'y réserve-t-on pas, comme d'un commun accord, l'activité extérieure au père, le gouvernement intérieur à la mère, l'obéissance et le travail aux enfants ? Les expressions touchantes de : *ange du foyer, âme du foyer*, appliquées à la femme consciente de sa mission, ne symbolisent-elles pas cette solidarité familiale ? Or, qu'est-ce que l'État, sinon la réunion de toutes les familles d'un même pays ? L'ensemble de familles fortes et unies fait une nation puissante. Le niveau de la civilisation se mesure au degré de cohésion de la « cellule sociale », c'est-à-dire de la famille.

Le droit naturel.

Mais la jouissance du suffrage politique est de *droit naturel*. La femme, étant une personne au même titre que l'homme, doit posséder ce droit qui tient à sa personnalité même, vient nous dire Condorcet. Et Secrétan de son côté : le droit politique est de même essence que les droits civils, il en est même le couronnement.

Encore une fausse analogie. Si le droit politique est de droit naturel, c'est une vérité qui a mis bien longtemps à s'imposer à notre esprit, puisqu'elle n'a prévalu qu'au bout de dix siècles de civilisation française. Il est donc assez difficile de reconnaître à ce principe un caractère d'évidence. En tout cas il n'y aurait pas de raison de dispenser le sexe féminin du long apprentissage de la liberté que le sexe masculin a dû s'imposer.

Le droit *civil*, lui, est bien de droit naturel, mais le droit *politique* nous paraît être plutôt une sorte de *privilège* accordé en hommage à une aptitude supérieure ou en reconnaissance de services rendus au public. Empressons-nous d'ajouter qu'il s'agit là du droit politique *en soi*, et non pas, bien entendu, de ce que le suffrage universel nous a fait connaître, depuis soixante ans, sous ce nom.

Mais précisément nous avons à remonter ici aux premiers principes des choses, puisqu'il est question d'une réforme qui soulève une importante question de principe. Ne considérons donc pas l'extension populaire — quelques-uns disent : l'avilissement — de cette prérogative : songeons à ce qu'elle devrait être plutôt qu'à ce qu'elle est.

La question ainsi posée, on ne peut faire autrement

que de souscrire aux distinctions faites par M. Alfred
Fouillée : « Les droits politiques ne sauraient être assi-
milés aux droits civils et économiques. Les droits politiques sont un pouvoir *par autrui*, en même temps
que par soi ; les droits civils sont simplement une défense de l'individu, non plus une puissance sur autrui
et sur tous, conférée à l'individu ».

Il n'est donc pas question de savoir si tous les
hommes sont à la hauteur de leur fonction dirigeante,
car d'abord cette insuffisance masculine ne supposerait pas la compétence féminine. Il n'est pas question
non plus de savoir si cette fonction n'a pas engendré
des abus, mais elle en engendrerait sans doute bien
davantage avec la participation des femmes. Il est
question de savoir si cette fonction implique *en principe* une aptitude spéciale.

Les capacités intellectuelles.

Mais, dira-t-on, cette aptitude spéciale est le fait
de la femme aussi bien que de l'homme. La femme
n'a-t-elle pas, elle aussi, son expérience, son jugement, sa raison, sa sensibilité ?

Précisément, la femme a *sa* raison, *sa* sensibilité,
et aussi *son* sens moral, qui ne sont pas ceux de
l'homme, et qui ne sont pas assez désintéressés chez
elle pour lui permettre de se faire des choses une idée
purement *objective*. C'est un aveu qui a échappé à Condorcet lui-même :

« Les femmes, dit-il, ne sont pas conduites, il est
« vrai, par la raison des hommes, mais par *la leur*...
« On a dit que les femmes... n'avaient pas proprement
« le sentiment de la *justice*, qu'elles obéissaient plutôt
« à leur sentiment qu'à leur *conscience*. *Cette obser-
« vation est vraie*... Ni l'éducation, ni l'existence so-
« ciale... n'ont accoutumé les femmes à l'idée de ce
« qui est juste... »

A priori on ne voit même pas qu'il en puisse être autrement.

En effet nos idées sont en relation constante avec notre état physiologique, et la nature des femmes les met plus que nous dans la dépendance de leurs nerfs. La sensibilité féminine s'émeut certes plus profondément que la nôtre, mais elle ne s'émeut que sous l'empire d'une certaine exaltation qui impose silence chez les femmes à l'esprit de libre examen. Une telle disposition est en soi très contraire à l'équilibre, au calme, à la prudence qui doivent présider à la recherche de la vérité. Penser en parlant, et ne parler que parce que l'on pense est chose difficile pour des natures chez qui l'émission même de la parole cause une « distraction » à la pensée.

Enfin les motifs qui ont fait longtemps hésiter le législateur à permettre aux femmes l'accès de carrières exigeant qu'on soit tout entier, par exemple, à sa cause ou à son malade, motifs qui tiennent encore les femmes éloignées des fonctions administratives et judiciaires, à plus forte raison du service militaire, ces mêmes motifs interviennent ici également. Ils se résument en un mot : le *sexualisme*. L'influence de sa nature sexuelle détermine périodiquement chez la femme des ébranlements nerveux et des commotions morales que ne connaît pas l'homme. Joignez-y les troubles plus profonds encore provoqués par la grossesse, la parturition, l'allaitement, etc., accidents plus ou moins fréquents dans la vie d'une femme et qui font qu'environ la moitié de sa vie est retranchée de la paisible et pleine possession du libre arbitre et de la responsabilité. N'y aurait-il pas imprudence à confier à des créatures souvent « indisponibles » et toutes dominées par la sensation, des mandats politiques — on ne peut concevoir le *vote* sans le *mandat* qui en est la sanction — qui exigent avant tout de la suite dans les idées, du sang-froid, de la sagacité, de la maîtrise de soi en face du piège ou du danger ? Une

13

bataille parlementaire suppose souvent un aussi
grand déploiement de qualités intellectuelles et morales qu'une victoire militaire.

Demandons au surplus à l'auteur de l'*Essai sur les
femmes* de nous tracer les bornes de l'esprit féminin :
« Il faudrait voir, dit Thomas (1)... si l'inquiétude
« de leur caractère... si la multitude variée des sensa-
« tions... leur permet cette attention forte et soutenue
« qui peut combiner de suite une longue chaîne
« d'idées, attention qui anéantit tous les objets pour
« n'en voir qu'un et le voir tout entier... Il faudrait
« voir si leur imagination ne ressemble pas au *miroir*,
« *qui réfléchit tout, mais ne crée rien* ».

Quand il note ainsi la difficulté qu'éprouvent les
femmes à *abstraire* et à *généraliser*, le « féministe »
Thomas est d'accord avec *tous* les moralistes, avec
tous les grands analystes, dramatiques ou didactiques,
de la psychologie féminine.

Intelligente et sensible, la femme l'est donc assurément, mais elle l'est à sa manière. Or, nos facultés ne
sont pas utiles à la société par elles-mêmes, mais par
la direction que nous savons leur imprimer. On peut
aller plus loin, et dire que ce qui importe, ce n'est pas
tant la *somme* de nos connaissances que leur mise en
œuvre. C'est pourquoi nous ne tirons nulle objection
du fait que les femmes sont communément moins
instruites que les hommes. Cette circonstance ne suffirait pas pour les écarter de la vie publique. En effet,
la rectitude du sens ne dépend nullement de la dose
d'instruction. Tel esprit moyennement éclairé peut
être un guide plus sûr qu'un de ces érudits qui, selon
le dicton, portent toute une bibliothèque dans leur
cerveau. L'intuition des affaires, l'intelligence pratique, une teinture générale des principales sciences,
le sens des réalités, cette vue rapide qui permet de
dégager immédiatement l'absolu du contingent, le

_____

(1) *Op. cit. supra.*

principal de l'accessoire, cet esprit d'à propos qui suggère sans recherche le mot décisif, le mot attendu, la lueur qui éclaire ou le trait qui perce : tels nous paraissent être les linéaments essentiels de la complexion politique.

Nous n'aurions garde d'omettre le trait qui n'a pas cessé d'être le plus important, à savoir l'*éloquence*. S'il est une chose que la nature semble avoir défendue aux femmes, c'est bien l'éloquence, l'éloquence *politique* du moins, celle dont Cicéron disait qu'elle est *fortis et oratoria* (1). Ni la haute poésie, ni l'histoire, ni la philosophie, ni les spéculations mathématiques ne leur ont opposé des limites infranchissables : ces hauts sommets ne sont pas vierges de toute empreinte féminine. Mais la femme est incapable de soulever l'âme des foules par la puissance de la parole. Son physique même s'y refuse : sa voix musicale, mais grêle, son organe doux, limpide et flûté, se perd dans le bruit d'une multitude houleuse. Son action, sa prestance, sa grâce, sa beauté sont en désaccord avec un milieu de lutte et d'orage. L'autorité du verbe, du geste, de l'attitude, tout lui fait alors défaut à la fois. La femme n'a rien de ce qu'il faut pour dominer une assemblée, pour s'imposer à l'indifférence et surtout pour triompher de l'hostilité d'un auditoire.

La femme dans l'arène politique.

Plus d'une en a fait l'amère expérience lors de la « campagne » électorale d'avril 1910. Ce fut un spectacle lamentable que nous donnèrent ces femmes qui, sans nécessité et sans utilité pratique, s'évertuèrent, *invita Minerva*, à faire acte de « candidates ». Devenues aphones en moins d'une heure, ayant forcé leur

(1) *De Orat.*, I, 54 ; II, 231. Voir ci-dessus, page 31, et ci-après, IV° partie, page...

voix aussi bien que leur talent, ce n'étaient plus à la tribune que des pantins falots, offerts à la cruauté narquoise de l'assistance. Mais il n'y avait à s'amuser ouvertement que les partisans quand même de l' « émancipation » politique de la femme. Les autres, ceux qui avaient au cœur le véritable respect et l'amour sincère de la femme, souffraient de cet abaissement volontaire du sexe. On ne pouvait s'empêcher de songer avec terreur que peut-être bientôt ce *comique triste* deviendrait un accident régulier dans notre vie sociale, et qu'il nous faudra bientôt placer la femme beaucoup moins haut dans notre admiration et dans notre estime. L' « éminente dignité » dont nos pères ont investi la femme est donc destinée à faire naufrage sur la mer orageuse de la politique... C'est à de telles « audiences » qu'on eût désiré pouvoir convier les esprits spéculatifs qui s'excitent dans leur cabinet sur le « droit » *théorique* des femmes de se mêler de politique. Ils seraient sortis de ce « laboratoire d'expériences » convaincus que la place de la femme n'est décidément pas sur l'estrade, ni à la tribune, ni même dans les salles de réunions publiques.

Mais nous aurons dans notre chapitre suivant à revenir sur cette question de la « réalisation » du droit abstrait et des obstacles qu'elle rencontre dans notre pays. Qu'il nous suffise pour le moment de combler une lacune que nous trouvons dans la plupart des études comparées qu'on a faites de la psychologie et de la physiologie des deux sexes, en remarquant que, de tous les genres littéraires connus, le plus inaccessible à la femme, c'est le *genre oratoire*.

Limites de l'éducation.

Lorsqu'il s'agit de créer une institution nouvelle, le législateur a le devoir de rechercher d'une part si le *besoin*, la privation, de cette institution existe, et si d'autre part l'*organe* nécessaire à la satisfaction de ce besoin fonctionne. Nous examinerons plus bas si le besoin se fait réellement sentir. En ce moment nous cherchons l'organe qui y correspondrait, et nous ne le trouvons pas. C'est-à-dire que nous ne trouvons pas l'ensemble de qualités intellectuelles et morales qui justifierait la création d'un nouvel agent politique. Qu'on ne dise pas que « la fonction créera l'organe », car les Clubs féminins de nos trois Révolutions ont fourni aux femmes l'occasion de s'affirmer comme *oratrices*. Mais elles n'ont jamais pu la saisir. L'épreuve est donc faite. En effet, avant d'*habiliter* les femmes à l'exercice du « droit » politique, nous devons avoir constaté qu'elles en sont *capables*. Or l'observation nous montre que ni leur *éducation*, ni leurs dons naturels ne les préparent à ce nouveau rôle.

— Mais, dira-t-on, l' « éducation » n'y prépare pas l'homme davantage. L'homme s'improvise « politicien », pourquoi la femme n'en ferait-elle pas autant ?

Parce que, malgré tout, *la politique, c'est l'homme*. Il y a en sa faveur une sorte de « consentement universel ». La politique est une forme de la guerre ; l'homme est plus de plain-pied avec le champ de bataille.

— Mais, répliquent Condorcet et Stuart Mill, une *éducation* appropriée adaptera les femmes à cette tâche. Il faut tout attendre de l'éducation.

Tout..., excepté des changements de *nature*. L'éducation n'a pas ce pouvoir magique de transformer la constitution d'une personne, pas plus que le dressage le plus perfectionné n'arrivera à faire franchir à un animal un seul degré dans l'échelle des êtres. Nous avons vu plus haut que cette confiance éperdue dans les miracles de l'*éducation* était une sorte de superstition que Condorcet substituait aux croyances révélées et qu'il en avait fait un corollaire de sa théorie du progrès. Malheureusement, depuis une trentaine d'années

que l'*éducation* et l'instruction des femmes sont devenues intensives, nous ne voyons nullement que
tout ce bagage scientifique ait en rien modifié leur
nature. Telles elles étaient, telles elles sont toujours :
créatures trop impressionnables, trop sensibles, qui
feraient vraisemblablement du bulletin de vote un
usage pire que nous et ne pratiqueraient pas autre
chose qu'une « politique de sentiment ». C'est le pro-
nostic que nous chercherons à établir, quand nous
examinerons bientôt les *tendances* du tempérament
féminin.

Inaptitude politique de la femme.

Les femmes-féministes sont portées à s'exagérer
deux choses : 1° leurs capacités politiques. 2° la facilité
de la tâche qui les attend.

Dans la controverse qu'ainsi nous soulevons. celui
qui prend le rôle ingrat de la contradiction a mieux à
faire que de raisonner. il doit citer, et citer autant
que possible des autorités, qui, à raison de leur caractère ou de leur sexe, ne soient pas récusables. Nous
ne citerons pas la mercuriale que Joseph de Maistre
adressa à sa fille, ni celle qu'Agrippa d'Aubigné adressa
aux siennes : elles sont connues. Mais voici l'admonestation, moins connue, que l'empereur Joseph II
adressa à sa sœur. Marie-Antoinette, laquelle suscitait
à Louis XVI les pires difficultés par 'ses interventions
indiscrètes dans la politique. Il lui écrivait :

« De quoi vous mêlez-vous de déplacer des mi-
« nistres ? Vous êtes-vous demandé de quel droit vous
« vous mêlez des affaires du gouvernement ? Quelles
« études avez-vous faites ? Quelles connaissances avez-
« vous acquises pour vous imaginer que votre opinion
« doive être bonne à quelquelchose, vous qui ne lisez
« ni n'entendez parler raison un quart d'heure par
« mois, qui ne réfléchissez, ni ne méditez, j'en suis
« sûr, jamais ? »

Toutes les femmes consumées de la fièvre électorale
feraient bien de méditer cette remontrance si hautement autorisée. Peut-être que de grands malheurs
eussent été évités à la famille royale et à la France, si
Marie-Antoinette eût mieux observé les recommanda-
tions très désintéressées de Joseph II.

Or toutes les femmes en France ressemblent plus ou
moins à Marie-Antoinette. C'est du moins ce que
laissait entendre à sa façon ce déconcertant Alex. Dumas fils qui gagna son surnom d' « ami des femmes »
à force de les morigéner : « La femme est frivole et
*ne se rend jamais au raisonnement. C'est une inno-
cente qui ne sait jamais ce qu'elle fait, ce qu'elle a
fait, ce qu'elle doit faire ». Ainsi parlent ceux qui
passent pour avoir le mieux connu les femmes et avoir
le plus reçu leurs confidences.

Qu'on ne se récrie pas sur la sévérité du moraliste :
quand ce sont les femmes qui se jugent elles-mêmes,
elles se jugent encore avec plus de dédain : « Je crois,
écrivait Mme Roland à Bosc d'Antic, je ne dirai pas
mieux qu'aucune autre femme, mais autant qu'aucun
homme, à la supériorité de votre sexe à tous égards ».
Et de son côté Mme Bernier : « La destination de la
femme est de faire le bonheur domestique de l'homme.
Il est très nécessaire que, dès l'enfance, elle connaisse
combien elle est inférieure à l'homme » (1). C'était
d'ailleurs pousser trop loin l'humilité. Non, la femme
n'est pas « inférieure » : elle est *autre*. Mais, étant
autre, elle se trouve moins adaptée à la vie politique
que l'homme, qu'une longue accoutumance a façonné
aux rudesses de ce métier....

(1) *Quel est pour les femmes le genre d'éducation le plus propre
à faire le bonheur des hommes en société ?* (opuscule publié en
l'an XII.)

La « supériorité » morale de la femme.

Mais au nom de quels principes encore réclame-t-on pour la femme un accroissement de droits?

La femme, dit-on, est *moralement* « supérieure » à l'homme, et donc ce serait « moraliser » la politique que d'y introduire la femme.

Argument à coup sûr très difficile à réfuter. Difficile, en ce sens qu'il oblige l'adversaire à manquer, en apparence du moins, à la galanterie. Mais argument nullement gênant *au fond*. Car, pour quiconque ne se pique pas de flatterie, mais seulement d'exactitude, cette « supériorité » morale n'est nullement démontrée (1). Cette prétendue « supériorité » est un de ces « privilèges de faiblesse », comme dirait M. Marcel Prévost, un de ces hommages que la loyauté masculine se plaît à accorder aux femmes, précisément en compensation des privilèges de *force* dont il jouit. La vérité, c'est que les deux sexes, égaux devant la loi morale, sont égaux aussi devant les faiblesses et les passions.

Dans les deux sexes il y a certes des inégalités de valeur, mais la femme, plus souvent que l'homme, *déshonore son sexe*.

A l'occasion de la distribution des Prix de Vertu de l'Académie française en 1909, le journal *Le Temps*, par la plume de M. Paul Souday, faisait ces judicieuses réflexions :

« La vertu prend des formes différentes : l'homme « et la femme sont trop dissemblables pour être ver- « tueux de la même façon (c'est ce que les biologistes « appellent le *dimorphisme* sexuel), mais qui empêche « qu'ils le soient également?... La femme n'aime pas

---

(1) Proudhon, au 4e vol. de *La Justice dans la Révolution*, etc., établit fortement la supériorité morale... de *l'homme*.

« à être dupe : si elle se croyait seule à porter le far-
« deau de la vertu, elle ne tarderait pas longtemps à
« y renoncer... Ce n'est pas l'affaire d'un homme, si
« vertueux soit-il, que de soigner ses petits frères ou
« les infirmes de son village » (1).

— Mais, objecte-t-on souvent, les annales du crime,
les archives des greffes sont « enrichies » par l'homme
beaucoup plus que par la femme (2).

La main qui exécute le crime est le plus souvent, il
est vrai, une main d'homme ; mais la bouche qui
souffle le crime, ou l'esprit qui le conçoit, ou le prix
qu'on en espère, quels sont-ils ?

Tout assassin est plus ou moins hésitant devant le
meurtre, comme Macbeth quand il s'agit de tuer Dun-
can :

« Alors intervient *l'ordinaire conseillère des meur-
triers, la femme*. Moins distraite que l'homme par le
mouvement de la vie extérieure, plus persévérante
et plus entière dans son désir, elle est plus capable de
longues préméditations, de desseins recuits dans la solitude. Sa volonté peut être d'autant plus hardie, plus
opiniâtre et plus tenace dans le crime, que ce n'est
pas elle qui exécute, et que la cuisine sanglante du
meurtre lui est épargnée. *Presque toutes les choses
particulièrement atroces, c'est la femme qui les fait
faire*. Car, sans doute, pour les accomplir il faut être
deux, et que l'exécuteur ait pour ainsi dire sa volonté
en dehors de lui ». (Jules Lemaître, étude sur le *Macbeth* de Shakespeare.)

Ne nous engageons pas plus avant dans ce parallèle
trop délicat et assez oiseux entre la valeur morale des
deux sexes. Ces considérations nous entraîneraient
trop loin de notre sujet. Contentons-nous de remar-

(1) *Le Temps*, 20 novembre 1909.
(2) C'est là un des arguments favoris du dilettante Emile
Faguet, qui *se divertit* souvent à célébrer les beautés du
féminisme.

quer deux choses, c'est 1° que, au contact de nos
mœurs politiques, cette « bonté » de la femme, si éminente qu'on la suppose, aura tôt fait de se gâter, ainsi
qu'une fleur, qui, trop maniée entre les doigts, perd
vite sa fraîcheur et son éclat ; 2° que cette « supériorité » morale, si elle était avérée, entraînerait tout
simplement... l'hégémonie politique de la femme. Il
convient en effet que ce soit le meilleur qui règne. La
logique nous commanderait alors de substituer au
« patriarcat » le « matriarcat », à la « patrie, » la
« matrie ». Qui voudrait de ce renversement social, à
part quelques illuminés, disciples attardés du Père
Enfantin, qui croient encore à la Femme-Messie, à la
Voyante (1)? Quel esprit de bonne foi ne reconnaît pas
au contraire que la prépondérance politique de
l'homme, conséquence de sa prépondérance générale,
et complément de sa « puissance » maritale et paternelle, est justifiée par sa plus grande aptitude à l'action? Prépondérance qui d'ailleurs — on ne saurait
trop le répéter — n'implique nullement abaissement
ni servitude pour la femme, mais qui, parce qu'elle
met l'homme plus en vue et l'oblige à l'initiative extérieure, rend plus visibles aussi ses défaillances morales, et fait saillir davantage ses imperfections... De
là cette légende de l' « infériorité » morale de l'homme.

Le « génie politique » de la femme d'après l'histoire.

Nous n'avons pas encore tout dit sur les « capacités »
politiques des femmes, du moins sur celles qu'elles
s'attribuent.

(1) Voir les volumineux ouvrages de Mme Céline Renooz,
notamment sa *Psychologie comparée de l'homme et de la femme*,
in-folio de 576 pages, Paris, 1898. Voir aussi les *écritures co-
miquement emphatiques* de Mme Lydie Martial. Voir enfin le
charabia à la fois prétentieux et obscène de la femme qui a
pris le pseudonyme d'Agrel.

On nous allègue le grand rôle joué par quelques-
unes d'entre elles dans l'histoire des peuples : Sémiramis, Elisabeth, Catherine II, Marie-Thérèse, et, plus
près de nous, cette reine Victoria qui déniait d'ailleurs
aux femmes toute compétence politique (1). Ce sont
les exemples classiques.

Il est bien certain que, dans le cas d'un État constitutionnel, où le souverain règue et ne gouverne pas,
la royauté féminine peut se soutenir, et même se soutenir avec éclat, la longévité aidant. Mais qui ne sait
que, toute sa vie durant, le prince Albert fut le conseiller intime et le guide de Victoria ? Cette reine se
serait-elle aussi bien tirée d'affaire dans la position
d'une Catherine (2), d'une Sémiramis, d'une Elisabeth ?

Quant à ces reines « absolues », qu'étaient-elles autre
chose que des jouets dans la main de leurs amants ?
La fameuse Zénobie, heureuse tant qu'elle eut près
d'elle son conseiller Longin, fut assez ingrate pour le
livrer à Aurélien, quand celui-ci l'eut vaincue. Ce fut
aussi la fin de son propre empire.

Aucun de ces règnes féminins ne résisterait à pareil
examen. D'ailleurs les exemples de ces souveraines
illustres ne prouvent pas grand'chose pour la
réforme infiniment plus modeste dont il s'agit, à
savoir s'il est bon qu e les femmes contribuent à élire
des hommes politiques et deviennent elles-mêmes...
hommes politiques. L'académicien Thomas (3) s'est
chargé, avec sa pénétration et sa finesse accoutu-

(1) Voir ci-dessus, page 192.
(2) Il est facile de s'édifier sur le compte de Catherine II.
Il n'y a qu'à lire le beau livre que lui a consacré M. Waliszewski, sous le titre de : Le roman d'une impératrice. (Plon-
Nourrit, 1902). On y verra que ce qu'il y eut de plus de grand
dans la vie de Catherine « la Grande », ce fut... la liste de
ses amants. Encore M. Waliszewski ne se flatte-t-il pas de
l'avoir déroulée jusqu'au bout. Ils étaient trop.
(3) Op. cit. sup.

mées, de réduire à leurs justes proportions ces gloires féminines et de montrer *l'envers* de ces brillantes médailles. Assurément la France, qui était régie autrefois par la *loi salique*, est le dernier pays pour lequel ces exemples historiques soient probants. Mais, même dans les pays où les femmes n'étaient pas exclues de la succession au trône, le fait d'une femme reine-régnante a toujours été exceptionnel. Disons le mot : a toujours été un *pis-aller*, auquel la nation se résignait pour éviter de plus grands désordres.

Récemment un Français félicitait une dame hollandaise sur la chance que son pays avait d'être gouverné actuellement par une gracieuse reine...

— Ah ! oui, parlons-en de cette « chance » ! Si encore *Elle* avait un fils ! mais *Elle* n'a qu'une fille ! Nous sommes voués à perpétuité à *l'empire des jupes!*

Et la dame hollandaise, à qui le Français avait cru faire sa cour, de se montrer profondément vexée de cette situation.

En tout cas ces royautés féminines, hasards heureux pour les femmes, accidents provenant du jeu de la loi des successions, ne constituent aucune espèce de précédent pour une réforme de la loi électorale de la la France, et ne constituent même en aucun pays du monde une présomption de « capacité », puisque « capacité » exclut hasard et implique *choix*.

L'idée de « justice » : charges et intérêts.

Les arguments tirés de l'idée de *justice* ont plus de fondement. Le premier consiste à dire que, si le privilège politique de l'homme se justifie, entre autres choses, par ses services publics, et notamment par le *service militaire*, le droit politique de la femme se justifierait à son tour par la *maternité*, fonction souvent non moins meurtrière et toujours aussi pénible que la fonction de soldat.—

Argument dont nous sommes si loin de vouloir infirmer la valeur, qu'au contraire nous serions porté à mettre plus de mérite encore du côté de la femme, surtout de la femme plusieurs fois mère, que du côté du soldat dans un pays non éprouvé par la guerre.

Tout de même, l'assimilation entre les deux « services » ne repose sur rien de réel. Le service militaire est une sorte d'impôt, par conséquent *obligatoire*. La maternité, elle, est acceptée *librement*, souvent même avec joie, et souvent encore elle est désirée. D'autre part la dette militaire est stricte et *fixe*; il ne dépend de personne d'en abréger la durée, ni d'en atténuer la rigueur. Au contraire la maternité, de même qu'elle est volontaire, est sujette à des... *limitations* que détermine la volonté des époux et surtout la répugnance, ou la coquetterie, ou l'égoïsme des femmes. Précisément les sociologues s'occupent beaucoup depuis quelques années du péril ethnique que fait courir à la France la mise en pratique par les féministes des « principes » néo-malthusiens (1). La maternité qualifiée de l'euphémisme de « consciente » est un des principaux facteurs de notre dépopulation. On a vu plus haut l'un des signataires du referendum de *La Revue*, M. Paul Hyacinthe Loyson, pousser le cri d'alarme : « Les femmes qui le (le « service du sang ») refusent à leur manière en se dérobant à l'enfantement, sont-elles fondées à les (les droits politiques) revendiquer? » Sans doute la justice ferme les yeux sur cette sorte d'infanticides, c'est-à-dire sur les avortements, qui souvent sont insaisissables et qui d'ailleurs découragent par leur nombre : mais au moins taris-

---

(1) La liaison entre le féminisme et le malthusianisme est saillante : l'enfant met la femme dans la dépendance de l'homme. Il y a donc intérêt pour la femme féministe à prévenir la naissance de l'enfant. Voir le journal qui propage ce nouvel évangile, et qui, par une antiphrase hardie, s'intitule : *La Régénération*.

sent-ils dans sa source l'une des principales « revendications » féministes.

M. le député Marin, si favorable pourtant au droit politique des femmes, ne croit pas que ce droit des hommes ait aucun rapport avec leur service militaire, et par conséquent que les femmes puissent le réclamer au nom de la maternité. « C'est, dit-il, si peu au service militaire qu'est attaché le bulletin de vote, qu'on le donne aux vieillards, aux malades qui n'ont jamais porté les armes, et qu'on l'enlève au contraire aux soldats de carrière, comme les officiers ! » D'ailleurs, ajoute-t-il, il faudrait à ce compte — comme nous l'avons dit à propos de la « supériorité » morale — investir les femmes de la « supériorité » politique, au moins en temps de paix, où le nombre des femmes qui « succombent des accidents de la maternité est six ou dix fois supérieur au nombre des soldats morts dans les batailles ». (1).

La défense des intérêts féminins.

L'autre argument qui se tire de l'idée de *justice* se présente sous la forme suivante : *Les intérêts féminins ne peuvent être bien défendus que par des femmes.* Jamais, affirmait Stuart Mill, on n'a vu un « maître » s'inquiéter du bien-être de son « esclave ». Tant que les femmes ne seront pas tout au moins électrices, elles seront donc sacrifiées.

Cet argument est bien propre à faire naître dans le cœur des hommes les plus vifs remords. Ainsi, depuis que la société existe, l'espèce masculine n'aurait jamais rien fait pour assurer aux femmes sécurité, protection, respect ! On se demande alors comment les hommes ont fait pour être heureux eux-mêmes, puisque leur propre « bonheur » a pour condition le bonheur de la femme, la dignité, la considération du foyer domes-

_____
(1) *La Revue* du 15 Juin 1910, page 460.

tique. Il nous semblait même que l'une des leçons principales qui ressortaient de l'histoire, c'est que l'activité de l'homme dans les pays civilisés, et notamment en France, a toujours eu pour but le désir de plaire à la femme, et le souci de rendre à la femme la vie plus douce.

Sous l'ancienne monarchie les femmes avaient aux Etats le droit de suffrage — par mandataire — et uniquement pour la représentation de leurs intérêts *matériels*, car il n'était pas question alors de « droits politiques », ni pour un sexe, ni pour l'autre. Depuis la Révolution, on admettait que cette représentation s'exerçait par les maris, pères, tuteurs, etc. D'ailleurs, la distinction nouvellement créée entre intérêts « masculins » et intérêts exclusivement « féminins » est d'une subtilité sophistique. Quels sont-ils donc, dans une société régulière, ces *intérêts exclusivement féminins* ? En réalité, les intérêts des femmes d'un pays se confondent avec ceux de la généralité des « citoyens ».

Ces « intérêts » sont-ils *particuliers* ? Alors le législateur n'est pas fait pour les cas « particuliers ». *De minimis non curat prætor.*

Il faut encore prévenir une autre espèce de confusion. On sait que jusqu'au « projet Buisson », la plupart des textes législatifs (y compris celui de M. Gautret), tendant à introduire le suffrage des femmes, excluaient du droit de vote les femmes *mariées*, sous prétexte que, celles-là, « leurs maris suffisaient à les représenter ». Eh bien, n'est-ce pas là un aveu ?

Si cette catégorie de femmes, de beaucoup la plus nombreuse, sont « représentées par leurs maris », au point qu'on jugeait à propos de les éliminer du projet de loi, c'est donc qu'il n'est pas vrai de dire que l'homme ne prend aucun souci des intérêts de sa compagne et qu'il ne songe qu'à lui seul. Le mariage n'ayant pas cessé d'être la « vocation » traditionnelle de la femme, que serait-il arrivé si le Parlement eût

adopté, par exemple, le projet Gautret ? Il serait arrivé
qu'il eût légiféré pour une *minorité* d'individus, dont
une grande partie se trouvent être justement les moins
recommandables, puisque, au nombre de ces femmes
célibataires... Je pense que je me fais suffisamment
entendre. Or, le rôle du législateur est-il de détourner indirectement du mariage, en faisant des lois
« pour dames seules » ? La société a le droit — et le
devoir, n'en déplaise aux féministes — de réglementer
la prostitution ; mais lui accorder une espèce de prime
d'encouragement !...

La légende de « l'égoïsme » masculin.

Pour nous résumer, l'honneur masculin, puisque
décidément il est intéressé dans l'affaire, dicte au législateur son attitude : en accueillant un projet de loi
ainsi motivé, il accepterait implicitement le reproche
injuste qu'on nous fait de n'avoir jamais obéi qu'à des
mobiles égoïstes ; il donnerait un démenti à des générations entières de braves gens qui ont travaillé
consciencieusement à l'amélioration sociale ; il donnerait surtout un démenti à la vérité historique. Dieu
merci, les *hommes* n'ont pas attendu Stuart Mill et ses
disciples pour s'occuper des intérêts de l'*humanité*.
    La preuve en est qu'*aucune* des publications fémi-
nistes en général, et en particulier *aucune* des professions de foi féministes qui ont contribué à la floraison électorale de 1910, n'a jamais contenu *une seule*
proposition raisonnable concernant le progrès social
dont l'initiative n'ait été prise dès longtemps par les
hommes (1). Les féministes n'ont inventé ni l'enseignement, ni l'hygiène, physique et morale, ni la guerre à
l'alcoolisme, ni l'assistance publique, ni la puériculture,

(1) Voir la IV° partie, page 279. On verra que le raisonnement féministe ne résiste pas à une comparaison de la France
avec d'autres pays, au point de vue de la *législation*.

ni la sollicitude pour l'enfance, la vieillesse ou la maladie, ni la protection de la jeune fille dans les ateliers,
ni les lois qui protègent l'accouchement et la maternité, ni même la répression de la pornographie et de
la « traite des blanches. » A toutes ces œuvres ou institutions humanitaires ce sont toujours des *hommes*
qui ont eu l'honneur d'attacher leur nom.

Il est de mode, dans les milieux féministes, d'accuser le Parlement de ne légiférer que pour les hommes.
Or, sur la question de l'enfant et du relèvement de la
condition civile de la femme, ce reproche est particulièrement mal fondé. Pour rendre justice au Parlement,
il suffit de rappeler les lois du 24 juillet 1889 (déchéance de la puissance paternelle), du 27 juin 1904
(service des enfants assistés), du 28 juin 1904 (éducation des pupilles vicieux ou difficiles de l'Assistance publique) et du 8 juillet 1907 (tutelle des enfants naturels).

(*) Enfin le 17 juin de la présente année, fut promulguée la loi sur le repos des femmes en couches, loi qui
leur garantit la conservation de leur place dans les
établissements commerciaux et industriels, *privés*
aussi bien que publics.

Au moment où nous traçons ces lignes, il y a une proposition de déposée au Sénat par M. d'Estournelles de
Constant et à la Chambre par M. Beauquier concernant
une organisation plus efficace des conseils de tutelle,
et il y a un débat d'ouvert concernant l'organisation de
tribunaux spéciaux pour les délinquants mineurs.

C'est donc des hommes, et toujours des *hommes*,
que les femmes ont attendu et qu'elles ont *obtenu* les
réformes sociales. Et si, pour couronner le tout, elles
obtiennent le suffrage, ce sera encore des *hommes*
qu'elles l'auront obtenu.

La prétention politique des femmes, à la prendre par
ce biais, porte la marque d'une défiance, à coup sûr
permise, de notre *sagesse*, mais aussi, et c'est pourquoi
il faut la rejeter, une imputation injurieuse pour notre
générosité.

La prestation de l'impôt.

Reste à dire un mot d'une question connexe à l'idée de *justice*. Aux dernières élections législatives, les féministes marchèrent à la bataille derrière la bannière : *La Femme doit voter l'impôt qu'elle paie, la loi qu'elle subit*. Ces mots, empruntés à l'arsenal des suffragettes anglaises, s'étalaient en exergue sur toutes les affiches : c'était en quelque sorte le cri de guerre du parti.

Ici encore nous retrouvons cette fausse logique qui est comme la caractéristique de la doctrine féministe. En effet, la contre-partie de cette formule serait celle-ci : *Tous les citoyens doivent profiter des impôts qu'ils votent*. Or, que de gens paient leur quote-part de la subvention destinée à l'Opéra ou à la Comédie-Française, par exemple, qui, leur vie durant, ne mettront jamais le pied dans ces temples de l'Art ! Que d'illettrés paient pour l'entretien de la Bibliothèque nationale ! Les « antimilitaristes » et les « pacifistes » paient, malgré eux, il est vrai, l' « impôt du sang ». Les « bourgeois » et les « capitalistes » contribuent à la subvention de la Bourse du Travail.

Une autre contre-partie de la formule féministe serait que : *ne doivent être électeurs que ceux qui paient un impôt*. Or, l'impôt direct ne frappe pas les indigents, et, d'autre part, tous les citoyens, indigents aussi bien qu'illettrés, sont électeurs. Pauvres comme riches, électeurs ignorants, comme électeurs « conscients », bénéficient également des avantages généraux de l'impôt. Ou bien donc il n'y a pas de synonymie entre ces deux termes : *électeur* et *contribuable*, ou bien... la formule féministe est une critique indirecte du suffrage « universel ».

D'ailleurs, encore une fois, la femme participe au

vote de l'impôt et à la confection des lois par l'intermédiaire des représentants du pays, sur lesquels son
influence peut s'exercer — et s'exerce — légitime-
ment.

Quant aux avantages que l'État rend aux citoyens
en échange de la prestation de l'impôt, sous forme
de routes, canaux, chemins de fer, moyens de trans-
port et de communication, police, armée, instruction
publique, etc., etc.. les femmes bénéficient de l'impôt,
comme les mineurs, sans avoir eu la peine de le voter.

Nous arrêtons ici la liste des arguments spécieux
qu'on nous oppose communément. Quelques développements sur la psychologie féminine nous paraissent
maintenant devoir être abordés pour compléter l'exposé
doctrinal de la question.

II

Au sujet de la *destination de la femme*, il nous faut renoncer à interroger l'Eglise, qui pourtant nous fournirait les lumières les plus hautes sur le rôle, rôle sublime, qu'elle assigne à la femme en ce monde. Mais, comme on le sait, le féminisme a évolué contrairement à son principe. Après avoir largement profité de l'Eglise, il lui tourne résolument le dos, depuis qu'il vole de ses propres ailes. Le féminisme, à l'instar du Théâtre, s'est « sécularisé. » Or, nous nous sommes imposé pour loi de ne produire aucun témoignage qui soit susceptible de récusation.

Si nous nous tournons, au contraire, vers la libre-pensée, là aussi nous sommes exposé à tomber sur des « antiféministes » convaincus, dont le nom suffit à indisposer les partisans de la doctrine émancipatrice. Ne faisons donc pas acception des idées de Proudhon, l'un des théoriciens pourtant de ce socialisme qui fait cause commune avec les tenants de l'« émancipation ». Mentionnons, sans les développer, deux des aphorismes célèbres de ce philosophe qui se rattachent à notre propos : « Mère de famille ou courtisane ! — « Nous ne comprenons pas plus une femme-législateur qu'un homme-nourrice ».

Mais les féministes, qui comptent beaucoup de protestants parmi leurs chefs ou leurs adeptes, récuseront plus difficilement ceux d'entre les protestants qui sont alarmés de voir le féminisme battre en brèche le mariage et la famille. Or c'est l'un d'eux, le pasteur Coquerel, qui a dit, en 1848 : « La femme n'est pas faite pour la vie publique·». On a vu que vers le même temps Ernest Legouvé, l'un des pseudo-champions du « féminisme », s'exprimait à peu près dans les mêmes termes.

Mais l'autorité la plus forte sans doute qu'on puisse opposer à la conception de l'« Eve nouvelle ». c'est celle de la Révolution elle-même, de la Révolution qui fut le berceau du Féminisme. Voici comment la pensée de la Révolution (1), s'énonça par la bouche du Conventionnel Amar, chargé de rapporter la proposition de loi tendant à la fermeture des « Sociétés de femmes formées en clubs ».

« Après un long examen de la question, le Conseil
« (le Comité de Sûreté générale) a décidé : 1° que *les*
« *femmes ne pouvaient exercer les droits politiques,*
« *ni prendre une part active au gouvernement* ; 2°
« qu'elles ne pouvaient délibérer réunies en association
« politique...

« Les mœurs et la nature même ont assigné à la
« femme ses fonctions ; commencer l'éducation des
« hommes, préparer l'esprit et le cœur des enfants
» aux vertus publiques, les diriger de bonne heure
« vers le bien, élever leur âme et les instruire dans le
« culte politique de la liberté, telles sont leurs fonc-
« tions après les soins du ménage ; la femme est na-
« turellement destinée à faire aimer la vertu. Quand
« elles auront rempli tous ces devoirs, elles auront
« bien mérité de la patrie... Faites pour adoucir les

(1) Nous incarnons « la pensée de la Révolution » dans les Conventionnels Amar et Chaumette plutôt que dans Condorcet, dont les théories n'eurent aucun succès.

« mœurs de l'homme, doivent-elles prendre une part
« active à des discussions dont la chaleur, est incom-
« patible avec la douceur et la modération qui font le
« charme de leur sexe ?...

    « L'honnêteté d'une femme permet-elle qu'elle se
« montre en public, qu'elle lutte avec les hommes et
« discute, à la face d'un peuple, des questions d'où dé-
« pend le salut de la République ?

    « *En général, les femmes sont peu capables de con-*
« *ceptions hautes et de méditations sérieuses...* Elles
« ont plus d'un autre moyen de rendre service à la
« patrie, elles peuvent éclairer leurs époux, leur com-
« muniquer des réflexions précieuses, fruit du calme
« d'une vie sédentaire.

    « ... Nous croyons donc qu'*une femme ne doit pas*
« *sortir de la famille* pour s'immiscer dans les affaires
« du gouvernement... Ajoutons que *les femmes sont*
« *disposées par leur organisation à une exaltation qui*
« *serait funeste dans les affaires publiques*, et que les
« intérêts de l'Etat seraient bientôt sacrifiés à *tout ce*
« *que la vivacité des passions peut produire d'égare-*
« *ments et de désordres.* Livrées à la chaleur des dé-
« bats publics, elles inculqueraient à leurs enfants non
« l'amour de la patrie, mais les haines de la préven-
« tion... (*Moniteur*, 10 brumaire, an II).

    Ces paroles étaient en somme très mesurées. Mais
les « Républicaines révolutionnaires » ne se le tinrent
pas pour dit. Elles revinrent quelques jours après à la
charge, ayant à leur tête la fameuse Claire Lacombe,
envahirent la salle du Conseil général, cependant que
le président suspendait la séance et que le public
criait : *A bas les bonnets rouges* ! (dont toutes ces
femmes étaient coiffées.)

    Le calme rétabli, la séance reprend, mais non pas
le calme. Le diapason où s'était tenu le disert Amar
ne correspondait plus au mécontentement de l'Assemblée. Aussi la harangue que prononça alors le procureur syndic Chaumette est-elle plus montée de ton :

c'est une philippique, c'est une catilinaire, où la rudesse du vieux Caton se noie dans la redondance ci-
céronienne :

« Eh! quoi, des êtres dégradés, qui veulent franchir
« et violer les lois de la nature, entreront dans les
« lieux commis à la garde des citoyens !... Il est affreux,
« il est contraire aux lois de la nature *qu'une femme*
« *se veuille faire homme*. Rappelez-vous que ces
« femmes, ces *viragos*, ont parcouru il y a quelque
« temps les halles avec le bonnet rouge, pour souiller
« ce signe de la Liberté, et voulurent forcer toutes les
« femmes à quitter la coiffure modeste qui leur est
« propre....

« ... *Depuis quand est-il permis aux femmes d'ab-*
« *jurer leur sexe, de se faire hommes ?* Depuis quand
« est-il d'usage de voir la femme abandonner les soins
« pieux de son ménage, le berceau de ses enfants, pour
« venir sur la place publique, dans la tribune aux ha-
« rangues ?...

« ... La nature nous a-t-elle donné des mamelles pour
« allaiter nos enfants ?

« *La Nature a dit à la femme : Sois femme !* les
« tendres soins de l'enfance, les détails du ménage,
« les douces inquiétudes de la maternité, voilà tes tra-
« vaux... Pour la récompense, tu seras *la divinité du*
« *sanctuaire domestique...* Tu règneras sur ce qui t'en-
« toure par le charme invincible de la beauté, des
« grâces et de la vertu. Femmes imprudentes qui vou-
« lez devenir des hommes, n'êtes-vous pas assez bien
« partagées ?... Vous dominez sur tous nos sens ; le
« législateur, le magistrat sont à vos pieds ; *votre des-*
« *potisme est le seul que nos forces ne puissent abattre,*
« *puisqu'il est celui de l'amour et, par conséquent, de la*
« *nature !* Au nom de cette même nature, restez ce
« que vous êtes, et, loin de nous envier les périls d'une
« vie orageuse, contentez-vous de nous les faire oublier
« au sein de nos familles, en reposant nos yeux sur le
« spectacle enchanteur de nos enfants heureux par

« vos tendres soins... Rappelez-vous l'impudente
« Olympe de Gouges, qui, la première, abandonna les
« soins de son ménage, et dont la tête est tombée sous
« le fer vengeur des lois... *Il faut conspuer la femme*
« *sans vergogne qui endosse la tunique virile, et fait*
« *le dégoûtant échange des charmes que lui donne la*
« *nature, contre une pique et un bonnet rouge....* (1) »

Le fonds d'idées est le même dans la véhémente
apostrophe de Chaumette que dans le rapport étudié
d'Amar. Otez l'emphase sentimentale qui est la marque du temps, et vous avez le thème romain de la
matrone gardienne du foyer, le thème chrétien qu'une
Christine de Pisan renouvela et développa avec onction dans son exquis *Trésor de la Cité des Dames*, le
thème que versifia avec conscience Legouvé père et
que célébra avec émotion Legouvé fils, le thème enfin
que *l'instinct* de tous les peuples, sous toutes les la-
titudes, a pris pour règle de la vie familiale et sociale.
Certes ce cadre est susceptible d'être élargi et assoupli
par les formes nouvelles que prend la civilisation. Il
l'a été, en effet, il l'est sans cesse, et nous y applau-
dissons. Mais, à notre avis, il doit subsister *en tant
que cadre*. Les indications générales de la Nature
doivent être respectées : ce guide est plus sûr que la
fantaisie de nos modernes réformateurs. Renonçant
à être plus révolutionnaire que les hommes de la Révolution, nous nous en tenons à ce « schéma » tradi-
tionnel et qui a fait ses preuves. Le véritable *progrès*
social, c'est que chacun remplisse sa *destination*.

La politique et le ménage.

Tout à l'heure, les Conventionnels Amar et Chaumette, celui-ci sur le mode déclamatoire, celui-là avec
gravité, exprimaient une égale inquiétude. Pour eux,

(1) *Moniteur*, 29 brumaire an II.

le « droit politique » des femmes entraînait la désertion du foyer et la ruine de ce que nous nommons aujourd'hui la « science ménagère ». Précisons mieux
encore leur pensée, que nous faisons nôtre : *La politique dégoûte du ménage.*

« Faire de la politique », cela ne consiste pas seulement, comme l'insinuent les féministes, pour donner
un air d'innocence à leur prétention, à déposer dans
une urne tous les quatre ans, ou même tous les deux
ans — selon l'étendue du droit — un bulletin. C'est
quelque chose de bien plus absorbant. On veut « se
tenir au courant ». Il faut « suivre » les évènements, pour
« se faire une opinion ». On se pique d'être pour ou
contre tel personnage ou telle politique. Il y a des
réunions « de comité » auxquelles on ne peut se dispenser d'assister. La lecture des journaux prend du
temps, passionne... Bref, c'est toute une atmosphère
nouvelle qui s'introduit dans le calme de la maison ;
c'est la politique qui s'assied au foyer. Comment les
soins et travaux du ménage, qui à eux seuls suffisent
à occuper une maîtresse de maison, n'en souffriraient-
ils pas ? « Les clubs de femmes sont le fléau des mœurs
domestiques, à cause des dissipations qu'ils entraînent
avec eux (1). » *Fléau* n'est pas un mot trop fort, si
l'on songe qu'à l'âge où les enfants ont besoin de tant
de soins, cette cause de l'abandon du foyer viendra
s'ajouter à tant d'autres, par exemple à la « profession
libérale » qu'exercera la mère et qui l'appellera sans
cesse au dehors !

Le « droit politique » des femmes n'est encore dans
la plupart des pays qu'à l'état de rêve, d' « agitation ».
Or, déjà se font sentir les conséquences *domestiques*
de cette rupture de l'équilibre social. Voici, par exemple,
les doléances qui nous arrivent d'un de ces pays exotiques et neufs qu'on veut absolument que la vieille
Europe prenne comme garants ou comme modèles :

(1) Journal *Les Révolutions de Paris*, n° du 26 janvier 1793.

« L'attorney-general de Nouvelle-Zélande vient de
« faire un discours où il reconnaît que l'affranchisse-
« ment politique de la Néo-Zélandaise a produit d'assez
« bons résultats ; c'est grâce aux femmes que le gou-
« vernement néo-zélandais est parvenu à faire voter
« des lois de tempérance, et qu'il espère accomplir
« d'autres réformes politiques et sociales.

« *Mais*... dès maintenant les Néo-Zélandaises ont la
« majorité dans les dix-sept circonscriptions, et les
« statistiques établissent qu'*elles témoignent une aver-*
« *sion constante pour les travaux domestiques et la vie*
« *à la maison.* Le Forum les absorbe, telles les suffra-
« gettes qui veillent à la porte du parlement de West-
« minster.

« Privés de foyer domestique, les malheureux
« hommes n'ont plus même la ressource de noyer leur
« chagrin dans un verre, puisque les législatrices ne
« le souffrent pas (1). »

Habituellement, les féministes repoussent avec véhémence cette supposition injurieuse que la politique
fera négliger aux femmes l'administration intérieure,
qui est leur domaine. Mais celles qui osent être sin-
cères avouent franchement que le ménage est une
occupation basse, tout à fait indigne d'une femme
vraiment « consciente ». Que l'on médite cette déclaration :

« L'enseignement ménager et celui de la puéricul-
« ture, *perfidement* introduits dans les programmes
« de l'enseignement des filles *dans* l'unique *but* (*sic*)
« de détourner la femme des vocations intellectuelles,
« seront supprimés et remplacés par des *cours de fé-*
« *minisme....*

« Dans les communes ne possédant pas de salles de
« conférences, les *églises* seront mises à la disposition
« des conférenciers et conférencières pour y traiter

(1) *Le Temps*, 15 août 1909.

« des questions *féministes*, morales, philosophiques et
« sociologiques » (1).

Telle est la perspective séduisante que nous déroule
l'une des « candidates » que le féminisme suscita aux
dernières élections législatives et qui recueillit dans
sa circonscription un chiffre assez notable de voix.

Voici maintenant un aperçu des conséquences *économiques* du mouvement féministe : il nous vient, lui
aussi, du pays où le féminisme politique « bat son
plein » :

« Un grand cortège de suffragettes, en automobiles
« pavoisées, est allé hier au Capitole de Washington
« porter des pétitions, revêtues de 400.000 signatures,
« aux membres du Sénat et de la Chambre. Les femmes
« envahirent les tribunes des deux Chambres. Le sé-
« nateur Lafolette, en présentant une brassée de pé-
« titions, réclama l'égalité des deux sexes. Les femmes
« se livrèrent à des manifestations si bruyantes, que
« le président dut, pour obtenir le silence, menacer de
« faire évacuer les tribunes.

« Pendant que les suffragettes réclament le droit de
« vote pour le sexe faible, elles subissent, d'autre part,
« un sérieux échec sur la question du *travail des*
« *femmes*.

« La Compagnie du chemin de fer de Baltimore-
« Ohio, qui s'est livrée à une minutieuse enquête sur
« le rendement de son personnel féminin, vient de dé-
« cider de remplacer par des hommes toutes les
« femmes employées à son service. Elle a constaté
« que *les hommes fournissent 30 0/0 de plus de travail*
« *que les femmes, et qu'il est mieux fait.*

« *Les femmes ne sont pas capables d'un effort aussi*
« *soutenu, ni d'autant de rapidité en même temps que*
« *d'exactitude dans le travail. Elles montrent peu*
« *d'initiative et semblent incapables de tendre complè-*

(1) *Le Journal des femmes* de mai 1910, sous la signature :
Arria Ly.

« *tement leur esprit à ce qu'elles font. Dans l'ensemble,*
« *elles apparaissent ne rien apprendre de l'expérience,*
« *et, quand on les critique sur un mauvais travail,*
« *elles attribuent la faute à leurs supérieurs et jamais*
« *à elles-mêmes.* Telle est l'opinion de la Compagnie.
« La Compagnie a décidé de congédier une première
« fournée de son personnel féminin, notamment les
« télégraphistes et les dactylographes » (1).

Nous avons tenu à citer *in extenso* cet extrait, parce
qu'il corrobore également les appréciations que nous
avons émises plus haut sur les « capacités intellectuelles » des femmes. L'information du journal pari-
sien révèle deux tendances très symptomatiques :
d'une part, l'ardeur des femmes à se jeter dans la carrière politique, d'autre part, la tiédeur des femmes
pour la tâche matérielle dont elles sont chargées.
Évidemment il y a une corrélation entre ces deux
tendances. Les ambitions qu'on a excitées chez les
femmes leur ont fait tout naturellement regarder
comme au-dessous de leur dignité les soins de la maison et les travaux manuels. Il ne manque pas de doctrinaires pour insinuer que c'est l'*égoïsme* de l'homme
qui a imaginé de

    ... claquemurer aux choses du ménage

un être né pour les plus hautes spéculations. Et il ne
manque pas d'esprits faibles pour ajouter foi à ces in-
sinuations. Enfin, le don et le goût de la « science ménagère », cette science si minutieuse, si délicate, si
difficile, disparaissent progressivement. L'orgueil
d'une maison bien tenue n'est plus comme autrefois
un sentiment féminin. D'autres préoccupations en ont
pris la place. On nous affirme que la *société* y gagnera
tout ce qu'y perdra la *famille.* Un doute est permis à

(1) *Le Temps*, 20 avril 1910.

cet égard. Ce ne seront vraisemblablement pas des députés en jupons qui amélioreront beaucoup le fonctionnement de la machine sociale. Et la désertion du foyer par la politicienne aura causé un mal irréparable à la race...

La tendance aux extrêmes.

L'émancipation politique des femmes serait donc le signal d'une effervescence nuisible à la conservation de l'esprit de famille. Elle fournirait un prétexte, ou plutôt un aliment, à cette « exaltation » à laquelle le Conventionnel Amar estimait que les femmes sont sujettes. Le moraliste La Bruyère, qui les connaissait bien, disait qu'elles sont «extrêmes en tout». En effet, les femmes qui veulent être trop semblables aux hommes manquent presque toujours le but : elles vont au delà ou restent en deçà, mais elles ne nous égalent jamais. Ce manque de mesure a été noté aussi par Thomas comme la caractéristique de la nature féminine :

« A l'égard de l'équité, rarement les femmes font « comme la loi, qui prononce sans aimer ni haïr. Leur « justice soulève toujours un coin du bandeau, pour « voir ceux qu'elles ont à condamner ou à absoudre. « *Ouvrez l'histoire : vous les verrez toujours voisines ou* « *de l'excès de la pitié, ou de l'excès de la vengeance* (1). « *Il leur manque cette force calme qui sait s'arrêter :* « *tout ce qui est modéré les tourmente* » (2).

Les femmes sous la révolution.

Suivons le conseil que nous donne l'écrivain : « ouvrons l'histoire », et nous serons effrayés de voir quel

(1) Il faut se souvenir que cela a été écrit une vingtaine d'années *avant* la Révolution.
(2) *Op. cit. sup.*

14*

goût du sang se révèle chez ce sexe que les poètes
parent à l'envi de timidité, de tendresse, de douceur. « Je me souviens, écrit Voltaire, qu'étant à Paris
« lorsqu'on fit souffrir à Damiens une mort des plus
« recherchées et des plus affreuses qu'on puisse ima-
« giner, toutes les fenêtres qui donnaient sur la place
« furent louées chèrement aux *dames*. » (*Dictionnaire
philosophique*, article *Curiosité*).

Que sera-ce si nous « ouvrons l'histoire » aux pages
sanglantes de la Révolution? Le branle de cette violente secousse a été donné par des femmes. « Le lundi
« 5 octobre 1789, vers 9 heures et demie du matin,
« une fillette de Paris s'emparait d'un tambour dans
« un corps de garde du quartier Saint-Eustache, et
« criait : « A moi! à moi! à l'Hôtel de Ville! » En
« moins d'un instant des centaines de mégères, pous-
« sant des hurlements, prenaient en trombe le chemin
« de la maison commune, entraînant de gré ou de
« force toutes les femmes rencontrées, menaçant de
« couper immédiatement les cheveux à celles qui ne
« suivraient pas. » L'huissier Maillard, le futur promoteur des massacres de septembre, s'offre à diriger
le mouvement et lance la cohorte sur « le boulanger,
la boulangère et le petit mitron ». « Et toute cette ar-
« mée, continue M. Georges Cain, composée de plu-
« sieurs milliers de femmes, chantant, vociférant, me-
« naçant, prend la route de Versailles.

« Claire Lacombe, Pierrette Chabry, Reine Audu,
« dite « la Reine des Halles », mènent la bande ; Thé-
« roigne de Méricourt, en amazone écarlate et la lance
« à la main, caracole et fait piaffer son cheval. » On
sait la suite. Cette armée de femmes enlève la famille
royale, non sans semer de meurtres son passage, et
ramène ses prisonniers à Paris. « Les femmes portant
« aux piques de grosses miches de pain ou des branches
« de peuplier déjà jaunies par octobre, se montraient
« les plus féroces ; elles insultèrent presque continuel-
« lement Marie-Antoinette frémissante ; elles mena-

« caient « de l'attacher à un réverbère en arrivant !... »
Telle fut l'aube de la Révolution française.

Le 10 août 1792 eut pour témoin le médecin allemand Bollmann. Après avoir décrit le massacre des Suisses par la populace, le témoin ajoute ce trait : « On les a jetés tout vifs dans le feu ; on les a écorchés et mutilés. Des femmes — les femmes l'emportent toujours en furie et en cruauté — buvaient leur sang. » (*Le Temps* du 27 juin 1911).

Les clubs de femmes.

Laissez maintenant ces viragos s'organiser en associations régulières, en « clubs », et vous verrez ces excès encore dépassés. C'est ce que nous fait constater l'ouvrage récent du baron Marc de Villiers sur *Les Clubs de femmes et les Légions d'Amazones*, de 1793 à 1871. Grâce à cet excellent guide, nous savons de quelles excentricités, de quels excès, de quels désordres, de quelles horreurs les « Clubs de femmes » furent le théâtre entre 1790 et 1793. Les choses allèrent au point que, comme nous l'avons rappelé ci-dessus, la Convention dut fermer ces Clubs, dans la crainte que l'œuvre même de la Révolution ne fût compromise par les exagérations féminines (1). Mais il faut citer quelques traits de cette exaltation.

Empressons-nous tout d'abord de reconnaître que ces Clubs n'étaient pas composés d'honnêtes mères de famille, mais de la lie de la population féminine : « des espèces d'aventurières, dit le rapport du Comité de la sûreté générale, de chevalières errantes, de filles émancipées, de grenadiers femelles ».

L'une d'elles, Claire Lacombe, croyant avoir à se plaindre d'un journaliste, le menace d' « une volée de coups de bâton, s'il ne se rétracte point ». Cette Bacchante et ses pareilles accusaient sans cesse la *tiédeur*

(1) Voir l'Appendice, n° 16.

de Robespierre, et, pour lui mieux marquer leur mépris, l'appelaient : *Monsieur* Robespierre. Et cela au lendemain de l'exécution des Girondins. à laquelle d'ailleurs les « Républicaines révolutionnaires » avaient largement contribué !

Même une fois réduites officiellement au silence, les anciennes « Tricoteuses de l'échafaud » persistaient à réclamer des mesures toujours plus sanglantes... et à en donner l'exemple. Ainsi, le 1ᵉʳ prairial an III (20 mai 1795), on les vit envahir la Convention, où, n'ayant pu obtenir ce qu'elles voulaient, elles se saisirent de la tête du député Férand qu'on venait d'assassiner et l'emportèrent comme trophée.

Il faut entendre dans *Les origines de la France contemporaine (La Révolution,* tome I) l'accent d'indignation contenue avec lequel Taine montre les femmes révolutionnaires dépassant toujours les hommes en *atrocité* (1).

En *cynisme* pareillement. Voici, par exemple, un vœu présenté par un des Clubs féminins de Bordeaux. *Les Amies de la Liberté et de l'Egalité,* en sa séance du 2 ventôse an II :

« *La communauté des femmes* présenterait de nom-
« breux avantages : elle augmenterait la population,
« et supprimerait, comme chez les animaux, toutes
« les tares héréditaires... Même au point de vue *moral*
« cette communauté est nécessaire ; car, en anéantis-
« sant la jalousie, elle supprimerait le duel et bien

---

(1) Pourvoyeur, dans son rapport de police du 26 pluviôse, an III, constate qu'il entend dire dans la rue : « *C'est étonnant à quel point les femmes sont devenues féroces!* Elles assistent tous les jours aux exécutions » (*Arch. nationales* W. 191).
La municipalité de Toulon dut prendre un arrêté « pour interdire aux femmes de s'attrouper et de parcourir les rues armées de nerfs de bœuf et de bâtons pour massacrer les marchands et autres citoyens. » (LABROUE, *Le club jacobin de Toulon*).

« d'autres fléaux... L'âge d'or reviendrait, et les pa-
« triotes des deux sexes passeraient allègrement des
« banquets fraternels à leurs chambres communes ! »

Et M. de Villiers d'ajouter : « quelques vieilles
femmes protestèrent, paraît-il, contre cette conception
sociale, et l'on entendit crier : « Mais nous aimons nos
maris ! » Alors Caroline Nicas de rappeler sévèrement
aux protestataires qu'ayant déjà eu, quand elles étaient
jeunes, leur part de plaisir, elles n'avaient plus maintenant qu'à se taire. »

La deuxième République hérita de l'immoralité féminine de la première. En 48, une oratrice du *Club
des femmes* propose que le gouvernement assure deux
francs par jour à toutes les femmes, moyennant quoi
celles-ci s'engagent à ne plus se marier. La fameuse
Flora Tristan, se fondant sur ce que « la paternité
n'est qu'une croyance, tandis que la maternité est une
certitude », réclame le retour au « matriarcat » et,
comme conséquence, « la communauté de l'*homme* ».
Un observateur pénétrant de ce prurit d'omnigamie,
combiné avec une androphobie aiguë, Proudhon, a
pu prononcer ce jugement que personne ne taxera
d'exagération : « L'égalité des sexes avec ses conséquences inévitables : liberté d'amours, condamnation du mariage, contemption de la femme, jalousie
et haine secrète de l'homme, et, pour couronner le
système, une luxure inextinguible, telle est invaria-
blement la *philosophie de la femme émancipée*. »
(Proudhon, *de la Justice*, etc., 4e vol., chap. sur
George Sand.)

Mêmes appétits sous la troisième République, ou,
pour parler plus exactement, sous la Commune, où la
citoyenne Chabert choisit une église, l'église Saint-Sulpice, pour y demander, en réunion publique, « qu'on
mette en commun l'argent, le travail et les femmes ».

Quant à l'institution du mariage elle-même, on sait
comme elle fut tournée en dérision par toute l'école
saint-simonienne et fouriériste, et quelle parodie les

adeptes y substituaient. Les sectatrices d'Eugénie Niboyet et de Jeanne Deroin, les *Vésuviennes*, comme on les appelait, eussent rougi de subir aucune autre espèce de cérémonie matrimoniale que de se déclarer, en présence de *La Voix des femmes*, « l'épouse saint-simonienne du citoyen X... ». — Celles qui, esclaves de la coutume, avaient eu la faiblesse de passer par l'église et par la mairie, s'excitaient par le souvenir de la Proxagora d'Aristophane, combiné avec l'ardeur révolutionnaire : « Puisque nos maîtres se sont insurgés contre les tyrans, pourquoi ne soulèverions-nous pas l'étendard de la révolte contre nos maris ? »

Enfin la République de 48, comprenant, comme son aînée, que la liberté féminine dégénère aussitôt en licence, décida également de restreindre le droit de réunion. Pour la seconde fois, les Clubs de femmes furent fermés, sur la proposition du pasteur Coquerel, membre de l'Assemblée nationale (26 juillet 1848).

Scènes sanglantes.

D'une République à l'autre, ou du moins de la Terreur à la Commune, le goût du carnage se transmettait chez les femmes avec une triste régularité. Les « Louvetonnes » et les « Pétroleuses » de 1871 marchaient sur les traces des « Tricoteuses » et des « Jupons gras » de 1793. Les « citoyennes rouges », comme on les appelait encore, se montraient plus acharnées contre les « Versaillais » que les hommes même. Beaucoup d'entre elles faisaient le coup de feu habillées en soldats, justifiant le mot flétrissant d'Alex. Dumas fils : « femelles qui ne ressemblent à des femmes que quand elles sont mortes ».

Clémentine Suger propose le 25 avril, au Club de N.-D. de la Croix, d'aller assassiner M. Thiers. Louise Michel s'offre pour la même besogne. — Marie Guyard est fusillée comme l'une des meurtrières des otages.

— Adélaïde Valentin tue son amant parce qu'il se refusait à défendre une barricade. Outre cet exploit, elle monte le 15 mai dans la chaire de l'église Sainte-Marguerite, et de là elle tient le prêche suivant : « Citoyens! Il y a encore dans le quartier de ces canailles de prêtres. C'est une honte. En sortant d'ici, il faut aller les égorger et les *hacher comme de la viande à cochon.* »

« Le 15 mai, à *Ambroise* (l'église Saint-Ambroise), « une oratrice très connue sous le nom de la Matelas- « sière, demanda que l'on fusillât, dès le lendemain, « tous les gens d'église (1) ; et le 20, à *Nicolas*-des- « Champs, une femme proposa de remplacer les sacs « de terre des barricades par les cadavres des 60.000 « prêtres et des 70.000 religieuses qui encombraient « Paris » (2) !

A *Michel*-des-Batignolles, la femme Lefèvre demande qu'on enferme tous les « curés » à Notre-Dame, puis, qu'on fasse sauter la cathédrale. Car les œuvres d'art ne trouvaient pas plus grâce devant ces monstres que la vie humaine : quelques-uns des plus regrettables traits d' « iconoclastie » sont dus aux femmes de la Commune (3). Elles ne voyaient dans les plus beaux tableaux, dans les plus belles statues ou dans les chefs-d'œuvre de l'architecture qu'un symbolisme superstitieux. Or, la passion « anticléricale » étouffait tout autre sentiment : « Je *crèverais mafille*, si je la voyais entrer dans une église », s'écriait une de ces farouches « citoyennes » (4).

L'exécution des otages atteignit, par la participation des femmes, aux proportions du cannibalisme. Ce fut dans cette sombre journée du 26 mai que la « jeune vivandière » Marie (dix-neuf ans), impatientée des

(1) Abbé Delmas, *La Terreur et l'Eglise.*
(2) Fontoulieu, *Les églises de Paris sous la Commune.*
(3) Voir Appendice, pièce 17.
(4) Fontoulieu, *Les églises de Paris sous la Commune.*

lenteurs de la « justice » du tribunal révolutionnaire, mit en joue l'un des otages déjà dressé contre le mur de la rue Haxo. Un Père de Picpus s'élance, reçoit la balle, et la fusillade devient aussitôt générale (1).

« Le dernier acte du drame nous est raconté par M. Jules Claretie en ces termes :

« Après les feux d'ensemble, on vit trois officiers et « deux fédérés, *plus une femme*, marcher en trépignant « sur ces corps palpitants, d'où le sang jaillissait « encore. L'une de ces furies, la cantinière Marie, « s'écriait :

« — Je lui ai f... ma main dans la gueule, pour lui « arracher la langue (2) ! »

.·.

Voilà ce que peut devenir la femme, lorsque l'« émancipation » la rend à tous ses mauvais instincts, ou plutôt introduit en elle des instincts de brutalité et de sauvagerie que dans l'état ordinaire de « subordination » elle ne connaissait pas. Une *âme* nouvelle s'éveille en elle, « l'âme mauvaise de la rue », comme celle qui respire dans les émeutières de *Germinal*.

Après cela, qui trouvera encore excessif le mot de Bonaparte : « Il n'y a qu'une chose qui ne soit pas française, c'est qu'une femme puisse faire ce qui lui plaît » ? La troisième République, au mépris des leçons de l'histoire, voudra-t-elle créer et favoriser elle-même une agitation qui aggrava la Terreur en 93, qui fit avorter le mouvement de 48 (3), enfin qui déshonora le mouvement séditieux de 71 ? Les faits sont là

(1) D'après *Le petit Temps* du 8 décemb. 1909.
(2) *Les Annales polit. et littér.* du 12 décemb. 1909.
(3) Voir PROUDHON, et aussi DANIEL STERN (Comtesse d'Agoult), dans sa très intéressante *Histoire de la Révolution de 48.*

qui prouvent que ces crises d' « émancipation » se résolvent toujours en désordre et en anarchie sanglante.

La philosophie de l' « Emancipation ».

Anarchie, collectivisme, antimilitarisme, telle est la trinité sociale qui résume les aspirations politiques des femmes lorsqu'elles se mêlent aux luttes électorales.

En semblable occurrence, la femme, naturellement portée à l'outrance, veut prouver que les idées les plus avancées ne lui font pas peur, et qu'elle se sent autant de hardiesse que l'homme. Imbue de ce principe faux que le mot de progrès signifie : marche éperdue en avant, elle va droit au socialisme, comme à la « religion de l'avenir ». Elle ne se rend pas compte que ce socialisme, cousin germain du communisme, implique mépris et dégradation de la femme. Elle inscrit sur son programme les « réformes » les plus radicales, parce que pour elle suppression de quelque entrave représente accroissement de liberté.

On comprend que nous ne puissions ici faire autre chose que de dégager ainsi le sens général des « professions de foi » qui furent adressées aux électeurs de 1910 par la vingtaine de femmes qui se présentèrent à leurs suffrages. Mais, comme ces proclamations n'étaient guère que la réédition des manifestes de ce genre à nous légués par la génération antérieure, il nous suffira de nous reporter à ces documents. En voici les principaux.

Louise Michel formulait en ces termes son idéal humanitaire, pieusement recueilli par ses modernes imitatrices :

« Les querelles d'écoles ne sont rien pour moi. Cha-«cune de ces écoles me parait fournir une des étapes «par lesquelles va passer la société : *socialisme, com-* «*munisme, anarchie.* Le socialisme, auquel nous tou-

15

« chons, réalisera et humanisera la justice. Le com-
« munisme perfectionnera cet état nouveau qui aura
« son expression dernière dans l'anarchie. Dans l'anar-
« chie, chaque être aura atteint son développement
« complet. Peut-être des sens nouveaux seront-ils
« trouvés (1). L'homme, ayant atteint sa plénitude,
« n'ayant plus ni faim ni froid, ni aucune des misères
« présentes, sera bon. Alors, plus de codes, plus de
« gendarmes. Plus de gouvernement, l'anarchie. Tout
« ce que nous entrevoyons de cette ère est poésie,
« sublime rayonnement de justice. De ces sommets on
« en apercevra d'autres. Les forces de l'humanité se
« tourneront vers les sciences, et renverseront les
« obstacles qui s'opposent à la conquête de la nature. »

Paule Minck, l'amie de Louise Michel, ne nous a pas
laissé de vaticination électorale de sa façon. Mais.
quand on se rappelle son rôle dans l'affaire de Mar-
seille, la manifestation qu'elle organisa en faveur de
Jessa Helfmann, arrêtée pour avoir applaudi à l'assassinat de l'empereur Alexandre II, son discours à Lyon,
dans lequel elle disait :

« Quand on a tué ce brigand d'Alexandre II, le pré-
« sident de la Chambre a eu *l'ineffable ordure* de faire
« lever la séance... Jurons de sacrifier à la vengeance
« du peuple tous les tyrans de la France et du monde ;
« ils ont les prisons, nous avons nos poignards ; ils
« ont la potence, nous avons la dynamite... »

Quand on pèse ces paroles incendiaires, on pressent
ce qu'aurait pu être le « programme » politique qui
s'en serait inspiré.

Une candidate malgré la loi, Léonie Rouzade, a bien
voulu consigner par écrit ses « desiderata ». Le rêve
communiste la hante, elle aussi. Elle déclare que la

---

(1) On prêtait la même croyance à Victor Considérant,
autre féministe célèbre ; on lui attribuait la prédiction qu'un
jour l'homme naîtrait avec des sens nouveaux, et notamment
un œil au bout d'une queue.

femme n'aura son émancipation complète que dans une société où, par l'appropriation collective, le sol, le sous-sol, tous les instruments de production seront devenus propriété inaliénable et indivise de l'humanité ; elle engage la femme à s'unir à l'homme pour travailler à la démolition de l'ordre social actuel (1).

Ce groupe d'agitatrices célèbres se complète par Eugénie Potonié-Pierre. En août 1893 celle-ci se présentait comme candidate de la *Solidarité des femmes* aux électeurs de la 1ʳᵉ circonscription du XXᵉ arrondissement. Sa « profession de foi » ne contient pas moins 43 articles. On y remarque :

« La substitution progressive de la propriété sociale « à la propriété capitaliste ; l'abolition de l'héritage « collatéral ; l'abolition de la peine de mort ; le jeune « homme et la jeune fille de *dix-huit ans* pouvant se « marier sans le consentement de leurs parents ; la « suppression de toute formalité au regard du mariage, « sauf la production de l'acte de naissance, etc. (2) ».

Plus violente encore dans ses propos était Mᵐᵉ Astié de Valsayre au cours des réunions publiques qu'elle tenait en 1889 dans le quartier de Clignancourt, où elle présidait un club de femmes...

La « politique » des femmes.

Mais nous en savons assez. *La politique des femmes,* la politique rêvée par les femmes, c'est la *surenchère* (3) la plus échevelée. C'est chez elles que le moraliste peut observer le mieux cette tendance propre

(1) Voir Firmin MAILLARD, *La légende de la femme émancipée,* p. 327.

(2) D'après *Le Journal des femmes,* nᵒ de juin 1910.

(3) « Le sexe faible exaltant sans mesure ses vices comme ses vertus, pour le malheur du pays les politiciennes *surenchériraient* bien vite sur nos pires politiciens. » (Le commandant DRIANT, député, *Les documents du progrès,* janvier 1911).

aux époques de civilisation raffinée de coqueter avec les idées anarchiques. Elles appellent cela le « progrès », n'étant pas assez instruites pour savoir qu'au contraire ce symptôme a toujours caractérisé les époques de décadence et de décomposition sociale.

La politique des femmes, c'est la réaction ou la révolution. Pas de milieu. C'est la réaction, lorsqu'il s'agit de l'étranger, où le suffrage des femmes, quand il y existe, est généralement censitaire et restreint.

Mais dans la démocratie française, où la seule forme que pût prendre le suffrage féminin est l'universalité, la politique des femmes tendra nécessairement à la révolution. Elle y tendra, parce que, ainsi que l'histoire nous l'a montré, de tels mouvements sont toujours confisqués par les individus exaltés. Elle y tendra en vertu de son principe même, parce que la réforme n'est souhaitée, n'est réclamée que par ces exaltées. Si l'on veut ajouter un nouveau chaînon à la filière des Tricoteuses, des Vésuviennes, des Citoyennes rouges, il n'y a qu'à transformer en loi le « projet Buisson ».

Le pacifisme.

Nous n'insistons pas pour le moment sur ces considérations qui feront l'objet de notre quatrième partie. Mais nous ne voudrions pas quitter ce sujet sans indiquer encore un autre caractère que nous paraît devoir présenter *la politique des femmes*, le patriotisme nous en fait une loi.

Le vote des femmes, c'est encore le *pacifisme à outrance*(1), c'est l'abandon définitif de l'Alsace-Lorraine, c'est immédiatement le déshonneur de la France, et

---

(1) M. J. Novicow, l'une des lumières du pacifisme et du féminisme combinés, le déclare catégoriquement. Voir *L'affranchissement de la femme*, pages 247 à 250, où l'auteur brode sur le thème : *Otium sine dignitate.*

c'est, par voie de conséquence, la guerre plus ou moins prochaine avec le puissant voisin qui a besoin de se créer des débouchés pour son commerce et des ressources pour une population surabondante.

Il n'est pas question ici d'entamer une controverse sur le *pacifisme*. Nous nous bornons à en indiquer l'aboutissement inévitable et qui inquiète les natures les plus... pacifiques. J'appelle ainsi les citoyens qui estiment que l'entretien d'une armée coûteuse, mais forte, coûte encore moins cher au pays qu'une invasion. Le pacifisme, n'étant pas bilatéral, mais restant spécial à un certain pays, c'est évidemment, pour le pays qui commettrait cette faute, la guerre à bref délai avec un voisin qui aurait, lui, continué à amonceler dans ses magasins de la « poudre sèche ». Or, nos « militantes », qui n'ont pas coutume de regarder au-delà de la frontière et dont le cerveau n'est pas capable de raisonnements à longue portée, font résonner éperdument, dans leurs manifestations politiques, la trompette pacifiste. Elles maudissent la Guerre, sans se douter qu'ainsi elles la provoquent...

Citons encore le clairvoyant Thomas :

« Les femmes peuvent-elles s'élever jusqu'à l'*amour*
« *de la patrie* ?... L'amour de la patrie chez les hommes
« est presque toujours un mélange d'orgueil, d'intérêt
« de propriété, d'espérance, de souvenir de leurs ac-
« tions ou des sacrifices qu'ils ont faits pour leurs con-
« citoyens, et d'un certain enthousiasme factice qui les
« dépouille d'eux-mêmes, pour transporter leur exis-
« tence tout entière dans le corps de l'Etat. Or, il est
« aisé de voir que *presqu'aucun de ces sentiments ne*
« *convient aux femmes*... La forme de législation dans
« tout pays doit leur être assez indifférente (1)... Enfin,
« existant plus dans elles-mêmes et dans les objets qui

---

(1) C'est ce qui explique que la femme turque, dont l'existence est comme murée, est très satisfaite de son sort et ne voudrait pas le changer pour celui de la femme européenne.

« les attachent... elles doivent être moins susceptibles
« de l'enthousiasme qui fait préférer l'Etat à sa famille
« et ses concitoyens à soi...

— Mais Rome, Sparte, les femmes hollandaises dans
la Révolution des Sept provinces unies, etc. ?

Réponse :

« Il y a des temps où la Nature s'étonne de n'être plus
« elle-même ; les grandes vertus naissent des grands
« malheurs (1) ».

La politique, si nos inductions sont fondées, serait
donc pour les femmes une continuelle invitation à sortir du genre de vie qui leur sied, et à rompre avec
des habitudes invétérées. Leur ouvrir la porte même
d'un simple Conseil municipal, c'est les exposer à
toutes sortes de tentations, c'est leur donner le goût
de l'intrigue et de l'aventure, c'est modifier profondément l'*assiette de leur caractère*. En les tirant de l'obs-
curité pour les projeter brusquement dans la pleine
lumière de la vie publique, nous éveillerons dans leurs
âmes des aspirations nouvelles. Ces aspirations, elles
ne croiront pas pouvoir les réaliser autrement qu'en
s'abandonnant aux pires suggestions de l'outrance.
Ne faisant pas de différence entre les rêves et les pos-
sibilités, elles verront dans toute espèce d'utopie « la
vérité de demain », et seront toujours aux côtés des
amateurs de chimères (2).

Les illusions du sentiment.

La femme, à l'ombre du foyer, est presque toujours
maîtresse et reine. Mais la femme au forum, et même
la femme sur le trône est *toujours* dominée, stylée,
poussée. C'est alors à son tour d'obéir, en ayant l'air
de commander. En politique comme en amour elle se
laissera prendre aux manières insinuantes des ha-

(1) *Op. cit. sup.*
(2) Voir à l'Appendice, Pièce 21.

biles et aux belles paroles des « langues dorées ». Car
la femme, si nous en croyons l'histoire et si nous faisons appel à l'observation quotidienne, *la femme ne
voit dans les choses que les personnes, et c'est de ses
affections qu'elle tire ses principes*. Sous le faux semblant de l'égalité absolue, ses meneurs veulent aujour-
d'hui la promouvoir au rang d' « électrice ». Mais elle,
qui aspire à l'égalité absolue, sait-elle seulement ce
que c'est que la *justice* absolue ? — Non ! répondait
tout à l'heure le psychologue Thomas, lequel ajoutait
cette réflexion profonde :

« Calomnierait-on beaucoup les femmes, risquerait-
« on même de leur déplaire, si l'on osait leur dire
« qu'elles doivent dans la distribution de leur estime
« mettre un peu trop de prix aux agréments, et être
« portées à croire qu'*un homme aimable peut être plus
« facilement un grand homme* (1) » ?

Et, de son côté, Renan, le Montaigne de notre
époque, aussi clairvoyant à l'égard des femmes que
Montaigne fut sévère pour elles, de dire : « *La femme
ne fera jamais le bien que pour l'amour d'un
homme* (2) ». Ce sont des impressions de ce genre qui
nous faisaient écrire ci-dessus que la politique de la
femme sera toujours dominée par le *sentiment*. Or
la vraie politique se fait avec la tête plus qu'avec
le cœur. Le sentiment, quel guide incomparable dans
les choses de l'âme et de la morale, mais quelle
source d'erreur et de ruine dans le domaine des
intérêts ! Avec la femme, ce ne sera pas une force,
mais ce sera un germe d'incohérence qui pénétrera
dans la politique.

(1) *Op. cit. sup.*
(2) *Le prêtre de Némi.*

Les garanties féminines.

Nous le savons, les femmes, pour se faire accepter dans la grande famille électorale, cherchent à endormir nos défiances. Elles nous prodiguent les assurances engageantes. Elles promettent d'être sages. Elles nous jurent qu'elles se renfermeront dans « les questions d'assistance, d'hygiène, de salubrité publique, de protection physique et morale des enfants, d'instruction intellectuelle et professionnelle et d'alcoolisme ». D'autre part, elles nous affirment qu'elles continueront comme par le passé à céder le pas aux hommes, ou que, si elles choisissent l'une d'elles comme mandataire, celle-ci s'imposera par un mérite hors de pair, ou enfin sera une personne qui par son âge n'inspirera plus autre chose que le respect...

Fort bien, mais ce ne sont là que des *promesses*.

Il y aurait, de la part d'un gouvernement, enfantillage et naïveté à se contenter de gages aussi légers. Il y aurait de sa part imprévoyance à introduire dans la Constitution un principe qui pourrait aisément devenir dangereux. On serait inexcusable d'aller au-devant d'un abus. Les femmes, d'ailleurs de très bonne foi quand elles font ces promesses, peuvent-elles garantir qu'elles ne se laisseront jamais entraîner ? Peuvent-elles répondre des circonstances ? Peuvent-elles répondre d'elles-mêmes ? N'est-il pas probable, au contraire, que celles d'entre elles qui se mettront *en avant* afficheront toujours — et naturellement — les opinions les plus *avancées*, et que le troupeau suivra ?

Les dangers de « l'émancipation ».

— Il faut, dit Condorcet, laisser aux citoyens la liberté même de faire des sottises.

— Point du tout, répondrons-nous, parce qu'il y a

telle « sottise » qui est préjudiciable à l'ordre social. Par exemple, j'ai le *droit* de posséder une carabine, mais, à moins que ma propriété ne soit close de murs, je *n'ai pas le droit* de m'en servir pour tirer à la cible dans mon jardin. Et ainsi toujours *notre droit* est *limité par le droit* ou par la sécurité d'autrui.

Pareillement, la femme a le *droit* d'user de son corps comme il lui plaît, et même d'en faire métier et marchandise. Pourtant l'État réglemente et surveille la prostitution, c'est-à-dire entrave une sorte de « liberté », dans l'intérêt de la santé publique.

Or, avec le suffrage des femmes, on nous convie à une certaine *expérience*. L'histoire nous apprend que l'issue de telles expériences a *toujours été funeste* pour notre pays, au point qu'il fallut les interrompre brusquement, quelque respect qu'on eût pour la *liberté*, dont elles étaient une affirmation.

Le raisonnement nous montre, en outre, que ces sortes d'expériences sont un facteur de *corruption* pour ceux mêmes qui en sont les agents.

Si cette conséquence ne ressort pas assez clairement des faits sus-allégués, nous prions qu'on médite un certain caractère de l'agitation féministe sous les deux premières Républiques, lequel est bien curieux. Croirait-on qu'en 93 et en 48 le droit de réunion pour les femmes était surtout synonyme de... *droit à l'oisiveté* ? Il en est ainsi pourtant. Les ménagères de Rodez, en 48, firent servir l'une des toutes premières séances de leur « Club » à décider que dorénavant « la lessive serait coulée par les hommes » ! Un autre jour elles agitèrent la question de savoir si Dieu n'était pas une invention des Jésuites. Après discussion, on vota et l'existence de Dieu fut décrétée à la majorité de 12 voix (1).

Le 24 mars, les portières firent une pétition tendant

_____

(1) Marc de VILLIERS, *op. cit.*, p. 352 et 353.

à être exonérées de l'obligation de balayer le pas de leurs portes.

La *Constitution politique des Vésuviennes* contient cet article : « Le mariage étant une association, chacun des deux époux doit se livrer à son tour aux travaux domestiques. ».

La *Voix des femmes* nous apprend qu'une tentative faite pour organiser des « ateliers nationaux » de couture échoua, parce que la plupart de ces dames ne savaient pas coudre. Elles ne savaient que parler. Ce qui explique l'accès de mauvaise humeur du *Démocrite* d'alors disant :

« Si nos compagnes se mêlent de politique, qui donc « raccommodera nos vêtements, mettra le potage au « feu et lavera la vaisselle? Si elles vont prendre au « club une *recrudescence d'humeur causante*, com- « ment à leur retour tiendrons-nous au logis? ... »

En un mot les agitatrices de ces époques troublées rêvaient la politique comme une *carrière* et y voyaient déjà un excellent prétexte pour échapper à leur tâche domestique.

Tel est l'usage que les femmes, en France du moins, firent de la « liberté ».

Les vrais motifs de l'émancipation.

Il en est donc de l' « émancipation » comme de beaucoup d'autres réformes : ce sont les motifs *inavoués* qui en sont les motifs *véritables*. Le très petit nombre de femmes qui s'échauffent sur le thème du « suffrage » rêvent sous ce nom beaucoup moins une régénération du pays — dont elles n'ont cure — que la création d'une carrière facile, agréable, semée d'imprévu, promettant toutes sortes de satisfactions de vanité, n'exigeant aucun effort pénible, et enfin dispensant du labeur obscur, ingrat, fastidieux, *humiliant*, qui s'appelle le ménage ! Oui, c'est de ce « rôle avilissant » que les émancipatrices aspirent surtout à s'émanciper.

Évidemment les philosophes qu., enfermés dans leur « tour d'ivoire », ratiocinent intrépidement sur le droit naturel, sur la justice abstraite, sur l'égalité absolue, etc., n'ont pas envisagé ce côté de la question. Leur excuse, c'est qu'ils ne se doutent même pas qu'il existe. C'est ainsi que le féminisme s'est recruté beaucoup de partisans..., qui ne l'ont jamais vu de près, et qui le jugent en purs « intellectuels ».

N'est-ce pas pour eux que l'auteur d. *Discours de la Méthode* a dit : « Il me semblait que je pourrais rencontrer plus de vérité dans les raisonnements que chacun fait touchant les affaires qui lui importent, *et dont l'évidence le doit punir bientôt après, s'il a mal jugé*, que dans ceux que fait un homme de lettres dans son cabinet » ?

En lisant cette réflexion de Descartes, on ne peut s'empêcher de penser à ces Condorcet, à ces Stuart Mill, à ces Secrétan qui raisonnaient, en effet, sur le droit abstrait des femmes, comme ils auraient démontré des théorèmes de géométrie *dans l'espace.*

Mais ceux qui ont fréquenté les endroits où les féministes tiennent leurs assises, qui ont pu étudier la composition de ces conciliabules, en connaître le personnel bruyant, mais restreint, suivre leurs débats, observer *quel âcre levain d'envie et de fiel fermente dans les âmes de ces femmes...*, qui n'ont conservé de la femme que la loquacité ; ceux-là n'ont pas tardé à perdre toute illusion. Ils savent que la plupart de ces créatures sont visiblement dévorées du besoin de s'agiter, de pérorer, de jouer à la présidente, à la secrétaire générale, d'avoir des ordres ou des signatures à donner, de parader sur des estrades, d'être enfin un petit personnage ! *Ces femmes s'ennuient* chez elles, et elles viennent à la parlote comme à une distraction, ainsi que d'autres, d'une condition plus relevée, vont à des « five o'clock », ou rendent des visites. Mais la Démocratie a-t-elle le devoir d'ouvrir une carrière — et la pire de toutes : celle de *politicienne !* —

à des femmes qui s'ennuient et qui laissent leur ménage aller à vau l'eau, à des femmes qui ont pris en
horreur l'antique adage :

> Femina...
> Cui tolerare colo vitam tenuique Minerva
> Impositum.
>
> (Virg. En. VIII, 409) (?)

Il ne faut pas douter que ce ne soit bien là le mobile
secret qui inspire toute cette agitation féministe :
« Puis-je rester toujours rivée, de par la loi, à un
« tyran qui pousse l'égoïsme et l'absolutisme jusqu'à
« m'interdire de venir à notre Club ? Mais vous voyez,
« citoyennes, j'ai foulé aux pieds toute espèce d'ordres
« et je suis venue ici en femme qui connaît ses droits
« et veut les faire respecter ».

Le droit au Club ! sous menace de divorce, voilà
bien le cri du cœur qui est échappé à cette « militante »
de 48. Sait-on qu'un patient érudit, M. Poupé, a relevé
cinquante Clubs pour les seuls districts de Grasse et
de Draguignan sous la Révolution ? Ainsi le droit politique des femmes, sanctionné par la loi, inonderait,
cela saute aux yeux, notre territoire de Clubs féminins. Il ferait régner beaucoup moins un suffrage qu'un
parlage universel.

*
* *

Conclusion. — Nous avons passé en revue, dans la
première partie de ce chapitre, tous les principaux arguments qu'on fait valoir *pour* le suffrage des femmes.
Or, il ne nous a pas paru que l'idée émancipatrice pro-
cédât d'une façon nette ni de la *souveraineté nationale,*
ni de *l'égalité absolue,* dans une société dont tous les
membres sont entre eux inégaux par rapport à la fortune, à la naissance, à la santé, à la force (1), à l'intel-

---

(1) La *force* est un *droit* aussi, dit fort justement Proudhon,
à la condition qu'elle soit tempérée par la *justice.*

ligence, et où les deux sexes sont respectivement le type même de l'inégalité ;

ni du *droit naturel*, par la raison que le droit politique est improprement appelé droit, mais constitue plutôt un privilège, d'ailleurs mal réparti, puisqu'il est imparti sans distinction de capacités. circonstance de *fait* qui ne change rien au *principe*.

Il ne nous a pas paru non plus que l'adjonction de l'élément féminin au corps électoral dût être une « adjonction de capacités », ni un élément de *moralisation*, à raison des lacunes essentielles que nous avons cru trouver dans la constitution de leur esprit et des éclipses qui obnubilent le sens moral dans leur âme aussi bien que dans la nôtre, sinon de la même manière.

Quant aux *charges* que les femmes supportent et qui sont la maternité et les impôts, la première de ces deux charges ne nous a pas paru équivalente au service militaire des hommes, et la seconde n'est pas, à notre avis, créatrice d'un *droit*, ni politique, ni même civil. La *justice* n'est donc pas particulièrement intéressée à la réforme.

*
* *

Cette réfutation terminée, et passant à la partie constructive du système, nous avons énoncé nos propres objections. Nous avons interrogé l'histoire et aussi la psychologie féminine. L'une et l'autre témoignent chez la femme d'une destination qui est exclusive de la politique active, témoignent d'une nature qui ne s'y prête guère..., ou qui s'y prête trop, c'est-à-dire aisément influençable, portée à l'exagération, vouée à tous les écarts du sentiment et à toutes les suggestions de l'intolérance, sans offrir le contre-poids d'une volonté ferme et constante... Enfin, à l'aide de l'investigation personnelle, nous avons pu émettre des conjectures très plausibles sur les « dessous » de l'agitation féministe et sur ce qui s'y mêle de basse avidité, d'espoirs peu nobles...

Telles furent les « spéculations » sociologiques auxquelles nous nous sommes livré : il nous reste à les accommoder aux contingences qui sont particulières à l'heure présente et au pays.

Ce sera l'objet de notre IV⁰ partie.

QUATRIÈME PARTIE

Comment la question du suffrage des femmes se présente par rapport à la France.

Exposition.

L'émancipation politique de la *Femme* est une chose, et l'émancipation politique de la *Française* est une autre chose.

En d'autres termes, l'idée du Droit se particularise et se conditionne suivant le temps et suivant le milieu (1).

Nous avons donc à envisager le droit politique des femmes en fonction d'un pays déterminé, à savoir le nôtre. Car ce droit, que nous avons étudié tout à l'heure abstraitement, doit compter, comme tout autre droit, avec les traditions, les lois, les mœurs, les usages, le caractère, les *préjugés* même de la nation à laquelle il veut s'appliquer.

Il se pourrait que ces diverses circonstances lui opposassent des obstacles insurmontables, sans qu'il cessât pour cela de rester un *idéal*.

Mais le monde où nous vivons n'est pas le domaine de l'absolu ; c'est le domaine du contingent.

Telle réforme peut être bonne, ou du moins non nui-

(1) « Dans l'étude de la position à faire à chacun des sexes, il ne s'agit pas de supériorité ou d'infériorité, d'égalité ou d'inégalité *dans un sens général* » (NAVILLE, *Conférences*).

sible pour un peuple étranger, laquelle serait domma-
geable pour nous. Toute loi n'est pas bonne pour tout
pays, ainsi que depuis longtemps l'a établi Montesquieu. Il se pourrait aussi que cette réforme, étant
donné les modalités sous lesquelles elle se présente
restât en deçà, ou bien allât au delà du but.

Telles sont les questions que nous avons maintenant
à examiner.

I

OPPORTUNITÉ

Le suffrage des femmes répond-il à un *besoin*, ou seulement à un *désir* ?

Indifférence générale.

— Quand on se pose une telle question, ce qui frappe tout d'abord, c'est l'extrême indifférence de l'immense majorité des Françaises pour cette réforme. Rien de comparable à ce qui se passe de l'autre côté du détroit, où la querelle des « suffragettes » mobilise des multitudes. L'accession des femmes au droit de cité est une des caractéristiques du monde scandinave et du monde anglo-saxon, tandis que l'éventualité de cette « promotion » n'excite ni envie ni curiosité dans le monde latin.

L'agitation qui tend à s'organiser en France est toute superficielle et factice. Elle ne meut et n'émeut que les « professionnelles », soit un certain personnel très restreint, qui se transporte d'un groupe à l'autre, cherchant à galvaniser des auditoires peu nombreux et des « ligues » peu denses : c'est cette infime minorité de femmes désœuvrées qui mène tout le mouvement. Le grand branle-bas auquel les féministes se sont livrées à l'occasion des élections législatives de 1910 n'a troublé les « mares stagnantes » qu'à la surface. Antérieurement, les élections municipales de 1908 n'avaient provoqué dans un arrondissement de Paris qu'un sentiment de curiosité bienveillante, où l'on ne put voir autre chose qu'un hommage au sexe, à la jeunesse et à la grâce de la « candidate ».

L'agitation fomentée par l'*Union française pour le suffrage des femmes*, laquelle « Union » donne la main à l'*Union internationale*, a lamentablement avorté. Sa présidente d'alors, l'honorable M™* Schmahl, avoue dans son rapport (13 mars 1910) (1), que les dix-huit mille circulaires lancées n'ont amené que six cents adhérents. Si encore c'étaient toutes des *adhérentes* !

Car on sait que les hommes qui s'affilient à ces groupes sont toujours des recrues plus ou moins douteuses, ainsi que le Marocain, qui est plein d'empressement et de galanterie pour les dames étrangères, mais qui, rentré dans son harem, y fait régner la terreur. Or cette Ligue de l'*Union française* s'était fondée en prévision des élections de 1910 : c'est donc un échec.

Le journal *Jus Suffragii*, qui se donne comme l'organe officiel de l'*Alliance internationale pour le Suffrage des femmes*, n'est parvenu à recruter dans le monde entier que 878 lecteurs, dont 139 pour la France (2). En Italie, il a 24 lecteurs ; en Belgique, 15 ; en Espagne, deux, en Islande, *un* ou *une*. Son titre latin le rend incompréhensible à la majorité des féministes. D'autre part il est traduit (du hollandais) en un français si barbare, que sa lecture est pour nous un supplice — ou un amusement.

(1) En ces deux dernières années, le zèle s'est un peu réchauffé, à la suite du dépôt du rapport Buisson.

(2) Recensement du 15 février 1911 ; recensement de juillet 1911 : *mille* lecteurs. Le n° d'octobre 1910 nous apprend que l'édition *française* a failli être supprimée faute de fonds, et que c'est grâce à la générosité d'une grande dame *roumaine* que cette publication pourra être continuée provisoirement.

Quant à la douzaine de journaux féministes autochtones, ils sont presque tous parisiens... et éphémères, comme ces jouets du jour dont notre population enfantine s'engoue et qu'elle relègue, la saison finie, avec « les almanachs de l'autre année ». *Un seul* de ces journaux, le *Journal des femmes*, d'un très faible tirage, a pu durer une vingtaine d'années. Mais, comme il était mensuel... et intermittent, sa collection ne représente à la date du mois de juillet 1910 que 207 numéros (1), ce qui, on l'avouera, ne correspond pas à un enthousiasme bien profond.

Un trompe-l'œil.

Il faut donc se méfier des longues listes, tant de journaux que de soi-disant sociétés féministes, que le rapporteur parlementaire a introduites dans son rapport, pour l'étoffer et le « corser » : ce n'est une armée que sur le papier. Disons mieux : par un procédé qui est d'un avocat plutôt que d'un législateur, M. Buisson a compris dans son relevé — qui tient six pages infolio — toutes les sociétés *féminines* de France, sous la rubrique de : sociétés *féministes*. Et ainsi il a fait concourir la bienfaisance, l'assistance, l'hygiène, la Croix-Rouge, la protection de la jeune fille, l'organisation du travail féminin, etc., etc., au mouvement *politique*, alors que la plupart de ces sociétés utiles entendent bien y rester étrangères (2)... Enfin, il pra-

(1) Voir l'acte de décès de ce journal, relaté ci-dessus, IIᵉ partie, page 118.

(2) Cette liste de prétendues sociétés féministes s'ouvre par *L'Adelphie*, laquelle est exclusivement une société d'aide mutuelle de femmes, qui se propose de soutenir les femmes ayant subi des revers de fortune.

Vient plus bas *L'École des Mères* (actuellement quai Malaquais 19). Les cours qui s'y donnent sous l'habile direction de Mᵐᵉ Moll-Weiss sont exclusivement des cours pratiques :

tique le procédé qui consiste, pour enfler le total, à additionner ensemble « la carpe et le lapin ». Il était de notre devoir de dénoncer cette véritable supercherie.

Pour quiconque ne recherche que la vérité, il apparaît clairement que le suffrage des femmes n'est réclamé chez nous que par des *individualités* isolées, mais tapageuses, et généralement de *nationalité étrangère* (feu Novicow et le Dr Broda, par exemple); la *collectivité* s'en désintéresse. Le zèle de ces officieux étrangers passe pour suspect : il nous est difficile de croire qu'ils s'intéressent à nos affaires plus que nous-mêmes. Nos Françaises, que caractérisent le bon sens et le bon goût, estiment que les travaux du ménage suffisent à absorber leur activité. Elles repoussent le cadeau qu'on veut leur faire. Elles le jugent ou vain, ou pernicieux.

Leur attitude si froide doit avertir le législateur que, si le suffrage était institué, il serait aussitôt accaparé, et faussé, par des natures brouillonnes ou ambitieuses, sans qu'on pût espérer de correctif dans la sagesse de la masse, puisque la masse persiste à rester indifférente.

Le parti suffragiste.

Toutefois les « émancipatrices » ne sont pas seules à essayer de secouer cette indifférence. Elles ont trouvé le moyen jadis et aujourd'hui d'intéresser à leur cause des hommes politiques. Par malheur ces alliés n'ont pas toujours le sérieux et l'autorité qu'il faudrait pour ce rôle.

cuisine, repassage, coupe, raccommodage, modes, etc. Ils ont pour objet de préparer les jeunes filles à leurs futures fonctions de *mères* et de *ménagères*, c'est donc un groupement *antiféministe* au premier chef. A la réserve d'une *demi-douzaine* de coteries belliqueuses, *tous* les groupements que s'« annexe » le rapporteur sont de ce même caractère neutre et louable. --

Il y eut en 1885 un certain candidat aux élections législatives qui se prévalait du titre de « candidat *humain* » — ce que le peuple de Paris, né gouailleur, traduisait irrévérencieusement en son argot par candidat *loufoque*. Adolphe Bertron — c'était son nom — couvrit d'affiches les murs de Paris et de la province. Aux électeurs de l'arrondissement de La Flèche il adressait l'appel suivant :

« Travailleurs des champs, travailleurs des villes, « exprimez votre volonté : remplacez le suffrage uni- « versel de l'infortuné Ledru-Rollin par l'unique vrai « suffrage universel, *celui des deux sexes*. Dès lors, le « seul gouvernement du genre humain saura faire ce « qu'il faut pour que tout soit parfait par l'amitié, la « gratuité, l'unanimité ».

Ce Bertron était simplement en avance sur son temps : nous sommes habitués aujourd'hui à bien d'autres déclamations ! Nos « suffragistes » n'hésitent pas à nous assurer que le vote des femmes sera le signal d'une régénération sociale. En le repoussant, la France se mettrait au ban de la civilisation. Écoutez M. Ferdinand Buisson :

« C'est la France qui retarde. La grande majorité du « monde civilisé nous a décidément dépassés, et *les* « *rieurs ne sont plus de notre côté*. Nous restons seuls, « ou peu s'en faut, avec l'Espagne et la Turquie. » (*Rapport parlementaire*, page 151).

On se demande ce que viennent faire les « rieurs » dans cette admonestation non exempte d'emphase : personne n'a envie de « rire » devant un problème aussi grave. Quant à l'affirmation *de fait* que contient ce passage, nous savons ce qu'il faut en penser : c'est justement le *contraire* qui est le vrai, à savoir que c'est l'infime minorité du « monde civilisé » qui a accordé aux femmes des bribes de suffrage.

Mais par qui donc enfin, en dehors des féministes femmes, est réclamé ce mode de suffrage ? Quelle est la composition du parti qui le soutient ?

Dénombrement du parti.

Il y a : 1° ceux qui voient dans la réforme une distraction très divertissante pour la « galerie », ou peut-être l'occasion d'un nouveau genre de « flirtage » : ne mentionnons que pour mémoire cette catégorie de « suffragistes ».

2° Un certain nombre de fruits secs de la littérature, ou de ratés du baccalauréat, ou d'apprentis journalistes qui cherchent à attirer l'attention sur leur mince personne, en brandissant comme une menace le suffrage féminin. Appartiennent également à cette catégorie des petits jeunes gens qui cherchent à se faire bien venir des femmes en flattant leurs ambitions : le métier de féministe-mâle est l'une des formes de l' « arrivisme » contemporain.

3° Les idéologues, les abstracteurs de quintessence, qui sont résolus à ne tenir aucun compte des « contingences ». Pour ces purs « intellectuels », le suffrage des femmes est une *expérience* intéressante à tenter.

A ceux-là nous dirons : — Passe encore si vous tentiez cette expérience *in anima vili* ! Mais prendre pour matière l'âme même de votre pays !

4° Un groupe de députés et de sénateurs de l'*opposition*, qui se divisent naturellement en opposants de *droite* et en opposants de *gauche*.

Ceux de la *droite*, qui sont en tout au nombre de quarante, se subdivisent en deux groupes.

Le premier comprend les conservateurs un peu ingénus qui comptent sur la piété et les convictions religieuses de la masse féminine pour les aider à faire « machine arrière ». Pour eux, l'entrée des femmes en scène serait le signal d'une recrudescence de l'esprit traditionnaliste. Le vote des femmes infuserait à la France un sang nouveau, ou plutôt lui remettrait dans les veines un peu du « sang bleu » d'autrefois.

Le second groupe comprend ceux qui se flattent que l'ingérence tumultueuse des femmes accroîtra le « gâchis parlementaire » et donnera le coup de grâce au régime. C'est ce qu'on appelle la « politique du pire », politique qui s'est toujours retournée contre ceux qui la pratiquaient.

Le « péril clérical ».

Les idées que nous avons exprimées plus haut sur le compte de la propension des femmes à l'outrance et les enseignements que nous avons tirés de l'histoire de nos Révolutions ne nous permettent pas de partager l'illusion de ces conservateurs. Les femmes se jetteraient dans l'extrême, soit, mais dans l'extrême... gauche. D'ailleurs, quand on espère qu'elles subiraient profondément l'influence du clergé, on ne tient pas assez de compte de la tiédeur générale des croyances religieuses.

Ni les conservateurs n'ont le droit d'attendre quelque chose de l' « influence *cléricale* », ni les démocrates ne sont fondés à redouter beaucoup cette influence :

ces temps-là sont passés.

C'est pourquoi les sectaires qui persistent à agiter l'épouvantail « clérical » témoignent qu'ils retardent eux-mêmes sur le mouvement des idées. M. Ferdinand Buisson recourt, lui aussi, à ce moyen usé et grossier, qui consiste à « jouer du péril clérical. » Il dit : « Chez « nous l'accès en masse des femmes au scrutin serait « le signal d'un immense effort des prêtres pour re- « conquérir d'un seul coup tout le terrain perdu depuis « trente ans. Avec les incomparables moyens de per- « suasion, de pression et d'intimidation dont l'Eglise « catholique sait user — elle l'a prouvé — c'est elle qui « ferait les élections. Et ce serait peut-être pour la « République une crise plus grave que toutes celles

« dont elle est sortie victorieuse. » (page 156 du Rapport).

(Or le même M. Buisson demande pour les femmes « l'accès en masse au scrutin » ! C'est à n'y rien comprendre...).

On a vu par le « referendum » que nous avons commenté dans notre Ire partie quel abus il s'y est fait et de la « tutelle du prêtre », et des suggestions du « confessionnal », et de l' « obscurantisme » : autant de vieux *clichés* qui nous reportent loin en arrière. Le moment est venu de renoncer à ces arguments d'un autre âge et d'en croire la parole attristée d'un de nos prélats, mieux informé de ces choses que M. Buisson : « Il n'y a plus de nation chrétienne (1). »

Restent les parlementaires de gauche, ou plutôt d'extrême-gauche.

L'appui du socialisme.

Ceux-ci appartiennent presque tous à la nuance *socialiste* et ils forment de beaucoup l'appoint le plus nombreux. A côté des quarante « droitiers » qui ont signé la demande de renvoi à la Commission du Rapport Buisson pour la nouvelle législature, soixante-quinze députés socialistes ont en effet apposé leurs noms, et ce chiffre de cent-quinze membres de l'opposition forme à peu près la totalité des partisans du projet (2).

Or, cette fraction socialiste ne revendique naturellement le suffrage des femmes qu'*en fonction des principes socialistes*. M. Sembat, par exemple, quand il plaide pour l'émancipation, ne le fait pas par amour de la cause féminine, mais en vue de l'appoint qu'il

_____

(1) Mgr Fuzet, archevêque de Rouen (août 1910).

(2) On en trouvera la liste complète, par ordre alphabétique, dans le n° de janvier 1911 de la Revue *Les Documents du progrès* (Alcan).

compte y trouver pour l'établissement du collectivisme. Le féminisme devient ainsi l'une des formes
de la surenchère démagogique. Le socialisme aspire à
se servir des femmes plutôt qu'à *les servir*.

On est un peu surpris que les féministes ne se rendent pas compte de cette alliance équivoque. Parlons-
en mieux : cette tactique étant aussi avouée et for-
melle qu'il est possible, on est choqué de voir que les
féministes passent outre et qu'elles acceptent un pareil marché. Cette compromission leur aliène bien des
sympathies et ouvre les yeux aux moins clairvoyants.
Personne, en effet, ne peut croire que les social stes
rêvent pour les femmes un sort plus humain et plus
doux que celui que leur ont élaboré dix siècles de civilisation chrétienne, féodale et monarchique. Tout dans
les *principes* socialistes répugne au *progrès féminin*.
C'est donc *le vote quand même* que veulent les féministes.

Mais combien grave apparaît la responsabilité des
législateurs qui soutiennent une certaine motion
moins parce qu'ils la croient équitable ou bienfaisante,
que parce qu'ils la supposent apte à grandir leur popularité ! Peuvent-ils oublier à ce point leur devoir,
qui consisterait, au contraire, à *refuser* à la masse une
chose qu'elle demande, à le lui refuser avec franchise
et courage, si cette chose leur semblait ou impraticable
ou nuisible !

La duplicité masculine.

Quoi qu'il en soit, et en résumé, nous voyons que
le suffrage des femmes n'est réclamé par personne,
dans le camp masculin, comme il devrait l'être, c'est-
à-dire avec *désintéressement* et patriotisme. Tous ceux
qui le soutiennent ont, en effet, quelque arrière-pensée : ceux-ci de s'amuser, ceux-là de se donner ce que
les Anglais nomment un « excitement », d'autres de
taquiner le gouvernement et d'inquiéter le parlemen-

turisme, d'autres encore de faire triompher des principes qui sont la négation même de toute société. Personne parmi les hommes ne souhaite donc la réforme avec l'espoir qu'elle *profitera* au pays. Tous enfin, — et c'est encore un trait commun sur lequel nous avons à cœur d'appuyer, à raison de ce que nous avons dit plus haut de la nature des femmes — tous, disons-nous, *escomptent le manque de mesure qui caractérise l'esprit féminin.*

L'utilité sociale.

On va donc au devant d'une aventure pleine d'inconnu, au-devant d'un véritable bouleversement social, et cela au nom d'un principe abstrait, que la majorité des intéressées ne revendique point et que personne ne défend avec conviction : telle est la situation.

Si la réforme échoue, les féministes ne manqueront pas d'en accuser l'égoïsme des hommes. C'est chez elles de tradition. Cependant le bon vouloir du sexe masculin n'est pas douteux : on peut même affirmer avec certitude que, autant la sympathie des hommes est suspecte quand ils poussent les femmes à l' « émancipation », autant leur sincérité est réelle quand ils cherchent à les en détourner. Incriminer la société d'égoïsme et de barbarie, c'est proprement une ineptie, c'est-à-dire quelque chose qu'on peut mépriser. Une calomnie se réfute, mais une ineptie ne se discute pas. Or, les féministes n'épargnent rien pour *envenimer* le débat, et le transporter du terrain des principes sur le terrain des passions. Elles disent que les hommes ont « exclu » les femmes de toute participation directe au gouvernement.

Exclu ? Mais il faudrait pour cela que les femmes y eussent jamais participé ! Et Condorcet lui-même nous a expliqué comment il se fait historiquement que les

femmes n'aient jamais été appelées aux conseils (1).
L'utilité sociale, avouait-il, réclamait leur présence au
foyer. Eh bien, cette utilité sociale existe toujours.
Elle est toujours aussi impérieuse.

Empruntous ici à Proudhon une objection, suivie de
sa réfutation :

« Mais, dira-t-on, toutes les femmes ne sont pas ma-
« riées, et cela constitue une large exception en faveur
« de la liberté de la femme.

« — Nous y voilà : la Liberté ! Comme si, mariée ou
« non, la destinée de la femme dans la société n'était
« pas toujours la même ! *L'individu suit la loi de son*
« *sexe* » (2).

— Mais, dira-t-on encore, toutes sortes de réformes
sociales attendent du suffrage des femmes leur élaboration.

Quelles sont donc ces réformes ? Quand les féministes essaient d'en énumérer quelques-unes, on
s'aperçoit aussitôt qu'il n'en est *aucune* que les Parlements ou les associations extra-parlementaires n'aient
depuis longtemps déjà posée devant l'opinion (3). Les
féministes devraient donc dire plus modestement
qu'elles sont disposées à *continuer* cette action et à la
faire aboutir.

La lutte contre l'alcoolisme.

Pour l'alcoolisme, par exemple, il se peut qu'en
Nouvelle-Zélande l'union des « totalistes » (prohibi-
tionnistes) ait fait reculer ce fléau. Mais la Suède, elle,
s'en était débarrassée bien avant que les femmes y
eussent obtenu le droit de suffrage. La Suisse lui livre
une guerre méthodique à laquelle les femmes restent

(1) Voir Iʳᵉ partie, p. 9, et *Appendice*, pièce 1.
(2) *De la Justice dans la Révolution et dans l'Eglise*, 4ᵉ vol.,
passage sur Mᵐᵉ Necker de Saussure.
(3) Voir IIIᵉ partie, page 232.

à peu près étrangères. Et pour la France, qui oserait promettre que la transformation de nos femmes en « électrices » suffît à y détruire l'alcoolisme?

Il faudrait alors que les femmes commençassent par elles-mêmes, car on sait que ce penchant pour la boisson, dans les régions et les milieux où il exerce le plus de ravages, sévit indistinctement sur *les deux sexes* (1).

Plusieurs de nos hommes politiques, auxquels les femmes ne se montrent pas d'ailleurs pressées de s'associer, ont commencé à cet égard une vigoureuse campagne, au Parlement et hors du Parlement. Sans doute ces dames nous promettent leur concours dans cette campagne, *si* nous leur octroyons le bulletin de vote. Mais le véritable patriotisme fait-il de ces calculs? Le zèle qui n'agit que sous condition, est-ce un zèle sincère?

On ne voit donc nullement en quoi la lutte contre l'alcoolisme serait un trait spécifique du féminisme français. Si les femmes étaient vraiment désireuses de guérir notre pays de cette maladie, elles n'attendraient pas d'avoir obtenu le droit de suffrage ; elles se mettraient à l'œuvre tout de suite... Leur succès, si elles réussissaient, serait même un excellent titre qu'elles pourraient invoquer en faveur de leurs prétentions politiques. Car elles auraient ainsi ruiné d'avance une des principales objections que leur opposent les anti-réformistes, à savoir le manque d'*initiative* de la femme française et son peu d'esprit pratique.

Rien à inférer de l'expérience.

Mais admettons que dans des pays où la civilisation s'essaie, où les hommes sont plus rudes, où la tradition est encore inexistante, admettons que, dans des pays

---

(1) La Bretagne, la Normandie, le Nord, et, hors France, l'Angleterre.

vraiment neufs, le suffrage féminin ait pu contribuer à la formation de la société. Est-ce à dire qu'on puisse induire de ce qui se passe au Wyoming, dans l'Utah, en Nouvelle-Zélande, ou même en Scandinavie, quoi que ce soit par rapport à la vieille Europe et à la France? En aucune façon.

D'abord sur une table rase on peut mettre ce qu'on veut.

Remarquons ensuite que ces pays du Nouveau-Monde où fleurit le suffrage féminin ne sont entrés dans la « civilisation » que depuis un demi-siècle à peine, et cela par l'effet de la *lie* de la population européenne qui s'y est déversée. Il serait singulier d'aller prendre les descendants de ces aventuriers pour guides et pour modèles dans l'art de conduire les nations.

Autre différence. Les colonisateurs de l'Australie, par exemple, trouvaient le sol occupé par des tribus nègres, dont quelques-unes, comme celles des Papous, étaient anthropophages et situées au dernier degré de l'abrutissement. Pour tenir en respect de tels voisins, ce n'était pas trop de toutes les forces réunies des immigrants.

De là le privilège politique accordé aux femmes blanches, qui d'ailleurs étaient toujours bien inférieures en nombre aux hommes, mais qui formaient un appoint utile.

Faut-il poursuivre plus loin le parallèle et énumérer toutes les circonstances qui font que la comparaison est impossible entre l'Ancien et le Nouveau-Monde ? Nous ne le croyons pas. Bornons-nous à dire que de l'un à l'autre tout diffère.

Au surplus, on a vu plus haut (1) que les résultats fournis tant par l'Europe (Finlande, Norvège, Angleterre), que par l'Amérique ou l'Océanie étaient jugés

---

(1) Referendum de *La Revue*, Iʳᵉ partie, p. 69 sq. dépositions de MM. Yves Guyot, Jules Huret, Vidal de la Blache.

peu engageants même par des personnes favorable-
ment disposées pour le féminisme. D'ailleurs, ce féminisme lui-même a d'autres résonances suivant les la-
titudes.

Ainsi, comme nous l'exposait naguère (1), dans une
intéressante conférence, une Américaine mariée à un
Français, Mme Gagey, le féminisme aux Etats-Unis est
avant tout et presque exclusivement un lien *coopéra-
tif*, tandis qu'en France il a avant tout un caractère
agressif. Le féminisme américain est donc dans une
certaine mesure un principe fécond, et le féminisme
français un facteur *séparatiste*. De là découlent des
différences incalculables.

Nulle ressemblance non plus entre le féminisme
scandinave et le nôtre. Les Suédoises et les Norvégiennes ne connaissent pas cette galanterie chevaleresque que la France depuis près de mille ans pratique
comme une religion, et dont elle ne commence à se
détacher un peu que par l'influence précisément du
féminisme. Là-bas, la femme préfère résolument son
mari à ses enfants (2), ce qui est la disposition contraire de celle de la femme française.

Les pays scandinaves sont peuplés de races proli-
fiques où la femme est avant tout une « génitrice ».
Toutes ces « indépendantes » de Norvège et de Suède
donneraient sans hésiter leur « indépendance » pour
l'amour et un foyer, et elles le disent bien haut (3).
Leur « indépendance » n'est pour elles qu'un pis-
aller. Même chose pour les « suffragettes anglaises ».

(1) En juin 1910. *La Revue bleue* du 7 janvier 1911 a reproduit ce remarquable travail. Son auteur est décédée depuis.

(2) « Je donnerais mes deux enfants pour mon mari ! »
s'écrie l'héroïne de *Guillaume von Amstel*. Voir l'excellente
étude sur « La femme hollandaise » par Mlle Lya Berger,
dans *La femme contemporaine* du 1er mai 1909.

(3) Voir *A travers le féminisme suédois*, par Marc Hélys.
Lire la confession de Mlle Adelborg.

Aussi la récente élection d'une Mlle Rogstad (1), comme députée au Storthing norvégien, ne prouve-t-elle absolument rien pour la généralisation du droit politique des femmes. Quel rapport entre notre France, où, comme le disait le Conventionnel Chaumette, les femmes exercent le « suprème despotisme », et ces pays où les passions sont refroidies, où les tempètes de la mer et de l'âme sont comprimées par les fjords? Chez nous la femme a quelque chose de mieux qu'un carton donnant le droit de voter : elle a le prestige poétique et l'empire moral. Les Françaises sensées savent bien qu'elles ne gagneraient rien au change.

Exemple tiré de la Nouvelle-Zélande.

Mais il faut en quelque manière rendre *tangibles* ces considérations, car on sait que « les exemples vivants sont d'un autre pouvoir » que les déductions les plus rigoureuses. Voici donc le relevé, en quelque sorte « officiel », puisque nous l'empruntons au rapport parlementaire de M. Ferdinand Buisson (2), des « réformes obtenues en Nouvelle-Zélande par l'influence des femmes ».

« Les conditions de divorce ont été établies les « mêmes pour les deux sexes.

« Les femmes peuvent obtenir une indemnité pour « toute calomnie dont elles ont été l'objet, sans avoir « à prouver qu'elles en ont souffert un dommage spé-« cial.

(1) Mlle Rogstad, institutrice, la première femme élue au parlement norvégien, se présenta au Storthing au cours de la séance du 18 mars 1911, et se vit adresser quelques mots de bienvenue par le président, que les députés écoutèrent debout. La nouvelle élue fut trop émue pour pouvoir y répondre.
(2) Pages 84 et 85.

« La profession d'avocat a été ouverte aux femmes.

« La séparation légale d'avec des maris indignes
« peut être obtenue sommairement et sans frais.

« Une loi relative à l'entretien de la famille du tes-
« tateur empêche un homme de disposer de sa pro-
« priété sans faire une réserve convenable pour sa
« femme et sa famille.

« L'entretien des vieillards pauvres a été dans une
« certaine mesure assuré par l'organisation de pen-
« sions pour vieilles personnes des deux sexes. Un
« couple de vieillards possédant une petite maison
« peut recevoir une pension globale d'environ 14 shil-
« lings par semaine.

« L'organisation d'asiles publics pour les ivrognes a
« été décidée par une loi : il en fonctionne déjà un ;
« d'autres sont en cours d'installation.

« La santé des ouvrières adultes et celle des jeunes
« gens des deux sexes au-dessous de dix-huit ans est
« l'objet d'une sollicitude particulière de la part de
« l'Etat ; on a fixé légalement leurs heures de travail
« quotidien et les jours fériés (pour lesquels ils sont
« payés).

« Le paiement des salaires des apprentis a été assuré,
« et la responsabilité des patrons en matière d'acci-
« dents du travail a été établie dans un esprit très lar-
« gement favorable aux ouvriers.

« La reconnaissance légale des principes de l'asso-
« ciation économique constituée par les époux a été
« dégagée dans deux lois.

« Un code plus moral a été établi par des modifica-
« tions apportées au régime pénal.

« L'adoption des enfants a été réglementée par une
« loi ; et, par la loi sur la protection des nouveaux-
« nés, on a interdit leur mise en nourrice.

« Les bureaux de placement ont été mis sous le con-
« trôle de l'Etat ; le bien-être et la santé des demoi-
« selles de magasin ont été légalement protégés ; des
« améliorations ont été introduites dans la loi sur les

« écoles industrielles où de meilleures méthodes ont
« été adoptées.

« En 1902, une loi sur l'enseignement technique a
« décidé de fonder dans toute la colonie des écoles in-
« dustrielles.

« Une loi interdisant la vente de l'opium a été vo-
« tée, ainsi qu'une loi interdisant aux jeunes gens de
« fumer.

« Dans l'ordre social on peut mentionner : une loi
« sur l'arbitrage et la conciliation pour le règlement
« des conflits industriels ;

« L'abolition de l'emprisonnement pour dettes. »

Eh bien, nous le demandons, y a-t-il *une seule* de
ces « réformes » que la France, pays de suffrage masculin, n'ait déjà réalisée, ou ne soit en train de réaliser, et cela par le simple jeu de ses institutions ? Ajoutons : par l'esprit de loyauté, d'équité, de douceur et
d'*humanité* qui préside à ses Conseils (1). Il faudrait
une bonne foi nous corriger de notre défaut national,
qui consiste à nous déprécier nous-mêmes, et à imputer à l'esprit de parti ce qui est le fruit de la civilisation générale.

(1) Voir III° partie, pages 232 et 233.

II

LES DIFFICULTÉS

Nous abordons maintenant l'examen des *obstacles pratiques* qui, ou bien rendent la réalisation du suffrage féminin *difficile*, ou bien en rendraient le fonctionnement *dangereux*.

L'émancipation politique des femmes intéresse le principe même sur lequel le droit de suffrage repose.

Les *difficultés* tiennent en premier lieu à notre constitution politique, dans laquelle le suffrage féminin ne pourra s'introduire sans froissement. Pour les rechercher, nous nous placerons dans l'hypothèse *logique*, celle où se sont placés Condorcet, Stuart Mill, Secrétan et autres théoriciens, à savoir le vote législatif uni au vote municipal, et pourvu de sa sanction.

La place déjà prise.

Dans cette hypothèse, le vote des femmes se trouve en présence d'une situation acquise, et qu'il prétend modifier de fond en comble. S'il ne s'agissait, en effet, que de faire place à un nouvel arrivant, les premiers occupants auraient sans doute assez de complaisance pour se serrer un peu. Mais on leur demande bien davantage : on demande à une partie d'entre eux de *céder leur place* au nouveau venu. Car l'état de nos finances publiques — indépendamment d'autres considérations — ne nous permet pas de songer à augmenter le nombre de nos représentants. Même on les trouve déjà trop nombreux, et l'on sait qu'un des effets de la Représentation proportionnelle, substituée au scrutin d'arrondissement, sera de diminuer l'effectif parlementaire d'une vingtaine d'unités. Ainsi celles des femmes qui seront élues, le seront *au détriment* des législateurs masculins qu'elles déposséderont de leurs sièges. Cette conséquence n'est pas pour nous effrayer, nous, public, car apparemment les élues seront des femmes qui s'imposeront par un mérite transcendant. Mais auparavant il aura fallu que les Chambres, soit isolément, soit réunies en Congrès, se soient prêtées à cette *deminutio capitum*. Or on ne voit pas bien nos députés et nos sénateurs se « guillotinant par persuasion ». Il est à prévoir que ceux de nos honorables qui soutiennent maintenant « la Cause », parce qu'elle n'a qu'un intérêt platonique et doctrinal, sitôt qu'on entrera dans l'ère des « réalisations », trouveront, comme ils ont fait jusqu'ici, que la réforme n'est pas « mûre », et demanderont un nouveau sursis. Ils s'aviseront même qu'une telle réforme ne peut décemment être décidée par les parlementaires eux-mêmes, mais qu'elle doit résulter d'une poussée irrésistible de l'opinion publique. Ils oublieront qu'ils ont, pendant toute la durée de la législature, entretenu les féministes dans l'idée que l'affaire était en bon train et sur le point de se conclure. Aussi bien est-ce la comédie qui s'est jouée jusqu'ici, et dont les féministes continuent à être dupes.

À la veille des élections, les candidats ne sont avares de promesses, ni envers les féministes, ni envers une catégorie quelconque de la population. Au lendemain des élections, les élus élaborent vaille que vaille un « projet », pour donner à leurs « commettantes » un semblant de satisfaction. Le projet sommeille des mois et des années dans les cartons de la Commission compétente. De temps en temps un peu d'agitation se fait à l'entour. Finalement un « rapport » est déposé, à la veille des prochaines élections. L'attente du parti se réveille : cette fois, c'est pour de bon ; on touche au port. Cependant les Chambres se séparent sans « avoir eu le temps » d'en délibérer. Mais ce n'est que partie remise, et certainement dès la rentrée... Là dessus ou procède à une nouvelle consultation électorale, qui ne tourne pas trop mal à ce point de vue, parce que les députés favorables à « la Cause » ont su faire prendre patience à leurs futures « électrices ».

Aussi bien le système qui serait sans doute le plus du goût des hommes politiques, ce serait celui qui n'accorderait aux femmes que le droit de vote, sans l'éligibilité. De la sorte ils augmenteraient leur clientèle électorale, sans se nuire à eux-mêmes. Mais, encore une fois, *la logique ne le permet pas*, ni la plus élémentaire convenance. Nous sommes dans notre rôle en refusant aux femmes un empiètement que nous jugeons impolitique, mais nous serions inexcusables de les tourner en dérision.

En résumé, on se demande comment les féministes peuvent compter sur le zèle sincère des députés, pour faire aboutir une réforme qui serait le propre suicide de quelques-uns d'entre eux, peut-être de beaucoup d'entre eux, car la même *logique* ne permet pas de fixer d'avance selon quelle proportion ils seraient décimés. On ne voit donc pas *comment, par quelle voie*, la réforme pourrait s'introduire.

Les inconvénients.

Réalisée, elle ferait apparaître d'étranges anomalies. Celle-ci entre autres : Supposez un « ménage militaire ». Le mari, officier, n'est pas électeur, parce que militaire, tandis que sa femme, sa fille majeure sont électrices, et peut-être députées ! Ce qui achèverait de rendre cette situation absurde, c'est cette circonstance que, suivant l'un des arguments favoris du féminisme, la *maternité* est pour les femmes l'équivalent du *service militaire* pour les hommes. Or, justement le service militaire a pour effet de priver les hommes de leurs droits politiques !

Cette remarque nous amène à rechercher quelle serait, d'une façon générale, la situation respective des époux, sous le régime du suffrage féminin.

N'hésitons pas à dire tout de suite que ce serait *le conflit des sexes au foyer* (1).

Les répercussions conjugales.

Observez ce qui se passe dans un ménage où le mari et la femme exercent tous les deux la même profession, par exemple, celle de gens de lettres ou d'*acteur* (2). Leur émulation dégénère bientôt en concurrence, sinon en féroce jalousie de métier. Des drames véritables sont parfois sortis d'une telle situation, tant il est vrai que la condition de l'harmonie conjugale, comme de l'harmonie sociale, comme de toute espèce d'*harmonie*, c'est que chacun des exécutants fasse une partie différente dans le concert. Or, l'émancipation politique de la femme assimilera les époux à deux *acteurs*, jouant dans la même pièce, comédie ou tragédie, sur les mêmes tréteaux, ceux de la scène politique. Ou bien l'un sera modestement la

(1) Une déclaration de guerre entre « les bretelles et les jupons », comme on l'a dit.

(2) Ou de médecin, ou d'avocat, ou de peintre, comme dans les intéressants romans de Colette Yver qui a spécialement étudié ces cas de guerre intestine.. Signalons aussi le remarquable article de Mme Yver dans *Le Gaulois* du 22 mai 1912.

« doublure » de l'autre, et alors à quoi bon? Ou bien
ils chercheront à prévaloir l'un sur l'autre, à raison
celui-ci de son orgueil d'homme, celle-là de son intolérance de femme. Ce sera donc une cause nouvelle
de dissension ajoutée par la loi (1) à tant d'autres, et
l'on sait si les querelles politiques sont ardentes! Et
nous ne parlons pas de l'hypothèse — qui se conçoit
pourtant fort bien, et qui se produira certainement —
où les deux époux seront, dans toute la force du terme,
des *concurrents*, soit pour un siège au Parlement,
soit pour un simple siège au Conseil municipal. Qu'on
suppose, dans ce cas, l'*une* élue, et l'autre non. Quels
seront ensuite les rapports de ces deux êtres !

C'est la perspective de toutes ces conséquences qui
faisait ajouter par Secrétan ce « postscriptum » à son
Droit de la femme : « L'exercice indépendant et si-
multané des droits politiques par les deux conjoints
est un *danger* pour leur union » (2). En écrivant cette
phrase, le philosophe suisse était peu d'accord avec
ses principes, mais parfaitement d'accord avec le bon
sens. Oui, le suffrage des femmes conspirera avec le divorce pour ébranler l'institution, déjà si menacée, du
mariage. Pour les esprits même les moins pessimistes,
c'est la perspective d'une rupture de l'équilibre social.
Le *progrès*, ainsi acheté au prix de la désunion de la
famille, serait vraiment payé trop cher. Mais cette
conséquence nous induit précisément en doute si ce
sera là du *progrès*. N'est-ce pas plutôt une régression,
cette « réforme » qui pousse à la *lutte de sexes*,
comme le socialisme, qui la patronne, pousse à la
lutte de classes (3) ?

(1) Une des femmes célèbres de la Révolution a dit avec
sagesse : « La *compagne* de l'homme ne doit pas être sa ri-
vale. » 					(Thérésia CABARRUS).
(2) *Réponse à quelques critiques.*
(3) « L'exercice du suffrage développerait l'antagonisme de
sexe, détruirait les sentiments chevaleresques de l'homme

Amendements impossibles.

Assurément, répondent les suffragistes, ce serait une faute de juxtaposer purement et simplement le suffrage féminin au suffrage masculin. Aussi bien y avons-nous pourvu par divers « amendements », entre lesquels le législateur n'aura qu'a choisir. Ou bien l'on peut, comme le proposent la plupart des théoriciens, Condorcet en tête, Émile Deschanel ensuite, et finalement Mᵐᵉ Hubertine Auclert, exclure du droit de cité les femmes mariées, soit parce que « esclaves des hommes », soit parce que suffisamment représentées par eux dans les Conseils de l'Etat. Dans ce cas les féministes se rangeraient au texte voté le 28 avril 1848 par le « Club des femmes » de la rue Taranne, et qui disposait ainsi :

« Considérant que la glorieuse Révolution de 1848
« ouvre l'ère de la fraternité universelle pour tous les
« êtres humains sans exception (*sic*) de sexe, nous de-
« mandons l'émancipation intégrale, les femmes sou-
« mises à une éducation appropriée, étant aptes à exer-
« cer toutes les fonctions sociales... Nous supplions le
« Gouvernement provisoire de rendre immédiatement
« un décret qui consacre en principe la reconnaissance
« absolue des droits civiques de la femme, et admette
« les majeures veuves et *non mariées* à l'exercice du
« droit électoral, sur la simple présentation d'actes au-

pour la femme, amènerait le désordre dans les ménages. Il convient que le mariage seul reste le grand régulateur des rapports entré les deux sexes. »

(Jean de la JALINE).

Cette question des répercussions conjugales de l'émancipation féminine est une de celles que Proudhon a le plus fortement creusées soit dans son 4ᵉ volume de la *Justice dans la Révolution*, etc. soit dans sa *Pornocratie*.

« thentiques constatant leur majorité ou leur éman-
« cipation légale. »

On peut aussi stipuler un certain âge pour les électrices, ou en tout cas pour les éligibles, afin que les
soins qu'elles donneront aux affaires du pays ne dé-
robent rien à leur ménage et à leurs enfants. On peut
imaginer encore d'autres modes de sélection. On peut,
par exemple, rendre le suffrage des femmes censitaire (1) c'est-à-dire restreint. On peut aussi le réserver
exclusivement aux femmes qui sont électeurs pour les
Tribunaux de Commerce, comme le veut le député
Pourquery de Boisserin (2). Telles sont les principales
combinaisons qu'on a inventées pour dépouiller le suffrage des femmes de toute « tare » originelle.

L'exclusion des femmes mariées.

L'amendement le plus « populaire » parmi les féministes, à savoir *l'élimination des femmes mariées*, aurait effectivement un grand avantage : il empêcherait
toute espèce d' « encombrement ». Les femmes en
puissance de mari étant les plus nombreuses, on n'aurait pas à craindre avec ce suffrage très restreint de
voir l'axe de la politique se déplacer brusquement. Le
centre de gravité social resterait au même point.
Dans cette combinaison les femmes ne serviraient
plus que de « valeur d'appoint ».

Mais alors que devient le *principe* ? Nous avions cru
jusqu'ici que la situation extrêmement pénible à laquelle il s'agissait de mettre un terme, c'était « l'esclavage *des femmes* ». de *toutes* les femmes. Or, voilà
qu'on veut « affranchir » précisément celles d'entre
elles qui étaient relativement « indépendantes », et

(1) C'était l'idée d'Emile Deschanel, en 1846, il est vrai.
Le cens qu'il fixait était de 200 francs d'impôts.
(2) Voir ci-dessous, page 306.

qu'on laisse dans l' « esclavage » celles qui y gémissent !
Singulière application et de la logique, et de la justice,
et de l'humanité ! Mais s'il y a quelqu'un dont la libération s'impose, c'est justement l' « esclave » ! Ou
bien alors qu'on laisse dormir les grands mots d'équité,
de pitié, de liberté, de fraternité, et qu'on avoue franchement que tout le féminisme, politique ou autre,
se ramène uniquement à *la guerre au mariage !*

Voilà donc déjà une grave contradiction. Mais, en
outre, ce mode de limitation, s'il est de nature à dissiper certaines appréhensions politiques, provenant
surtout du côté *gauche* de la Chambre, est, au regard
des *convenances*, le parti le plus malencontreux et le
plus choquant auquel on puisse s'arrêter. Eliminer les
femmes mariées *à raison de leur mariage*, les « disqualifier », non pas à cause de leur sexe, mais à cause
de leur condition d'épouses, on croirait que c'est là un
expédient de féministes aux abois, si l'on ne le voyait
présenté et soutenu par tout ce qu'il y a de plus considérable dans cette école de doctrinaires. Allons au
fond des choses : c'est la haine secrète pour le mariage et le goût de l' « union libre », *principe et
fondement de tout le féminisme*, qui manifestement
a suggéré cet ostracisme ingénieux. Forclore les
femmes mariées du nouveau contingent électoral,
mais ce serait justement en bannir l'élément morali-
sateur et la principale garantie d'honorabilité ! Car enfin, à l'exception des mineures, lesquelles ne sont pas
en cause, que reste-t-il comme femmes, si l'on ôte les
femmes en état de mariage ? Il reste les veuves et les
célibataires. Pour les veuves, rien à objecter. Mais tout
le monde sait bien que ce mot de « célibataires », ap-
pliqué aux femmes, comprend une certaine catégorie
de femmes qui vraiment ne feront guère honneur au
corps électoral. Ainsi, c'est là ce que l'esprit de parti a
trouvé : un certain système électif dans lequel les
femmes que flétrit justement le mépris public auront
des droits dont seront privées les femmes que le res-

pect public environne d'hommages et de reconnaissance ! A notre avis, cela suffit à juger le système, et
cela nous dispense d'insister...

Autres cas d'exclusion.

Quant aux autres modes de sélection proposés :
l'âge, les capacités, les avantages du corps ou du rang,
etc., ils sont tous également impraticables. Ce serait
s'engager dans un véritable dédale de complications.
Une femme présente-t-elle les capacités morales ou
intellectuelles requises : qui s'en fera juge ? Qui osera
rayer une femme de la liste électorale parce qu'elle est
jeune ? Pourquoi pas parce qu'elle est jolie ? Les électeurs parisiens protesteraient bien haut, eux, grâce à
qui cette jeune fille (1) qui fut la concurrente de
M. Escudier aux élections municipales, obtint plus de
voix à elle seule (2) que n'en recueillit toute la vingtaine de candidates aux élections législatives de 1910.
Ce n'était pas qu'alors les électeurs voulussent circons-
crire les femmes dans le domaine municipal, car ils s'in-
quiétèrent fort peu des aptitudes édilitaires de la candidate, mais c'était que celle-ci avait séduit leurs yeux.
La question de *principe*, de principe politique, ne joua
aucun rôle dans l'affaire. Nous devions fixer en passant
ce minuscule point d'histoire, afin que l'on voie bien
qu'aucune espèce de *sincérité* politique n'attend les
manifestations de ce genre de suffrage. Toujours la
galanterie innée de notre race, ou, si l'on préfère, l'in-
corrigible légèreté de notre caractère, fera que ce
scrutin sera dénaturé par toutes sortes d'impressions
étrangères aux « *sciences* politiques et morales ». Les
oppositions d'idées se tourneront inévitablement en
concours de beauté, les femmes feront entre elles assaut de coquetterie, et toute la gravité qui sied au

(1) Mlle Jeanne Laloë (élections de 1908).
(2) Près de mille voix.

peuple souverain réuni dans ses comices disparaîtra (1)...

Quant à la scission, qu'on a établie aussi, entre le droit de vote et l'éligibilité, nous la retrouverons un peu plus loin, quand nous en viendrons à l'examen détaillé du texte législatif soumis actuellement aux Chambres.

En résumé, le droit politique des femmes doit être à l'abri de toute critique fondamentale, ou il ne doit pas être. Il ne se peut pas qu'il ouvre la porte à de graves abus. Il faut qu'il soit *moralement* inattaquable. C'est pourquoi la défiance, traditionnelle chez les féministes, pour les femmes mariées, le fausse dans son principe. D'autre part, sérier les diverses catégories de femmes, les échelonner suivant l'âge, ou le physique, ne leur accorder qu'un demi-droit, à savoir celui d'élire, sans celui d'être élue, toutes ces combinaisons sont impraticables ou inconvenantes. Ajoutons qu'elles sont *injustes*, car, on s'en souvient, c'est au nom de l'égalité et de la justice que la présente question a été soulevée. En conséquence, *le suffrage des femmes sera « universel », ou il ne sera pas.*

Les femmes et le suffrage universel.

Mais quoi? Habiliter en bloc, indistinctement, toutes les femmes au droit de suffrage ? Doubler, par l'adjonction des femmes, les imperfections du suffrage universel ? Mépriser à ce point les leçons de l'expérience ? Renouveler la faute commise en 48 ? Sous le nom de réforme, procéder à une aggravation ? car il y a déjà incontestablement trop d'électeurs hommes. Comment les « émancipateurs » les plus déterminés n'eussent-ils pas hésité ?

C'est là, en effet, ce qu'il y a de grave et de troublant

(1) Voir Appendice, pièce 18.

dans la question, et c'est pourquoi tout à l'heure nous
nous permettions de relever la fâcheuse dissonance
du mot prononcé par M. Ferdinand Buisson à cette occasion : « les *rieurs* ne sont pas de notre côté ».

La plupart des personnes qui expriment leur opinion
sur le suffrage féminin ne croient pas pouvoir le faire
sans élargir démesurément — et sans déplacer — la
question. Les interroger sur une modification quelconque du droit de suffrage, c'est livrer à leurs amères
critiques le principe lui-même. Ainsi les « plébiscitaires
de *La Revue* n'y ont pas manqué (1).

Le suffrage universel n'était pas encore né chez
nous que déjà il était attaqué. Balzac écrivait en 1842 :
« L'élection étendue à tout nous donne *le gouvernement par les masses*, le seul qui ne soit pas responsable et dont la tyrannie est sans bornes, parce qu'elle
s'appelle la Loi (2) ». Assurément la « grande pensée »
de Ledru-Rollin n'est pas parfaite. Elle a le tort de

> Ne faire de mérite aucune différence.

et par là elle déplaît à nos Alceste et même à nos Phi-
linte politiques. Elle met sur le même pied le savant et
le garçon de laboratoire, l'honnète homme et le fri-
pon ; elle confère le droit de vote même aux
« idiots » (3), bizarrerie, qui, soit dit en passant, montre bien que ce n'est point par défiance de *l'intelligence*
des femmes que le droit de suffrage leur a été refusé

●

(1) Voir ci-dessus, Iʳᵉ partie, page 69 sq.
(2) *Pensées et Maximes*, recueillies par J. Barbey d'Aurevilly.
(3) Nous faisons allusion à un arrêt de la Cour de cassation
(avril 1910) d'après lequel « la faiblesse d'esprit, lorsqu'elle
n'a pas motivé l'interdiction, n'est pas incompatible avec la
jouissance du droit électoral, tel que le réglemente le décret
du 2 février 1852 ».

Le principe du suffrage universel est donc bien le *sexe*, et
non pas le degré d'intelligence.

jusqu'ici. Mais ces absurdités même procèdent d'une
sorte de logique. Elles sont telles qu'on ne peut leur
opposer que... des absurdités contraires, comme celle
qui consiste à dire : — Vous refusez à George Sand, à
Mᵐᵉ Ackermann, à Mᵐᵉ Curie, cette carte d'électeur que
vous accordez à tel ivrogne ou à tel « apache ». —
Qu'il serait aisé de retourner ce raisonnement en disant : — Vous voulez que nous accordions le même
privilège à la nouvelle Jeanne d'Arc qui nous rendrait
l'Alsace-Lorraine et à la dernière des prostituées !

Ainsi le suffrage universel n'est nullement fondé sur
les capacités, et l'on perd son temps quand on en relève les anomalies, puisque l'on juge au nom de la
raison une institution qui établit un lien factice d'égalité entre des individus inégaux en nature. Le suffrage
universel est simplement l'affirmation qu'un *sexe* est,
d'une façon générale, plus propre que l'autre à l'action
politique. Vouloir le restreindre en le fondant sur le
cens ou sur l'intelligence, ce serait, à l'heure qu'il est,
tenter une révolution plus violente que celle d'où il
est sorti. Il faut l'accepter et le subir tel qu'il est : *in
hoc movemur et sumus*.

Mais enfin, ce suffrage universel, sur les défectuo-
sités duquel tout le monde est d'accord, comment
peut-on songer à en accroître le vice constitutionnel
en l'étendant à tout l'autre sexe ? Etrange raisonnement ! on trouve un certain système détestable en
pratique, détestable dans son principe même... et l'on
conclut en disant qu'il faut le généraliser, « l'univer-
saliser » ! Dans ce domaine tout empirique qui est le
domaine politique, c'est en cela que consisterait la véritable aberration. En présence d'un legs embarrassant
des générations antérieures, un seul devoir s'impose
aux héritiers : amender, rectifier, *s'il se peut*, le legs
transmis, mais non pas le *multiplier par un coefficient
égal ou supérieur à l'unité*. Car il y a plus de femmes
que d'hommes.

Le sexualisme en politique.

Mais la faute la plus lourde de toutes, ce serait d'introduire dans cette institution politique, déjà si contestable, un *élément de désordre*.

Avant même que la Révolution se fût orientée vers la forme républicaine, les esprits avisés signalaient les conséquences morales qui naîtraient de l'ingérence des femmes dans la politique. Mirabeau disait :

« En interdisant aux femmes l'entrée des assemblées « publiques, où leur présence occasionne *des désordres* « *de plus d'un genre*, en les écartant des fonctions poli- « tiques *qui ne leur conviennent sous aucun rapport*, je « regrette beaucoup qu'on ne les ait point admises au « conseil de famille (1), dont elles me paraisssent de- « voir être l'âme, et que l'on n'ait pas saisi cette occa- « sion pour établir les *différences sociales des hommes* « *et des femmes*, dans un ordre de choses conforme à « l'admirable plan de l'auteur de l'univers ».

A peu de temps de là, les « désordres » qu'entraîna en effet la promiscuité des femmes dans les « assemblées publiques » justifièrent amplement les prévisions du grand tribun. Les « citoyennes » honnêtes essayèrent de réagir contre ces mauvaises mœurs par des mesures de police appropriées. Ainsi les *Citoyennes dévouées à la Nation* arrêtèrent, le 1ᵉʳ octobre 1791, un règlement portant « qu'il n'y aurait jamais plus de trois hommes (à la tête de leur association) (2), afin

---

(1) Lacune comblée depuis : la femme peut être tutrice de ses enfants, en attendant qu'elle puisse l'être de son neveu, de sa nièce, ou de l'enfant de son amie, addition que les féministes appellent de tous leurs vœux.

(2) C'est de telles associations qu'on a dit qu'elles pourraient être à bon droit présidées par « le Génie de l'Espèce. »

d'éviter un mélange de sexes contraire aux bonnes mœurs ».

A la fin de cette même année, les choses allèrent si loin dans un Club de Reims, que les Rémoises se virent obligées, pour maintenir l'ordre, de décider que « les dames seraient dorénavant séparées des hommes aux séances. »

Même aventure aux *Amis de la Liberté et de l'Egalité* de Colmar. Sur la plainte de vertueux Colmariens, la séparation des deux sexes fut ordonnée « dans l'intérêt de la décence et de la tranquillité ».

Au *Club des Sans-Culottes* de Lunéville, les femmes causèrent tant de désordres que le président jugea indispensable de faire élever une solide barrière pour séparer les clubistes des deux sexes (1).

La seconde République allait assister aux mêmes scènes d' « émancipation ». Une Mme Bourgeois, en remettant au Gouvernement provisoire une adresse aux fins d'obtenir le suffrage des femmes, ajoutait insidieusement : « Ce que Dieu a joint, l'homme ne doit pas le séparer. Il n'est pas bon que l'homme soit seul à l'Assemblée... » En dépit de cette autorité biblique, le Gouvernement dispersa les Clubs féminins.

Un genre spécial d'incompatibilité.

A notre tour, nous dirons : Il n'est pas bon que *le sexe* se mette en vue. Nous ne sommes pas en Scandinavie, où les passions sont lentes à s'émouvoir, et nous ne sommes pas en un pays méridional, où les mœurs connaissent plus ou moins de relâchement. Nous sommes en France, un pays pondéré, tempéré, dont l'équilibre est le charme. Cet équilibre, l'homme le garde plus facilement que la femme, quand il joue un rôle actif en public. Mais la femme, force de

(1) H. Beaumont, *La S. P. de Lunéville* (*Annales de l'Est*, 1889).

maintien et de conservation, Vestale du foyer, quand
elle reste à son autel, la femme change de caractère et
d'allures, quand elle monte sur une scène ou se mêle à
la foule (1). L'agitation de la fièvre électorale la grise.
La liberté de paroles et de gestes qui accompagne les
manifestations de la politique — chez nous du moins
— ne peut que diminuer la femme dans notre respect.
Nous en prendrons à témoin une femme elle-même,
une de celles dont le sexe s'enorgueillit le plus à
l'heure présente.

Mᵐᵉ Adolphe Brisson (née Yvonne Sarcey), après
avoir rendu compte d'une réunion électorale tenue par
Mᵐᵉ Marguerite Durand (en mars 1910), et qui avait été
fort tapageuse, conclut en ces termes :

« Décidément, la place d'une femme n'est pas là,
« dans cette cage d'énergumènes... Ce n'est point que
« la capacité lui fasse toujours défaut.... mais parce qu'il
« est cruel, blessant, de voir une femme s'offrir aux in-
« sultes, aux sottises d'une foule, et qu'*elle s'y diminue*
« *singulièrement.* Les hommes s'entendent à faire le
« coup de poing, au moral et au physique ; les femmes
« si braves qu'elles soient, n'y sont pas dans leur rôle,
« et, *la tête sur le billot, je dirais encore que ce n'est*
« *pas là un métier de femme* » (2).

C'est la vérité même. Il faut avoir, à la faveur d'une
campagne électorale où une huitaine de femmes persistaient à faire jusqu'au bout œuvre de « candidates »,
constaté combien la femme « grimace » dans ce rôle,
pour pouvoir redresser les utopies des théoriciens en
chambre. Reportons-nous au sentiment pénible que

(1) Le « sexualisme » domine la femme, quand elle parade
en public. Si elle est jolie, on la regarde sans penser à ce
qu'elle dit ; si elle est laide, elle indispose; si elle n'est ni
jolie, ni laide,... on ne l'écoute pas. La femme alors n'est
plus elle-même, ni quant à elle, ni quant aux autres.

(2) *Les Annales politiques et littéraires,* 10 avril 1910. Voir
Iʳᵉ partie, page 31, et IIIᵉ partie, page 220.

nous causait le spectacle d'une femme à la tribune,
essayant de rivaliser de violence — et même de gros-
sièreté — avec les hommes, faisant tête aux outrages,
rendant coup pour coup, essuyant des bordées d'in-
jures ou de ces allusions obscènes que la présence du
sexe qui s'oublie déchaîne dans les rangs masculins,
ne réussissant pas' à s'imposer, à raison de sa voix
grêle, de son verbe hésitant, de son geste gauche,
n'aboutissant qu'à faire sortir toute la brutalité ani-
male qu'il y a dans la « bête humaine », enfin « pros-
tituant » toute son âme sur des tréteaux.

C'était donner à notre thèse l'éloquente démonstration du *fait*.

On souffre alors dans tout son respect pour la
femme, dans ce respect dont elle n'a plus le droit de
se réclamer, puisqu'elle travaille elle-même à l'étouffer.
On sent tout ce que la dignité des mœurs parlementaires perdrait à ce mélange des sexes, et tout ce que
la moralité publique, bien autrement importante encore que la décence parlementaire, y perdrait du
même coup.

La seule présence d'une femme à la tribune, surtout en France, surtout à Paris, suffit à changer le ton
d'une discussion, à la faire dévier, à engendrer le désordre et le brouhaha, là où peut-être sans cette
femme eût régné la « chaleur persuasive » des débats.

Les élections législatives de 1910.

Telle fut la physionomie « morale » des élections
législatives de 1910. Il reste à rechercher si ces élections, où, pour la première fois, les « militantes » me-
surèrent leurs forces et comptèrent leurs partisans,
nous apportent quelque indication positive, de nature
à modifier l'opinion que nous avons soutenue jusqu'ici.

La campagne fut menée par les féministes avec plus

d'entente qu'on n'eût osé l'espérer. Le bel enthousiasme du début avait fait surgir d'abord autant de
« candidates » qu'il y avait de circonscriptions à pourvoir. Mais, devant les difficultés à vaincre, le plus
grand nombre de ces vaillantes se découragèrent, et,
de vingt, le chiffre de celles qui se décidèrent à fournir la course se réduisit à moins de la moitié. Ces
dames furent exactement huit, plus une neuvième qui
se présentait sous le couvert d'un « homme de paille »,
M. Wilhelm, « chef ravaleur » de son état.

En réalité la tactique de cette dernière (1) fut bientôt adoptée par les huit autres et se substitua à l'offensive directe. On comprit, en effet, qu'on n'avait aucune
chance d'être inscrite sur les listes de l'Hôtel de Ville
et qu'on se heurtait à la résistance de la loi. On se rabattit donc sur l'expédient d'adresser à la plupart des
candidats « sérieux » du département de la Seine une
circulaire où on les invitait à se prononcer en faveur
du droit politique des femmes, dont on leur rappelait
les principaux articles par un imprimé joint à la lettre.
Ces articles stipulaient :

> suppression de la puissance paternelle,
> suppression de l'autorité maritale,
> suppression de l'incapacité légale de la femme
> mariée,
> suppression de la communauté légale dans le sta-
> tut du mariage ;
> introduction de la recherche de la paternité ;
> admission des femmes aux fonctions de tutrices,
> curatrices et autres similaires.

Les candidats jugés assez « sérieux » pour recevoir
ces propositions furent au nombre de 276 (sur 4 à 500) :
ceux qui y adhérèrent, et qui appartenaient *presque
tous* à la fraction *socialiste*, furent en tout 63. Ces 63
s'engageaient, s'ils étaient élus, à faire triompher à la

_____

(1) M⁻ᵉ de Maguerie, VIᵉ arrondissement.

Chambre les revendications féministes, moyennant quoi les féministes feraient voter pour eux leurs amis. Les 63 ne s'engageaient d'ailleurs pas à grand' chose en acceptant ce marché, puisque 12 seulement (1) d'entre eux furent élus tant au premier tour qu'au second. Presque tous ces élus étaient d'ailleurs des députés « sortants », de sorte que l'on peut dire que cet humble effectif d'une douzaine d'unités ne représente même pas un gain ni une conquête pour le parti. L'échec fut donc lamentable.

L' « offensive directe » ne rapporta pas beaucoup plus aux militantes. Le chiffre total des voix qu'elles obtinrent ne s'éleva pas à mille. Quant à l'indiquer avec précision, on ne le peut, à raison de l'illégalité même de ce scrutin et de la décision que prirent plusieurs bureaux d'annuler purement et simplement les voix données à des femmes.

Il est possible que la teneur des professions de foi affichées par les candidates ait été pour beaucoup dans cette défaite. Sans doute aucune ne commit la maladresse qui avait signalé les élections de 1898, où l'on vit l'une d'elles, Mme Oddo-Deflou, distribuer elle-même de petits papiers contenant l'appel suivant : « Votez, faites voter pour ceux qui *respectent et protègeront* vos mères, vos filles, vos sœurs ! »

Ce rappel aux sentiments que nous professons pour nos mères, nos filles, nos sœurs, parut indiscret, surtout venant de féministes.

A cela près, aucune des banalités et des exagérations révolutionnaires qui distinguent ce genre de littérature ne fut absente des proclamations des militantes. Leurs affiches ne différaient pas d'une façon sensible des placards des candidats socialistes, antimilitaristes ou anarchistes. Les électeurs qui aiment l'outrance donnèrent donc leurs voix aux seuls can-

(1) Exactement 13, mais l'un d'eux, M. Chauvière, mourut subitement au lendemain du scrutin.

didats susceptibles d'être élus, aux hommes, sans s'inquiéter du féminisme. Et c'est ainsi que *Le Journal des femmes*, par l'organe de M⁰ᵉ Oddo-Deflou, dut enregistrer cette constatation mélancolique : « Toutes ces thèses... étaient marquées d'un trait commun : le défaut d'originalité. On les trouvait également, avec des variantes plus ou moins accentuées, dans les divers programmes masculins. Aussi n'ont-elles point retenu, ni même attiré, l'attention publique ; les journaux, à notre connaissance, ne les ont point commentées » (1).

En vérité, la seule leçon qui se dégage de cette campagne peu brillante, c'est que le féminisme *double* le socialisme. Or, cette circonstance était déjà bien connue de tous ceux qui suivent ce mouvement. C'est tout ce que les élections législatives de 1910 nous ont appris. En province la lutte peut être considérée comme ayant été un incident parfaitement négligeable. Il en eût été tout autrement, dans notre généreuse France, si vraiment, comme le prétend Stuart Mill, il y avait quelque part une grande injustice à réparer. Mais le Français veut pour se passionner que son *bon sens* soit d'accord avec sa passion.

(1) *Le Journal des femmes*, n⁰ de mai 1910.

LE TEXTE LÉGISLATIF

Nous avons déjà rencontré le projet de loi qui fait entrer le féminisme politique dans une phase nouvelle. C'est le rapport parlementaire rédigé par M. Ferdinand Buisson, député de la Seine, au nom de la « Commission du suffrage universel », et figurant au procès-verbal de sa séance du 16 juillet 1909. Ce rapport a été retenu par la nouvelle Commission issue du renouvellement législatif de 1910. Nous l'avons mentionné à la fin des documents principaux qui forment pour ainsi dire l'histoire « livresque » de l'émancipation politique des femmes (1). Nous y avons depuis lors fait mainte allusion (2). On en connaît donc l'esprit, mais il s'agit d'y revenir, maintenant que nous avons déblayé le terrain sur lequel bâtissent les constructeurs de la Cité future.

Les projets Gautret, Dussaussoy et Buisson.

Le « projet Buisson » annule et remplace deux autres « projets » antérieurs, auxquels le monde fé-

(1) Voir Iʳᵉ partie, pages 68 et 69.
(2) Notamment dans la IIᵉ partie et au début de ce chapitre, page 271, où nous en avons signalé une des petites « habiletés ».

ministe, avec une remarquable docilité, s'était successivement rallié.

Le plus ancien de ces projets de loi était dû à l'initiative de M. le député *Gautret*. Il remontait au 1er juillet 1901 et se formulait en ces termes : *Le droit de vote dans les élections municipales, cantonales et législatives est accordé aux femmes majeures célibataires et aux veuves ou divorcées.*

Cinq ans après, le 10 juillet 1906, M. le député *Dussaussoy*, décédé depuis, déposait à son tour une proposition de loi *tendant à accorder aux femmes le droit de vote dans les élections aux Conseils municipaux, aux Conseils d'arrondissement et aux Conseils généraux.*

Enfin, M. Ferdinand Buisson arrive, trois ans après, avec la proposition suivante : Les conseillers municipaux sont élus par le suffrage direct universel. — *Sont électeurs tous les Français des deux sexes âgés de vingt et un ans et n'étant dans aucun des cas d'incapacité prévus par la loi* (1).

* *

Nous avons déjà discuté incidemment (2) le système Gautret. Nous avons trouvé qu'il impliquait contradiction et inconvenance. Contradiction, puisqu'il laissait peser le « joug » sur la grande majorité du monde féminin ; inconvenance, puisqu'il n' « affranchissait »

---

(1) Mentionnons pour mémoire le dépôt fait par M. le député Pourquery de Boisserin, le 3 juillet 1911, d'un projet tendant à accorder le suffrage politique aux femmes électeurs pour les tribunaux de Commerce. On créerait ainsi une catégorie de privilégiées. Nous ne croyons pas que ce serait de bonne politique. Au moins faudrait-il que ce fût au profit des femmes « householders » (chefs de famille).

(2) Voir ci-dessus, IVe partie, page 292.

que la plus petite partie de ce sexe et souvent la moins digne d'intérêt. Bien qu'il fût directement inspiré par les oracles respectés du féminisme, Condorcet, Stuart Mill, etc., on peut le tenir pour définitivement abandonné. Le suffrage universel, qui est l'âme même de notre régime, ne s'accommoderait pas d'une inconséquence aussi flagrante.

La proposition Dussaussoy était, en un sens, plus restrictive, et, en un autre sens, plus large que la proposition Gautret. M. Dussaussoy restreignait le « droit de vote » aux élections municipales et à leurs succédanées, tandis que M. Gautret l'étendait aux élections législatives ; mais M. Dussaussoy comprenait dans ce droit restreint toutes les femmes sans exception. L'un et l'autre de ces deux députés excluaient l'*éligibilité*.

Il est facile de faire ressortir la « timidité » relative de ces deux propositions de loi.

Qu'est-ce que ce serait que ces *demi*-citoyennes qui auraient qualité pour élire des délégués sénatoriaux (hypothèse Dussaussoy), mais non pas des députés ? Qu'est-ce que ce serait que ces demi-citoyennes qui seraient jugées bonnes pour élire des députés (hypothèse Gautret), mais non pas pour l'être elles-mêmes ? De deux choses l'une : ou les femmes méritent qu'on leur fasse confiance, ou elles ne le méritent pas. Ou bien l'on veut leur interdire la politique proprement dite, et alors pourquoi leur laisse-t-on mettre un doigt dans cet engrenage, en les faisant concourir au choix des délégués sénatoriaux ? Ou bien on les juge capables de « faire de la politique », et alors pourquoi le projet Dussaussoy les parque-t-il dans le domaine municipal ? Ce dilemme exclut toute espèce de demi-mesure. Si la participation des femmes aux affaires publiques doit être utile à la société, pourquoi se priver des principaux avantages de cette participation ? Ainsi les motions de ces deux législateurs n'échappent pas à l'illogisme où tombent les moindres de nos « militantes », quand elles s'essaient à réformer, selon leurs lumières, la société (1).

.⁎.

Le « projet » de M. Buisson, ou plutôt le projet auquel il a attaché son nom, car ce n'est en somme que la loi *anglaise* qu'il s'approprie, *mutatis mutandis*, est plus « radical » en apparence que ceux de ses devanciers. Son dispositif conserve la distinction entre le vote à deux degrés, n'accordant aux femmes que le vote au degré municipal, mais il rejette la distinction entre telle catégorie de femmes et telle autre.

Il semble que l'exclusion — provisoire — du vote au degré législatif soit une concession faite aux adversaires de l'émancipation politique des femmes.

M. Buisson a sagement pensé que le système Gautret, appuyé sur un si singulier « triage » du public féminin, occasionnerait des réclamations et des protestations sans fin, causerait plus de mal que de bien, bref ne ferait que reculer la difficulté. Il serait même le signal d'une agitation profonde : par la porte entrebâillée, toutes les femmes voudraient passer. Autant l'ouvrir immédiatement toute grande...

D'autre part, sa logique a été choquée de l'idée

(1) Rien n'est plus suggestif, comme « illogisme », que la mentalité révélée par les petites brochures féministes dues à à la plume de MMᵐᵉˢ Hubertine Auclert, Avril de Sainte-Croix, C. L. de Ferrer, etc. Par exemple, ce passage de *Pourquoi voteraient-elles ?* par Mᵐᵉ de Ferrer : « ... Ostracisme qui s'étend à presque tous les départements ministériels, dont elles sont exclues, non seulement comme chefs, *ce qui est raisonnable*, mais comme auxiliaires, ce qui est déraisonnable, vexatoire et injustifié » (page 31). Le fait est d'ailleurs inexact : la plupart des « départements ministériels » admettent les femmes dans leurs services, non comme « chefs », mais comme « auxiliaires ».

d'accorder le droit de suffrage sans l'éligibilité, qui en est la véritable consécration. Le vote purement consultatif, le vote sans le mandat éventuel, ce serait une sorte d'ironie. Le Code ne sépare pas la qualité d'électeur de celle d'éligible : aux yeux de la Loi, l'une entraîne l'autre. C'est pourquoi le texte Buisson, lequel porte *électeurs* au masculin, sans l'addition des deux mots : *et éligibles*, est conforme et à la grammaire française et à l'esprit de la loi.

Ce n'est pas qu'on ne pût, même au nom de la logique, chicaner le rapporteur sur l'identification qu'il fait des mots : *électeur, éligible*. La Constitution admet que l'idée d'*éligible* ne soit pas toujours contenue dans l'idée d'*électeur*. Ainsi tous les Français âgés de 40 ans sont *éligibles* au Sénat, mais la plupart des Français n'auront jamais été admis qu'à nommer directement des conseillers municipaux, ou généraux, ou d'arrondissement, ou des députés. D'autre part, si j'ai 25 ans, et que je sois conseiller général, je deviens en cette qualité électeur sénatorial. Pourtant je ne suis pas éligible moi-même, et je devrai attendre encore quinze ans avant de pouvoir entrer au Sénat.

Mais enfin M. Buisson a eu raison de ne pas s'engager dans ces distinctions un peu subtiles et de conserver à sa proposition un caractère de simplicité et d'universalité.

Il faudrait le louer aussi de s'être cantonné sur le terrain « municipal », si d'abord il n'avait pas ajouté qu'il donnait cela en attendant mieux (1), ensuite si ce terrain municipal lui-même n'était pas envahi par la *politique*. Insistons sur ces deux points.

Le manque de préparation.

Et d'abord les femmes sont-elles prêtes à faire leur partie même dans le... concert modeste qu'on veut

(1) Voir la page 165 du rapport.

leur ouvrir ? Les féministes disent avec assurance : « *La preuve est faite* que nous sommes à la hauteur des tâches et des emplois qu'on nous confie (1)». Elles le disent... parce qu'elles ont généralement la charge d'administrer le budget du ménage. Mais autre chose est de dépenser sagement l'argent gagné par un mari, autre chose d'équilibrer le budget d'une commune, et à plus forte raison d'un grand pays. Le raisonnement des féministes est un bel exemple d'induction précipitée. Il fera sourire quiconque se rend compte de la nature de la besogne d'un ministre des finances ou d'un rapporteur du budget, ou d'un directeur de la Comptabilité publique, ou d'un conseiller de la Cour de Comptes. Entre *établir* un budget et le *dépenser* économiquement, il y a une nuance qui échappe complètement à la passion féministe. L'expérience montre pourtant que c'est le chef de famille qui *crée* le budget domestique et le transmet tout créé à sa femme. Précaution très sage, grâce à laquelle sont évités les empiètements excessifs du « chapitre des chapeaux » sur les chapitres « organiques » du budget familial.

Toutefois, ce trait de naïveté est devenu le grand argument des féministes pour témoigner de leur capacité financière et économique (2), et pour conclure *du moins au plus*. Non, la « preuve » n'est nullement « faite » que les femmes sauraient administrer les finances, diriger les travaux de voirie, organiser la police d'une ville, construire des édifices communaux, acheter ou revendre des terrains, procéder à des expropriations, aliéner, emprunter, hypothéquer, etc., etc.

(1) Mᵐᵉ de FERRER, *op. cit.*, page 82.
(2) Il n'y a qu'à lire pour s'en convaincre les innombrables brochures, pamphlets, tracts féministes, dont nous avons cité plus hauts les auteurs principaux. Voir notamment la brochure de Mᵐᵉ Hubertine AUCLERT : *Le vote des femmes*, 1908.

Mises du jour au lendemain en face de ces graves responsabilités, quelle initiation antérieure, quelle compétence y apporteraient-elles ?

Telle est l'importante question que pose — et que tranche intrépidement — le « projet Buisson ».

La chimère de l'« éducation ».

— Mais, dira-t-on, rien n'empêche de donner aux femmes cette préparation technique. L'*éducation.....*

Il était bien certain qu'une fois de plus le sésame de l'*éducation* interviendrait ! Nous avons déjà dit notre sentiment sur l'abus qu'on fait de ce mot et sur la superstition qu'on voue à cette chose. L'*éducation* ne donnera pas à un être des *goûts* et des *aptitudes* que la nature lui a refusés. D'ailleurs, l'expérience a déjà prononcé. Voilà plus d'un quart de siècle (1) que l'on répand à flots l'instruction sur les femmes : sciences, lettres, arts, enseignement professionnel, leçons de choses, hautes mathématiques même, philosophie, histoire naturelle, etc., elles ont de tout à foison, aussi bien que les hommes. Pourtant nous ne voyons pas que leur complexion, ni morale, ni intellectuelle, que leur *nature* enfin en ait été changée... et c'est bien tant mieux pour elles et pour nous (2). Il semble en vérité que plus nous développons notre goût pour l'observation *expérimentale*, moins nous soyons capables de dégager de notre expérience cette conclusion, cependant *scientifique* au premier chef, que la mission et la destination de chaque sexe sont différentes !

La politique au « municipe ».

Nous avons dit en second lieu que la *politique* dominait dans les élections municipales aussi bien que

(1) Depuis l'application de la loi Sée sur l'enseignement des filles.

(2) Voir Appendice, n° 19.

dans les élections législatives, et que, par conséquent, le rapporteur parlementaire, en distinguant deux degrés dans le vote, établissait une distinction artificielle et subtile.

Il nous semble que c'est l'évidence même.

Si M. Buisson entend tenir les femmes à l'écart de la politique, comment peut-il les appeler au vote communal ? Et s'il n'entend pas les tenir écartées de la politique, pourquoi ne leur accorde-t-il pas le vote législatif ? Telle est, ce nous semble, la contradiction *organique* que contient sa proposition de loi.

Quant au fait lui-même, nous ne croyons pas qu'on puisse le contester, ni nier que notre situation à cet égard ne soit bien différente des autres pays, par exemple, de cette Angleterre que le rapporteur a prise pour modèle. En France, où, dans toute espèce d'élection politique, la question *constitutionnelle* est toujours plus ou moins soulevée, où les luttes de *classes* sont ardentes, où les oppositions *religieuses* se réveillent sans cesse, où l'esprit d'*autorité* et l'esprit de *liberté* sont continuellement en conflit, dans une telle France, les élections, de quelque degré qu'elles soient, sont toujours plus mouvementées que dans tout autre pays. Rien de pareil ni en Angleterre, ni en Suède, ni en Norvège, ni en Finlande, ni en Amérique : là les divergences ne portent que sur des intérêts *positifs* et n'allument guère les passions. Je vois le vote politique, même au titre municipal, repoussé par toutes les femmes de sens rassis. Ainsi Mlle E. Angot, agrégée des lettres, dans un excellent livre (*Pour toutes les Françaises*, lib. Émile-Paul, 1912), que nous voudrions voir effectivement aux mains de toutes les Françaises, refuse le droit de suffrage, même en matière municipale, parce que « le vote municipal est déjà un vote politique, et que s'il ne l'était pas, une première concession, en de telles matières, conduit inévitablement à l'abandon de tout le reste » (chap. XXVIII). Qu'on donne donc aux femmes le suffrage municipal,

mais qu'il soit bien entendu que c'est ouvrir la porte
toute grande aux compétitions politiques et à tout ce
qu'elles traînent après elles (1).

Caractère contradictoire du projet Buisson.

M. Ferdinand Buisson est un admirateur du suffrage
universel, ce qui n'est pas bien étonnant, puisqu'il est
un de ses bénéficiaires. Il le célèbre avec une sorte de
lyrisme : « Hardiesse insigne, témérité périlleuse,
folie qui s'est trouvée être la *sagesse suprême* (2) ! »
Or, cette inspiration bienheureuse, il se refuse à la
prendre comme règle constante de conduite. Il ne veut
pas cheminer à la lumière de cet éclair perçant la nue.
Il ajoute, en effet : « Ce que le peuple a pu faire au
souffle de l'enthousiasme révolutionnaire comme par
un acte de foi de la nation en elle-même, proposé-
rions-nous de le refaire à tête reposée, dans le calme
des délibérations parlementaires ? »

Et pourquoi pas ? Pourquoi négliger ces révéla-
tions d'en haut ? Pourquoi ne pas suivre *systémati-
quement* ces indications précieuses qui jaillissent,
paraît-il, au soleil des Révolutions ?

On jugera assurément que c'est là un étrange scrupule. Scrupule, « opportunisme », timidité, ou autre
chose, il est donc advenu que M. Buisson, après avoir
plus solidement que personne établi la capacité *politique*
des femmes, se borne à proposer législativement leur
admission au simple « self-government » local. Ce
« moyen terme » semble d'une conciliation malaisée

(1) Dans notre Grèce contemporaine, où la moindre élection municipale déchaîne également de véritables tempêtes,
parle-t-on de donner le suffrage aux femmes ? C'est pourtant
la Grèce, mais la Grèce ancienne, qui, selon une tradition
rapportée par saint Augustin, serait la patrie du suffragisme
féminin. Voir à l'Appendice, la pièce 13.

(2) Page 159 du Rapport.

avec les « considérants » sur lesquels il étaie son projet. M. Buisson, en effet, a cherché à démontrer la « capacité *plénière* des femmes, à grand renfort de documents que lui fournissaient ses répertoires de législation comparée. En outre, il a recueilli avec soin tous les arguments théoriques qu'avaient développés Condorcet, Stuart Mill, Secrétan, etc. Il a interrogé également les « archives » des sociétés féministes du monde entier. Il a accepté de toutes mains les prospectus, les circulaires, les programmes, les réclames, qui lui étaient libéralement communiqués. Il a ainsi donné au mouvement féministe une consistance apparente... et bien supérieure à la réalité, qui est humble. En lisant cette volumineuse compilation pour laquelle il semble s'être fait aider par des secrétaires de fortune, on a l'impression d'une levée en masse de toute l'humanité féminine, et d'une poussée irrésistible. *Nescio quid majus nascitur...* L'auteur a accumulé des pièces, dressé des tableaux statistiques, des *cartes* parlantes même, il a composé enfin un énorme dossier sous lequel il semblait que toutes les fragiles conventions dont se compose l'ordre social actuel dussent s'effondrer. Et tout cela pour arriver à demander simplement l'inscription des femmes sur les listes d'électeurs municipaux !

Montagne en travail qui enfante une souris, disproportion entre l'effort et le résultat, *contradiction* surtout entre la mise en œuvre et le but poursuivi : tel est l'effet général que produit ce « geste » parlementaire auquel est attachée toute l'attention du monde féministe.

Triomphant dans ses prémisses, et timide dans ses conclusions, le « projet Buisson » ne contentera vraisemblablement personne, puisqu'il réunit tout ce qui milite en faveur du *plus* et qu'il n'accorde que le *moins*.

∴

Conclusion. — La conclusion générale de ce chapitre, c'est que le suffrage politique des femmes semble peu fait pour la France. Ce qui fonctionne sous ce nom dans de rares pays de l'étranger, où ce suffrage est d'ailleurs entouré de toutes sortes de restrictions, ne nous paraît pas pouvoir être acclimaté dans un pays de suffrage universel comme le nôtre.

L'impasse où nous jetterait le vote des femmes est celle-ci : ou bien nous recommençons la faute commise par nos pères en 48, en aggravant le vice originel du « droit » masculin par le vice du « droit » féminin ; ou bien nous soumettons ce nouveau droit à toutes sortes de limitations qui seraient autant de complications et qui porteraient autant de défis à cette *justice* au nom de laquelle ce droit est « revendiqué ».

Enfin, circonstance qui n'a pas été assez remarquée, ce « droit » ne pourrait se réaliser sans *léser* un droit déjà existant : aucun de nos représentants quelconques ne paraissant disposé à se sacrifier, non pas même pour une femme.

D'ailleurs, cette réforme se présente plutôt comme une réforme imposée que comme une réforme proposée. La masse des personnes qui en profiteraient ne s'en soucient pas. Hormis les agitateurs de profession, ou les exaltées du féminisme, ou les politiciens pour lesquels c'est un instrument de popularité, ou le socialisme qui s'est annexé le féminisme, ou le « conservatisme » qui rêve d'une révolution pour ramener le passé, on ne voit à la doctrine émancipatrice nul appui, ni solide, ni *sincère*. Elle ne fait pas besoin aux femmes, elle caresserait seulement la *vanité* de quelques féministes.

Surtout elle ne fait pas besoin au *pays*. La question formulée par Stuart Mill lui-même : *Cui bono* ? reste ici sans réponse. En matière de suffrage féminin, comme en matière de « recherche de la paternité », le bon vouloir de l'espèce masculine ne peut être nié sans une insigne mauvaise foi. La vraie raison qui s'est opposée jusqu'ici à cette « réforme », c'est que *la France y est réfractaire*, et que cette innovation n'apporterait nul remède à nos maux. Les femmes, même députées, même sénatrices, même ministresses, ne feront ni plus ni mieux que ce que les hommes auront fait avant elles et sans elles.

Peut-être, à l'origine des sociétés, le pouvoir pondérateur des femmes eût-il pu être utilement associé à l'initiative masculine. Mais aujourd'hui la France est trop « avancée » pour cette vieille « nouveauté ».

L'introduction du suffrage des femmes dans notre Constitution actuelle jurerait comme un *anachronisme*.

Il se produit chez nous le contraire de ce qui se passe dans les pays exotiques où la civilisation s'organise : la participation active des femmes à l'action publique, vestige d'un passé très lointain, serait en contradiction et en conflit avec la plupart de nos mœurs, coutumes, traditions, croyances, préjugés. Contradiction avec l'institution de la famille, avec l'état de mariage, au point que les réformateurs « quand même » ont songé à mettre les femmes mariées « hors la loi », ce qui serait proprement avilir et dégrader l' « émancipation ».

De tels expédients, comme aussi l'alliance avec le socialisme et l'anarchie, rendent, pour tous les esprits non prévenus, cette démangeaison d' « émancipation » extrêmement suspecte. La forme sous laquelle elle s'offre actuellement à nos méditations, à savoir le projet de loi Buisson, n'est pas pour dissiper nos appréhensions. Au contraire ce projet avive nos craintes, puisqu'il allume les ambitions féminines,

leur donne l'aliment du vote municipal, les attise et
les enflamme par la perspective d'autres conquêtes à
entreprendre. Le patriotisme commande donc de
s'opposer énergiquement à ces tentatives d'organisation de la révolution ou plutôt à ce dilettantisme per-
vers qui s'amuse à essayer jusqu'où peut aller la
force de résistance d'un pays dont on ébranle à coups
redoublés l'équilibre politique et social.

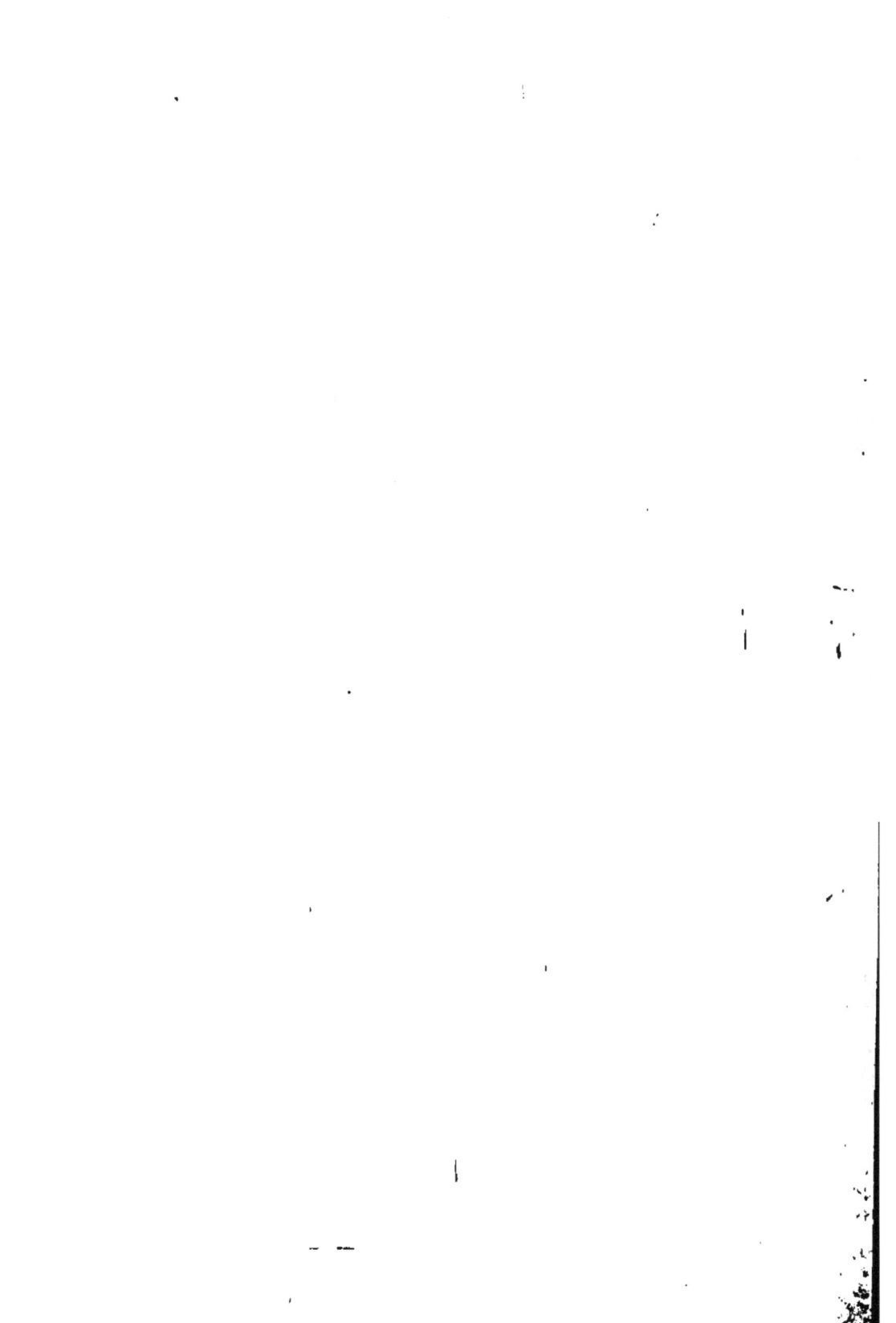

CINQUIÈME PARTIE

Solution et Conclusions.

De notre exposé, qui fut tour à tour historique et doctrinal, et qui tend à repousser l'émancipation politique des femmes, résulte-t-il que le *statu quo* doive être entièrement maintenu ? Non, sans doute, ne fût-ce que parce que la plus haute Compagnie de France a posé la question au public des écrivains. Si la situation était aujourd'hui exactement ce qu'elle était autrefois, la préoccupation légitime d'où est née l'idée du concours ouvert par l'Institut n'aurait pas de raison d'être. Il y a donc peut-être quelque chose à faire : c'est ce que nous essaierons de déterminer tout à l'heure.

Mais auparavant, et même pour mieux le déterminer, il conviendra de jeter un coup d'œil sur la condition civile des femmes dans la société française, et de chercher en quoi elle est susceptible d'amélioration.

Il sera temps alors de grouper en une conclusion d'ensemble les idées qui se dégagent des quatre premiers chapitres de ce travail et d'en montrer la convergence vers un même point.

I

Le principe du droit civil.

La condition *civile* de la femme en France se rapproche insensiblement de la condition de l'homme, au point de se confondre avec elle. On ne peut qu'applaudir à cette tendance déjà ancienne de notre législation (1), tendance qui rend l' « agitation » féministe parfaitement inutile.

On ne peut qu'y applaudir, parce que, si la liberté *politique*, elle, est sujette à des restrictions commandées par l'intérêt supérieur du pays, la liberté *économique*, le droit au travail, eux, doivent être possédés sans aucune restriction. Tout doit se passer *aux risques et périls de chacun*.

La seule limitation à laquelle cette forme de liberté soit astreinte, c'est l'*impuissance de nature*. Que l'on continue donc à accorder aux femmes toute la latitude dont nous jouissons nous-mêmes pour employer notre activité. Aucune espèce d'entraves ne doit gêner

---

(1) M. Marcel Peyre, qui, en sa qualité d'attaché au Cabinet du Garde des Sceaux, a fait le relevé des principales lois votées en faveur des femmes, fait remonter cette tendance à la fondation de notre République actuelle.

l'exercice des professions dont elles sont capables.
Allons plus loin : refusons-nous le droit de décider de
quelles professions elles sont capables. C'est à la nature à en décider. C'est à la loi *physique* à opérer elle-
même sa sélection. Puisque le métier d'acrobate, de
gymnasiarque, d'écuyère de cirque, d'athlète foraine
n'est pas interdit aux femmes, à plus forte raison celles
des carrières viriles qui sont sédentaires et non périlleuses doivent-elles leur être ouvertes.

Mais le droit au travail, avons-nous dit, est limité
par « l'impuissance de nature ». Si donc « l'employeur » juge que la *qualité* du travail féminin ne lui
donne pas autant de satisfaction que le travail masculin, il est fondé à son tour à se prévaloir d'un droit
devant lequel le droit de « l'employée » doit s'incliner.
Il se peut que la société elle-même soit cet employeur.
On a vu ci-dessus (1) le cas d'une Compagnie de
Chemin de fer américaine licenciant son personnel
féminin pour insuffisance d'application et d'aptitude.
Pareillement, nos grandes administrations, nos ministères n'admettent les femmes que dans les emplois inférieurs de la hiérarchie : c'est sans doute qu'à l'usage
il a apparu que les femmes étaient moins capables d'un
effort soutenu et d'une grande tension d'esprit (2).
Qu'on n'accuse donc pas la société, mais la nature.

Le sexe, comme toute autre « modalité », est soumis à l'inflexible principe économique, à savoir *l'offre
et la demande.*

Il peut donc arriver ceci, que la société, en tant que
législateur, permette aux femmes *en principe* l'accès

(1) Voir III* partie, pages 243-244.
(2) Je constate aussi que notre Administration des Postes
et télégraphes, devant les abus de tout genre qui se sont
produits, a renoncé à faire des bureaux de quartier (ou de
banlieue), *exclusivement* gérés par des *femmes*. On ne trouve
plus maintenant dans Paris que des bureaux *mixtes*, où les
femmes sont encadrées parmi leurs collègues masculins. Le
service s'en est heureusement ressenti.

à toutes les carrières existantes, et que la même société, agissant en tant que *patron*, refuse *en fait* aux femmes la pratique de certaines carrières. Il n'y a là ni contradiction, ni paradoxe, ni ironie. mais nécessité sociale.

Quelles sont donc ces voies nouvelles que la loi civile a ouvertes à l'activité féminine ? Quelles sont, d'une façon plus générale, ces « conquêtes » du féminisme économique, commercial, industriel, professoral, juridique, social ?

Quelles sont, d'autre part, les lacunes qu'il resterait au législateur à combler et qui serviraient aux femmes de dédommagement pour la privation du seul « droit » que la société croie encore devoir leur refuser. le droit politique ?

C'est la double enquête que nous avons à instituer.

Les droits civils et les « desiderata » féminins.

Les *professions libérales* se sont largement ouvertes aux femmes, surtout en ces dernières années.

Au *barreau*, dans la *médecine* et ses dépendances, (pharmacie, art dentaire), la femme est sur le même pied que l'homme. De ce côté les « revendications » féministes ont reçu entière satisfaction.

Enseignement.

Dans l'*enseignement* public les fonctions se répartissent en deux catégories : les fonctions actives et les fonctions administratives.

Les premières ont été dévolues aux femmes avec plénitude, les secondes, avec discrétion. La femme peut être directrice de collège ou de lycée. mais l'inspection à tous les degrés lui demeure encore fermée(1).

(1) Il n'y a, en effet, que 3 inspectrices *primaires* à Paris, et une en province. Il n'y a pas d'inspectrices d'*Académie*. Il y

Car on s'est fait une règle de ne conférer aux femmes un pouvoir d'autorité et de contrôle que sur des personnes de leur *sexe*, et cette règle de tact et de prudence nous paraît de celles sur lesquelles aucun principe d'égalité théorique ne saurait prévaloir. Mais l'exercice de l'enseignement actif dans les trois ordres est libéralement offert aux femmes, sans en excepter même l'enseignement supérieur, puisque Mme Curie occupe à la Sorbonne la chaire de feu son mari.

Une récente circulaire du ministre de l'Instruction publique (mai 1910) recommande de multiplier les femmes dans les *délégations cantonales*, où elles sont encore clairsemées.

Il reste à donner à ces Commissions scolaires l'autorité effective qu'elles ont en Allemagne, si l'on veut diminuer la proportion d'illettrés qu'accusent nos conseils de revision. C'est le but poursuivi par le projet de loi soumis en ce moment aux délibérations des Chambres (février 1911).

Il faudrait introduire aussi les femmes dans les conseils *académiques*, où elles n'ont pas pénétré encore. En revanche, elles figurent dans les conseils *départementaux*. Quant au Conseil supérieur de l'Instruction publique, le sexe féminin y est représenté. Mais là, comme dans les conseils académiques, il manque une représentation de l'enseignement secondaire public féminin.

Les *Caisses des écoles*, institution annexe de l'enseignement primaire, peuvent comprendre des femmes : mais celles-ci ne montrent pas beaucoup d'empressement à s'imposer ces charges sans gloire et sans profit.

Administration.

L'administration de l'*Assistance Publique*, comme celle des *Postes*, *Télégraphes*, *Téléphones*, emploie

a une inspectrice *générale*, spécialement affectée aux *écoles maternelles*.

des femmes dans ses services inférieurs. Peut-être pourrait-on leur y faire une place un peu plus large. Mais nous nous heurterions sans doute à l'éternelle objection qu'on oppose, non sans fondement, aux partisans de l' « émancipation » : *la femme a rarement le don et le ton du commandement* (1).

(1) Les ministères, les grandes Compagnies de Crédit, les banques ont dans leur personnel des femmes, notamment comme dactylographes. — L'Etat confie aux femmes les fonctions d'inspectrices du Travail. — Les hôpitaux les emploient comme infirmières.

Au surplus voici la situation exacte de la femme française devant les diverses administrations, telle qu'elle résulte d'une statistique dressée par la revue *La femme dans les carrières publiques et privées* (juillet 1912). 155.028 femmes sont actuellement employées dans les services publics. Cet effectif se décompose ainsi :

Ministère des affaires étrangères : 102.

Ministère de l'Agriculture : 16.

Ministère des Colonies : 166.

Ministère du Commerce : 140.

Ministère du Travail : 132.

Ministère des Travaux publics : 152.

Services des finances : 15.072.

Services de la guerre : 3.920.

Services de l'Instruction publique : 70.693.

Services des Beaux-Arts : 147.

Services de l'Intérieur : 243.

Services d'Administration départementale et communale : 37.120.

Services de la Justice : 840.

Services de la Marine : 457.

Services des Postes, télégraphes, téléphones : 19.466.

Services des Chemins de fer de l'Etat : 6.356.

Reste à ajouter à ce personnel celui qui est employé par les administrations privées.

Magistrature.

Dans la *carrière judiciaire* nous retrouvons la règle éliminatoire que nous avons signalée à propos de l'Université. Bien des féministes s'étonnent — et même s'indignent — que la femme puisse gravir les deux échelons de la science juridique, licence et doctorat, et que son pouvoir s'arrête au droit de plaider. C'est, disent-elles, une vraie dérision !

Nullement, mais la fonction de juge, qui suppose, il est vrai, les connaissances juridiques, comporte en outre des attributs auxquels le sexualisme paraît habiliter médiocrement la femme.

Ces « attributs » consistent, au point de vue moral, dans l'impartialité, au point de vue physique, dans... la ponctualité du juge. Deux qualités auxquelles se prête malaisément la nature de la femme. Ici encore, à notre avis, le « droit naturel » doit s'effacer devant ce que Mirabeau appelait « les différences sociales de l'homme et de la femme, dans un ordre de choses conforme à l'admirable plan de l'auteur de l'univers ».

C'est sans doute en vertu de ces principes que le garde des sceaux s'est opposé à la proposition de loi, déposée au Sénat, d'après laquelle des femmes pourraient être chargées par le tribunal des enquêtes sur les délits imputés à des mineurs de moins de 13 ans (Discussion de la loi sur le relèvement moral de l'enfance, 19 mai 1911). L'adoption de ce projet constituerait un commencement de magistrature féminine.

Quelle est maintenant la place des femmes dans le département *commercial* de la magistrature ? Cette magistrature repose, comme on le sait, sur l'élection. Depuis peu de temps, les femmes ont été admises comme électrices pour les *Tribunaux de Commerce*. Egalement elles sont devenues électrices pour les *Chambres de*

Commerce et les *Chambres consultatives*. Rien ne fut plus légitime que ces mesures un peu tardives. La femme commerçante, qui a le droit de contracter, acheter, vendre, endosser des traites, bâtir, aliéner, hypothéquer, etc., doit avoir le droit de choisir les juges dont elle dépendra dans une contestation née à l'occasion de son commerce. D'ailleurs, les élections dites « consulaires » ne sont pas gâtées par l'intrusion de la politique : elles se passent en toute décence et dignité. Même remarque à propos des Chambres de Commerce, qui sont des espèces d'Assemblées consultatives.

Mais, ni pour les Tribunaux, ni pour les Chambres de Commerce, les femmes ne jouissent de l'*éligibilité*.

Au contraire, aux *Conseils de Prud'hommes* elles sont tout à la fois « élisantes et éligibles » (Condorcet). Une femme (1) a été élue récemment à l'un de ces Conseils, et ce précédent a été célébré avec enthousiasme par le camp féministe. Mais on ne s'explique pas bien, qu'alors que, dans ces diverses élections des Tribunaux, Chambres et Conseils, ajoutons-y : des *Conseils du Travail* et du *Conseil supérieur du Travail*, il y a une grave question de *principe* d'engagée, les femmes s'en désintéressent presque entièrement. Serait-ce parce qu'une élection dans le monde commercial ne met pas autant en vedette que ne ferait une élection dans le monde politique ? Serait-ce que les féministes recherchent plutôt ce qui brille que ce qui est utile ?

Des raisons analogues à celles que nous avons données à propos de la magistrature ont fait écarter jusqu'ici les femmes de toute fonction *d'autorité* et de *gestion responsable*, à la réserve des bureaux secondaires de receveuses des postes. Ainsi les *perceptions* et les *recettes des finances* sont encore monopolisées dans des mains masculines. Peut-être eût-on admis

(1) Mlle Jusselin, décembre 1908.

les femmes aux emplois de commis et de fondé de pouvoir titulaire des recettes ou perceptions, — et l'administration penchait vers cette mesure — mais l'intempérance de langue d'*une* des chefs du parti féministe indisposa le ministre (1), et la Chambre donna raison au ministre (2).

Capacité civile.

L'Etat, qui a considérablement amélioré et élargi la situation de la femme *fonctionnaire*, ne s'est pas moins préoccupé de la femme dont le travail est libre. Par une loi récente (3), il lui assure la *propriété de son salaire*, disposition très hardie, et dont il serait très facile à la femme d'abuser contre son mari. Cette loi est donc « féministe » au premier chef, et elle a été accueillie, en effet, comme telle par tout le parti des « émancipatrices ».

La santé de l'ouvrière, sa maternité et tout ce qui accompagne la parturition, la réglementation de son travail, son hygiène : toutes ces questions et celles qui s'y rattachent ont également éveillé la sollicitude — parfois même trop minutieuse — de l'Etat.

On peut même dire qu'à cet égard il est tombé dans son défaut habituel, qui est l'excès de protection (4). Car la vigilance trop précautionneuse aboutit à l'inquisition vexatoire...

(1) M. Caillaux.

(2) Affaire de Mlle Rodet, mars 1908. C'est au journal *La Française*, rédigé par Mme Jane Misme, que Mlle Rodet dut... de ne pas être titularisée dans son emploi.

(3) Celle du 13 juillet 1907.

(4) Ceci doit s'entendre de la réglementation du travail, plutôt que de l'hygiène, laquelle ne saurait être trop « protégée ». L'Etat français, à l'égard des mesures conservatrices de l'hygiène maternelle, est en retard sur certains autres pays, la Suisse, par exemple.

*
* *

C'était surtout en pensant au *statut personnel* de la femme que nous écrivions au début de ce chapitre que la condition civile de la femme tend à se confondre avec celle de l'homme. Là on peut dire que l'État a supprimé toute contrainte inutile et n'a laissé subsister que *le minimum de sujétion*.

Le *divorce*, dans lequel les féministes voient — bien à tort — une loi libératrice pour la femme, a été introduit dans notre Code. En outre, le principe même de la « loi Naquet » a été tellement élargi par la jurisprudence, que *divorce* tend à devenir synonyme, de *répudiation*. Car nous en sommes présentement à la phase de la dissolution de l'union conjugale par « consentement mutuel », ce qui est la dernière étape avant la dissolution par « consentement d'un seul », c'est-à-dire précisément la répudiation.

Quant à l'institution du mariage elle-même, elle a été fortement amendée, ou est en voie de l'être, au profit apparent de la femme. L'*autorité maritale* et la *puissance paternelle* sont violemment battues en brèche par les féministes : on peut prévoir le moment où ces articles du Code civil céderont sous leurs coups. De tous côtés, c'est une poussée furieuse contre le mariage, ce symbole détesté de la prépondérance de l'homme. On ne veut pas voir que, si le mariage représente, en effet, pour la femme un élément de subordination, il représente bien plus encore pour elle un élément de *sécurité* et de *dignité*.

*
* *

L'*incapacité* légale de la femme mariée est, elle aussi, l'objet d'une ardente campagne de la part des féministes. Le législateur ne pourrait sans illogisme leur refuser cette suppression, ayant consenti à reconnaître à la femme la propriété de son salaire. Les jours de cette « incapacité » sont donc comptés.

La *recherche de la paternité* figure sur tous les programmes féministes. Si, d'ailleurs, cette question est en voie de recevoir une solution (1), il faut bien avouer que la pression féministe n'y est pour rien, les deux honorables sénateurs qui en ont pris l'initiative n'ayant jamais appartenu, ni de près, ni de loin, aux groupements féministes. C'est, comme la *répression de la traite des blanches*, un de ces mouvements d'humanité dont le « féminisme » s'attribue toute la gloire (2), ainsi que la mouche de la fable se vante d'avoir fait marcher le coche...

La capacité de la femme à être *témoin dans les actes de l'état civil* et dans les actes notariés, est aussi une « conquête » — très légitime, celle-là — à inscrire au bilan féministe (3).

Les lois de 1881 et de 1895 sur les *Caisses d'épargne* admettent les femmes mariées, quel que soit leur régime matrimonial, à se faire ouvrir des livrets sans l'autorisation de leur mari, et à retirer, sans cette autorisation, les sommes inscrites sur ces livrets.

Par une conséquence de ce principe, les femmes mariées ont le droit de se constituer, sans le consentement de leur mari, une rente viagère en vue d'une *retraite pour la vieillesse*, et de soustraire à son autorité, au cours du mariage, des deniers destinés auparavant à la communauté (4).

Les féministes demandent aussi que, par assimila-

(1) Depuis que ce manuscrit fut remis à l'Institut, on sait que le projet de loi de MM. Bérenger et Rivet, tendant à autoriser la recherche de la paternité, a passé au Sénat.
(2) Voir Appendice, n° 20.
(3) Loi du 7 décembre 1897.
(4) Loi du 20 juillet 1886.

tion à la tutelle « maternelle », la femme soit admise
à devenir *tutrice* ou *curatrice* même d'enfants qui ne
seraient pas les siens.

Nous avons déjà, incidemment (1), signalé ce vœu.
Mais nous devons reconnaître que, même dans le
camp féministe, l'unanimité n'est pas faite sur ce
point. Voici Mme Anna Lampérière, par exemple, qui
repousse nettement, et cela « dans l'intérêt des enfants », le principe de la tutelle *intégrale*, et qui le
taxe même de « monstruosité » (2). Il faut convenir
qu'habituellement les femmes ne s'inquiètent guère
des contre-coups que telle de leurs « revendications »,
juste en soi, peut avoir pour les tiers. Elles n'envi-
sagent qu'une seule des faces de la question, la plus
apparente.

Débouchés nouveaux.

Parallèlement à ces mesures législatives tendant à
faire disparaître l'inégalité légale entre les époux, les
pouvoirs publics donnent tout leur appui aux tentatives faites pour créer à l'activité féminine de nouveaux débouchés. Mais sur ce point l'intervention de
l'État est plus délicate. En effet, ouvrir aux femmes
des professions nouvelles, c'est quelquefois fermer
des professions aux hommes. C'est en tout cas provoquer administrativement un *abaissement des salaires.*
Cette conséquence économique se fait déjà cruellement sentir : c'est, si l'on peut dire, la rançon du féminisme. Un exemple rendra ce raisonnement plus sensible.

Nous lisons dans un journal féministe, *La Française* (3), un article, d'ailleurs élégant et éloquent, intitulé : *Les gardiennes de musée*. L'auteur affirme que

(1) Voir IVe partie, page 298, note.
(2) *La femme et son pouvoir*, page 286.
(3) N° du 21 novembre 1909, article signé : Lya BERGER.

c'est là une fonction de femme plutôt que d'homme.
Assurément, *en principe*. Les gardiens de musée, en
effet, n'ont pas, en général, à faire aucun déploiement
de force physique. Ni les huissiers de ministères, ni
les garçons de bureau, ni les gardiens de petits
squares.

Mais alors que fera l'Etat de ses anciens militaires,
à qui ces modestes places servent d'appoint pour une
retraite insuffisante ? Envers ceux-là aussi l'Etat a pris
des engagements. Souvent ils sont devenus infirmes
au service du pays, et par là sont à peu près dans la
même situation physique que le « sexe faible ». Telle
est l'une des difficultés qui se présentent, quand on
veut mettre inconsidérément l'idéalisme en pratique.

Une autre antinomie non moins insoluble est celle-
ci : La femme est nécessaire au foyer, à cause du ménage et des enfants ; et elle est nécessaire au dehors :
à l'atelier, au magasin, à l'usine, à cause du salaire à
gagner.

Si nous voulons la retenir à la maison, on nous accuse de l'affamer ; si nous la poussons au dehors, on
nous accuse de violenter ses instincts naturels. De
toute façon la société encourt le reproche de barbarie.

Tel est l'équilibre difficile qu'il incombe à l'Etat de
trouver, quand il est tenté de céder aux objurgations
des féministes.

Ce qui reste à faire.

Si par le terme *féminisme* on entend que notre état
social est imparfait et qu'il appelle encore des réformes dans la condition de la femme, en ce sens-là,
certes, nous admettons, nous partageons le *féminisme*.

Il y a toujours des réformes à faire, des améliorations à introduire dans une œuvre humaine.

Mais *quelles* réformes ?

Rappelons d'abord celle que nous repoussons.

Ce n'est pas nous d'ailleurs, c'est l'immense majorité des femmes qui repousse le vote des femmes. Leur participation à la politique aurait les inconvénients que nous avons dits. Fondée sur un mélange des sexes d'où toute espèce de contrainte serait nécessairement bannie, il est à craindre qu'elle n'entraînât, comme l'a pensé Mirabeau, « des désordres de plus d'un genre ». L' « émancipation » intégrale ne réserverait d'ailleurs aux femmes et à la société que déboires. Que l'Etat ouvre donc à la femme des carrières nouvelles, s'il se peut, mais qu'il ne les rende pas incompatibles avec sa sainte et sublime mission de « ménagère ». Qu'il prenne en tout cas pour devise et pour règle que :

la politique n'est pas une carrière.

Suivons l'exemple de la Rome ancienne, qui favorisa l'émancipation économique, juridique et civile des femmes, jusqu'au point de les mettre sur le pied de parfaite égalité avec les hommes, mais sans leur permettre jamais de franchir le seuil de la cité politique.

En revanche, soyons d'avis de développer le plus possible l'activité et l'indépendance des femmes dans le sens *économique :* elles-mêmes et la société ne peuvent qu'y gagner.

Sur beaucoup de questions, il y a un point de vue féminin nécessaire ou utile à connaître. En conséquence, organisons plus complètement un régime *consultatif* des femmes.

S'il y avait un jour une chambre de représentation professionnelle, corporative, elles y devraient avoir leur place.

Pour l'instant, introduisons-les de plus en plus largement dans tous les conseils, dans toutes les commissions d'enquêtes, voire dans toutes les chambres syndicales, enfin dans tous les organes consultatifs qui s'occupent de questions morales, juridiques, éducatives, économiques, sociales, mais en ne faisant appel qu'à des compétences avérées, sur des ordres spéciaux de questions, séparément pour chaque ordre.. et tenons-les en dehors de la politique pure.

II

UN PIS-ALLER

Le moment est venu non pas d'indiquer, nous l'avons déjà fait (1), mais d'apprécier une solution que plusieurs hommes marquants, préoccupés, eux aussi, de donner satisfaction à des besoins jugés légitimes, ont proposée récemment.

Ces sociologues semblent partir de ce principe que l'entrée des femmes dans la politique est un tribut inévitable à payer au « progrès des temps ». Il ne s'agit que de trouver un moyen ingénieux qui permette aux féministes de « purger » une passion tyrannique, sans compromettre l'ordre social.

Le moyen qu'ils ont imaginé pour cela peut se prévaloir des plus illustres répondants, soit dans le présent, soit dans le passé. C'est une solution élégante, s'il en fut. Nous avons à cœur de le déclarer, avant même d'avoir révélé en quoi elle consiste, afin de ne pas paraître manquer au sérieux que comporte un si grave débat. Au contraire, nous nous inclinons avec déférence devant l'autorité d'Erasme, et nous nous plaisons à saluer ses disciples en MM. Eugène d'Eich-

(1) En analysant le referendum de *La Revue*, Ire partie, pages 69 sq.

thal, Gabriel Monod et Paul Hervieu (1), tous trois de
l'Institut.

L'un des plus spirituels *Colloques familiers* d'Erasme,
ce philosophe dont les féministes se réclament volontiers, est intitulé : *Senatulus*, alias Γυναικοσυντέδριον. L'auteur nous y montre les femmes réglant leurs affaires
elles-mêmes, et faisant, tout comme les hommes, « de
doctes assemblées ».

Or, c'est un avis de ce genre que nous ouvrent nos
trois éminents contemporains.

On pourrait exprimer d'un mot la synthèse de leur
système, on le pourrait... à la condition de hasarder
une de ces *callidæ verborum juncturæ* qui ne trouvent pas toujours grâce devant un lecteur trop sévère.
Risquons-nous cependant, en disant que ce système
consisterait à

faire chambre à part.

Pour parler sans métaphore, MM. d'Eichthal, Monod
et Hervieu rêvent d'un Parlement qui se recruterait
exclusivement parmi les femmes et qui fonctionnerait
à l'image du Parlement masculin. Ils n'ont fait que
nous livrer l'idée, mais les noms seuls de tels parrains
nous sont un sûr garant que par exemple la partie
décriée de la population féminine n'aurait aucun accès au *Senatulus*.

En principe, ce projet est très séduisant. Il arran-
gerait tout. Il échapperait à la principale objection
que nous avons dirigée contre l' « émancipation » politique des femmes. Au surplus, écoutons M. Eugène
d'Eichtal nous développer lui-même les avantages de
cette création. Il s'exprimait ainsi dans sa lettre :

« Je crois... qu'il faudrait ne pas vouloir réaliser une
« représentation parlementaire *mixte* dans laquelle les

_____

(1) M. Paul Hervieu a exprimé cette opinion ailleurs qu'à
l'occasion du plébiscite de *La Revue.*

« deux sexes seraient confondus suivant des propor-
« tions numériques et dans des conditions d'efficacité
« pratique qui seraient certainement très défavorables
« aux femmes, et qui ne feraient qu'aggraver notre
« chaos représentatif actuel.

    « Mais il ne s'ensuit pas qu'on ne pourrait pas orga-
« niser une représentation spéciale de femmes, nom-
« mée par des femmes (et là le droit de suffrage pour-
« rait être étendu), et devant laquelle devraient être
« portées toutes les propositions de lois touchant aux
« intérêts et aux droits des femmes et des enfants,
« avant d'être soumises au Parlement masculin. Le
« droit d'initiative pourrait même être donné à cette
« chambre féminine, le vote du Parlement masculin
« pouvant seul, à l'heure présente, faire la loi. Ce ne
« serait pas encore l'égalité politique ; mais ce serait
« un droit de délibération qui procurerait aux femmes
« l'expérience législative et qui renseignerait sur leur
« capacité à ce point de vue. Il est certain que leur
« avis, s'il sortait de discussions bien conduites, de
« travaux et d'enquêtes approfondis, ne serait pas
« négligeable et ne serait pas négligé, du moment qu'il
« représenterait un courant d'opinions nombreuses
« et organisées. Plus tard, cette première institution
« pourrait conduire à une égalité plus complète entre
« les deux assemblées représentant les deux sexes.

    « Je vous livre cette idée, qui, un peu paradoxale au
« premier abord, peut se défendre par des arguments
« solides, et qui tiendrait compte des nécessités d'évo-
« lutions, qui, dans la question des femmes comme
« ailleurs, s'imposent aux réformateurs voulant faire
« œuvre pratique... »

Ainsi, selon la conception de M. d'Eichthal, le Parlement féminin : 1° serait purement consultatif, 2° se li-
miterait à l'étude des projets de loi concernant « les
intérêts et les droits des femmes et des enfants ».
Nous pensons que, du moment que l'on renonce à
confondre les deux sexes « dans des conditions... qui

seraient... très défavorables aux femmes », il n'y aurait nul inconvénient à leur accorder juridiction plénière et compétence étendue. Du moment que les femmes seront placées dans des conditions identiques aux hommes, il convient qu'elles aient même autorité et même responsabilité que les hommes.

D'autre part, quelles sont les lois qui ne touchent pas aux « intérêts et aux droits des femmes et des enfants » ? Cette démarcation serait dans certains cas bien délicate à établir ! Qui se rendrait juge si telle proposition de loi ressortit ou non à la Chambre féminine ? Que de démarches, d'intrigues, d'agitation, rien que pour obtenir que cette Chambre fût saisie de la proposition nouvelle ! Si elle n'en était pas saisie, quelle humiliation, que de récriminations ! Ce serait la dissolution « à jet continu ». On éviterait tous ces embarras en assimilant purement et simplement la « sœur » cadette à ses « sœurs » aînées et en ne créant pas de privilèges...

D'autre part, M. d'Eichthal n'accorde à la Chambre féminine qu'un droit de délibération. Sage précaution, qui prévient les conflits devant naître entre deux Parlements dont chacun aurait le droit de décision. Mais aussi satisfaction insuffisante donnée à l'amour-propre féminin. Rien n'irrite plus la femme que le fait de ne pas la prendre au sérieux. Ce n'est pas un fantôme de Parlement, mais un Parlement réel qu'elle réclame. A tant faire que de l'admettre aux Assemblées législatives, il faut l'y admettre sur un bon pied, ou bien l'on créera plus de mécontentes que l'on ne fera d'heureuses.

Envisageons maintenant les avantages moraux et intellectuels qu'entraînerait cette institution. Quelle école d'éducation politique ! Quelle occasion pour la femme de s'exercer à pratiquer un des arts qui coûtent le plus à son naturel impatient : *l'art d'écouter !* C'est ce côté de la question qui semble avoir le plus frappé M. Paul Hervieu. Il remarque, en effet, que la

création de cette section spéciale pourrait donner lieu
à des comparaisons intéressantes entre l'activité des
deux Corps législatifs. Ce serait un stimulant pour
chacun d'eux.

A d'autres points de vue encore, la solution imaginée
par les trois académiciens répondrait bien aux nécessités de l'heure présente. Par exemple : ou bien
les féministes sont véritablement, dans leurs revendications, inspirées par le zèle pour la chose publique, ou
bien, en les présentant, elles ont une arrière-pensée.

Dans le premier cas. voici pour elles l'occasion de
donner toute la mesure de leur savoir-faire et de leur
patriotisme. Dans le second cas,... elles nous appren-
dront encore quelque chose d'utile. Elles convaincront
ceux d'entre nous qui ont des yeux pour ne point voir
que la « revendication » des « revendications »... c'est
l'envie de se mêler aux hommes.

De toute façon donc il y aura pour la société une expérience de faite et un gain de réalisé. On aboutira à un
résultat positif, sans qu'il en coûte rien à la morale
publique, ni au bon ordre.

Le pis qui pût arriver, ce serait que ce Parlement
féminin manifestât son impuissance. Eh bien ! alors il
disparaîtrait comme il serait né : par un trait de
plume, et après cet intermède sans importance la
« séance continuerait ».

Nous avons besoin de faire effort pour résister à
tout ce que cette perspective a d'engageant. Si nous
pensions que la politique ne soit qu'un jeu élégant,
un sport intellectuel, propre à mettre en valeur les
qualités d'esprit et de caractère des individus qui s'y
livrent, nous souscririons sans doute à la proposition
que nous venons de discuter. Malheureusement,

...Hæ nugæ seria ducunt.

Sans être aussi « chimérique » que Fénelon, qui croyait
que « l'éloquence » (entendez : la *politique*) « est un

art très sérieux, destiné à instruire, à réprimer les passions, à corriger les mœurs, à soutenir les lois, à diriger les délibérations publiques, à rendre les hommes bons et heureux (1) », nous pensons que c'est un mécanisme très délicat et qui entre des mains inexpertes, peut mener un pays à sa ruine.

Une chambre féminine purement consultative nous paraîtrait devoir être un palliatif insuffisant à des maux d'ailleurs imaginaires.

Une Chambre féminine avec les attributions d'usage nous paraîtrait fort dangereuse, nous doutons même que le pays l'acceptât.

Nous ne saurions donc nous rallier à la combinaison projetée, et nous l'écartons avec respect et regret.

(1) *Lettre à l'Académie*, Projet de rhétorique.

CONCLUSION DE L'OUVRAGE

Nous voici parvenu au terme de notre enquête. Nous l'avons faite aussi discursive que possible. Nous avons interrogé successivement les penseurs et les faits, les livres, les journaux et la vie. Nous avons étudié le fondement du droit lui-même et essayé d'analyser les éléments complexes qui le composent. L'idée ainsi dégagée, nous l'avons suivie dans ses applications à notre état politique et social.

Toutes ces déductions nous conduisirent à repousser le principe même de l'émancipation politique des femmes.

*
* *

L'histoire, en effet, nous a montré cette « émancipation » toujours associée aux souvenirs les plus sombres de notre passé. Le droit politique des femmes en France a des sources sanglantes : 93, la Commune; des sources troubles : 48.

La législation comparée des divers peuples est muette sur les résultats que nous pourrions attendre de l'adoption du scrutin féminin. Quand on nous invite à l'introduire dans notre Constitution, c'est comme si l'on nous demandait de nous faire bénévolement le laboratoire d'expériences de l'Europe. Une fois de plus la France se sacrifierait pour la cause universelle. Elle courrait une aventure pour que les autres en eussent le profit.

Sur qui prendre modèle, en effet? Sur des pays excentriques, comme quelques provinces des États-Unis d'Amérique ? Nous nous refusons à croire qu'on nous propose sérieusement de nous régler sur ce qui se passe ou ce qui se fait au Colorado, dans l'Utah, au Wyoming, dans la Nouvelle-Zélande ou en Australie.

Quant aux rares pays d'Europe qui ont essayé du suffrage des femmes, ce sont, en général, de petites monarchies à suffrage censitaire. Or dans notre vaste démocratie le droit politique des femmes se rencontrerait avec le suffrage universel. Dans les mêlées ardentes de nos partis, le vote des femmes serait une excitation de plus pour les passions et un facteur de désordre.

.

La politesse y perdrait donc tout ce que la politique... n'y gagnerait peut-être pas. Ce serait le coup de grâce pour ce qui a pu survivre de chevalerie à nos révolutions. On ne peut voir sans tristesse certaines femmes s'appliquer à détruire ce qui a toujours fait le charme et la puissance de leur sexe (1). Il semble qu'elles veuillent elles-mêmes mettre fin à leur séculaire « dictature de persuasion ». Un grand ami des femmes,

---

(1) On pourrait récuser là-dessus quelque fade « galantin », mais on en croira sans doute le farouche plébéien qu'était Jean-Jacques. Il écrit dans *La nouvelle Héloïse* : « La galanterie française a donné aux femmes un pouvoir universel... Tout dépend d'elles... Dans les affaires elles ont pour obtenir ce qu'elles demandent un ascendant naturel *jusque sur leurs maris*. » (II, 21).

Bernardin de Saint-Pierre, a dit très justement : « La femme qui se virilise n'a plus d'empire sur les hommes ». En effet, les moyens par lesquels la « politicienne » achèterait son mandat ne rehausseraient guère sa dignité de femme (1).

La femme qui monte sur des tréteaux, ou qui, d'une manière quelconque, pose devant le public, n'est plus elle-même.

Bien grossière est donc l'erreur de ces femmes qui aspirent à l' « émancipation » dans la vue d'exercer plus d'influence sur la société. Il est certain que c'est justement le contraire qui arriverait. Réclamer le droit de vote pour les femmes, c'est nuire à la cause que l'on voudrait servir. Aussi un de nos hommes politiques (2) était-il bien fondé à nous dire dans l'épanchement d'une libre conversation : « Les droits politiques sont les derniers que les femmes dussent revendiquer ». Pourquoi « les derniers » ? Parce qu'ils se retourneront contre elles, ou tout au moins parce qu'ils leur sont parfaitement inutiles (3). Car la femme

(1) Les avertissements de ce genre n'auront pas manqué aux femmes. Le 29 mai 1848, Charles Hugo écrivait dans La Liberté : « Je ne suis point allé à ce club et je ne veux pas y aller... Les réunions de femmes avaient eu jusqu'ici trois noms : la maison, le bal et l'église ; on vient de leur en appliquer un quatrième, le club. A la maison, les femmes étaient pures, au bal, belles, à l'église, saintes ; mais au foyer, au bal, à l'église, elles étaient femmes... Au lieu de le consoler, elles crient contre le genre humain... Elles feront de leur voix, qui avait été jusque-là douce comme un chant, tendre comme un conseil, ou inspirée comme une prière, une sorte de cri sans nom... On verra un bonnet rouge sur un bas bleu... »

(2) Un de ceux qui sont le plus en vue, mais que la plus élémentaire réserve nous empêche de nommer : il fait partie de l'Institut... et en même temps il est très favorable à la cause des femmes !

(3) Le journal Le Pamphlet, en 48, prophétisait ainsi ce que les femmes gagneront à « politiquer » : « Quelques-unes y

douée de facultés éminentes trouvera toujours le moyen de se faire une place en rapport avec ces facultés. Et la femme vraiment supérieure n'a nul besoin de *lois* pour exercer sur l'homme l'influence la plus directe et pour être, dans toute la force du terme, sa « moitié ». Au contraire, cette influence sera d'autant plus contestée qu'elle se réclamera davantage d'un *droit*. On pourrait même formuler cet aphorisme : *La civilisation des peuples se mesure à l'influence profonde et à la non-participation directe des femmes.*

Le progrès social.

On se persuade, en effet, que l' « émancipation » des femmes est une des formes du « progrès » social. On se le persuade, parce qu'on a pris l'habitude d'identifier les mots de *réforme* et de *progrès*. Malheureusement il n'est pas rare que des réformations se traduisent par des déformations. Incliner, pousser la femme vers l'action publique, pour laquelle elle est si peu faite, c'est précisément chercher à « déformer » sa complexion morale. L'une des erreurs du féminisme, c'est de « heurter », comme on l'a dit, « les indications les plus claires qui résultent de la différence des sexes... Les deux sexes doivent avoir, en vue du bien de la société, diverses fonctions résultant de diversités d'aptitudes » (1). Un publiciste qui fut un grand libéral appuie cette remarque, lorsqu'il reproche au féminisme de « partir de la femme dépouillée de ce qui la fait précisément ce qu'elle est et réduite à ce qu'elle a de commun avec l'homme » (2). Schérer aurait pu

gagneront le ridicule, d'autres y perdront l'estime publique. Nous ne savons pas si les droits qu'elles poursuivent vaudront jamais les droits qu'elles perdent... *Là où la dignité s'en va, la honte est prompte à venir.* »

(1) Ernest NAVILLE, *Conférences.*
(2) Edmond SCHÉRER, *Le Temps* du 18 mars 1886.

arrêter sa phrase à : *commun*, le mot eût été dur,
mais ce second sens n'eût pas été moins juste que
l'autre. Oui, la femme veut en « faisant » de la politique, prendre à l'homme ce qu'il a de *commun*. « De
quoi », en effet, demande un autre écrivain, « veut-on
émanciper les femmes ? On veut les émanciper de ce
qui fait leur charme et leur gloire, on veut les dispenser de plaire » (1). *Faire*, c'est-à-dire brasser de la
politique, voilà sans doute le dernier des métiers. Il
en irait autrement si : *politique* était synonyme de :
poésie en action : telle fut l'œuvre de nos grands
hommes d'État. Mais aucune des femmes qui ont tenu
le sceptre n'a jamais apporté dans la conduite des
peuples cette hauteur de vues qui caractérisa le génie
des Richelieu, des Mazarin, des Mirabeau, des Napoléon, des Lamartine. Elles ne verraient dans la politique que ce qui la rapetisse et la rabaisse au niveau
des petites intrigues et du maquignonnage des cons-
ciences. La femme, idéaliste quand elle reste dans le
sanctuaire domestique, surpasse en matérialisme
l'homme même, lorsqu'elle sort de l'ombre tutélaire
du foyer.

* *

Le « progrès » n'est donc pas là. Il consiste plus que
jamais, ce progrès, malgré les apparences, dans une
distribution des fonctions conformément aux aptitudes, et dans une subordination du plus faible au plus
fort, du moins intelligent au plus intelligent, force et
intelligence étant mises au service de la justice et de
l'humanité. Que les femmes se résignent donc à continuer à « être le charme de la société, comme nous
en sommes l'appui », ainsi que le disait un « féministe »
célèbre, Gabriel Legouvé. Mais c'est une véritable hé-

(1) Eugène RAMBERT, *Corneille, Racine et Molière*, page 358.

résie d'appeler « progrès » la révolte de la faiblesse aveugle poussant au nivellement de la société, entrepris d'en bas. Le progrès, c'est l'union et la cohésion. Or, le féminisme est une doctrine essentiellement *séparatiste*, et qui par là tourne le dos au progrès social. Le féminisme tend à dissocier des forces dont le faisceau est cependant bien nécessaire pour permettre à la famille de résister aux assauts de la « concurrence vitale ». Ce n'est pas dire assez : il transporte l'antagonisme au sein même de la famille, ayant inventé la pire concurrence de toutes, à savoir la *concurrence politique* des deux époux ! Singulier « évangile », qui prêche la discorde à deux êtres destinés à former une seule volonté, une seule âme, une même chair ! Etrange « progrès » qui tend à développer ce qu'on pourrait appeler la *pugnacité* féminine ! Et toute cette perversion des instincts naturels pour le vain avantage de donner sa voix dans des élections (1) ! Assez de germes de conflit existent déjà entre les divers éléments plasmatiques de la « cellule sociale », pour que nous n'allions pas en introduire un de plus ! Et le féminisme, qui nous somme, au nom des « grands principes »,

(1) On ne dira jamais assez combien les plus creuses de toutes les phrases ont de l'empire sur les imaginations féminines. Voici un de ces « poncifs » qui traînent dans tous les libelles féministes, où il est érigé en grave argument, en argument qui ferme la bouche à l'adversaire : « Quand je pense », écrivait Alex. Dumas fils à Mᵐᵉ Maria Chéliga, « que Jeanne d'Arc ne pourrait pas voter pour les conseillers municipaux de Domremy, dans ce beau pays de France qu'elle a sauvé ! » Eh ! oui, Jeanne d'Arc a sauvé la France, eh ! oui, elle ne pourrait pas voter pour élire même les conseillers municipaux de son village ; et après ? En serait-elle moins Jeanne d'Arc ? Depuis quand mesure-t-on le génie d'un être humain à l'étendue de ses droits politiques ou à la couleur du ruban qu'il peut porter à la boutonnière ? Dumas, pendant qu'il y était, aurait pu remarquer que Jeanne d'Arc ne serait pas même officier d'Académie !

de légitimer, de régulariser ce conflit, n'est pas une *réforme*, mais une menace, n'est pas un *chant* de délivrance, mais un cri de guerre, n'est pas un *progrès*, mais un recul. Aucun de ces mots n'est trop fort pour qui a étudié, dans les cliniques où on le cultive, ce vibrion de pestilence, pas même le mot de *menace*.

C'est, en effet, un mouvement révolutionnaire que cette insurrection contre « les idées héréditaires, les habitudes ancestrales, les traditions acceptées et non choisies, les croyances saines, les mœurs transmises » (Paul Bourget).

L'idéal humain.

Étrange moment que celui qu'on choisit pour tenter cette réaction matérialiste ! Alors que plus que jamais le but de l'humanité s'élève, que, plus que jamais, sa devise est : *Os homini sublime dedit !* que, après la terre et la mer, son génie asservit le vent, triomphe des tempêtes aériennes, fait évoluer au-dessus des abîmes impuissants des escadres ailées, il se trouve chez nous des publicistes terre à terre, pour venir énoncer des maximes comme celle-ci : « C'est au prix de la *sensualité* que la vie deviendra plus profonde, plus altruiste, plus humaine » (1) !

Ne nous attardons pas nous-même à discuter des conceptions aussi basses : le magnifique élan de la science humaine répond pour nous. Non, ce n'est pas au prix de la « sensualité », c'est au prix du *sacrifice de soi-même* que la vie humaine devient plus digne d'être vécue !

(1) Jean FINOT, *La Charte de la femme.*

FIN

APPENDICE

Pièce 1 (Ire partie, page 9).

Condorcet, dans son dernier ouvrage, L'*Esquisse d'un tableau historique des progrès de l'esprit humain*, assigne aux institutions politiques la même origine que Thomas. Il dit : « Dans les circonstances où la peuplade entière était intéressée, où elle devait prendre une résolution commune, tous ceux qui avaient à l'exécuter devaient être consultés. *La faiblesse des femmes*, qui les excluait des chasses éloignées et de la guerre, *les en fit éloigner*. Comme ces résolutions exigeaient de l'*expérience, on n'y admettait que ceux à qui l'on en pouvait supposer*. Les querelles qui s'élevaient dans le sein d'une même société en troublaient l'harmonie ; elles auraient pu la détruire : *il était naturel de convenir que la décision en serait remise à ceux qui par l'âge, par leurs qualités personnelles, inspiraient le plus de confiance* ». Mais Condorcet, en écrivant ces réflexions sages et justes, démentait ses écrits antérieurs. Jusqu'alors il avait toujours, comme on le verra plus loin, fondé la société sur la « tyrannie » masculine et sur l'égoïsme masculin. Il semble qu'à la veille de sa mort des vues plus sereines et plus impartiales aient traversé son esprit. On n'a pas assez remarqué cette louable contradiction du philosophe.

Pièce 2 (1ʳᵉ ᴘᴀʀᴛɪᴇ, page 29).

« Dans ses plus brillantes manifestations, le génie féminin n'a point atteint les hauts sommets de la pensée ; il est
pour ainsi dire resté à mi-côte. L'humanité ne doit aux
femmes aucune découverte signalée, pas même une invention utile. Non seulement dans les sciences et dans la philosophie elles ne paraissent qu'au second rang, mais encore
dans les arts, pour lesquels elles sont si bien douées, elles
n'ont produit aucune œuvre de maître. Je ne veux parler
ici ni d'Homère, ni de Phidias, ni de Dante, ni de Shakespeare, ni de Molière ; mais le Corrège, mais Donatello, mais
Delille et Grétry n'ont point été égalés par des femmes. »
(Daniel Stern, *Esquisses morales*, préface par de Ron-
chaud, chez Calmann-Lévy, 1880, pages 133 à 134).

Pièce. 3 (1ʳᵉ ᴘᴀʀᴛɪᴇ, page 74).

« Malgré nos idées égalitaires, nous n'en sommes pas encore venu à vouloir que les femmes aient le droit de voter
et participent ainsi au pouvoir politique. Nous comprenons
que *leur incapacité politique est trop grande*, que leur
liberté de jugement et de conscience n'est pas entière,
qu'elles sont toujours plus ou moins sous la tutelle de leur
mari ou sous celle de leur confesseur, que, n'ayant pas encore vraiment la propriété de soi, elles ne peuvent avoir
autorité sur autrui. En un mot, nous cessons d'être naïve-
ment égalitaire quand il s'agit d'égalité entre des personnes
de sexe différent. » (A. Fouillée).

Pièce 4 (IIᵉ ᴘᴀʀᴛɪᴇ, page 89, note 2).

Il s'agit des Etats qui se tinrent à Rennes en août et dans
les premiers jours de septembre 1671. C'est à l'occasion de
ces Etats que Mᵐᵉ de Sérigné décrit avec enjouement ces
grandes beuveries où « toute la Bretagne » était ivre.

Le 5 août 1671, la marquise raconte à sa fille : « C'était une grande joie de me voir aux Etats où je ne fus jamais de ma vie ; je n'ai pas voulu en voir l'ouverture : c'était trop matin ».

Un mois après, le 6 septembre, elle lui mande : « Les Etats finirent à minuit. J'y fus avec Mme de Chaulnes et d'autres femmes. C'est une très belle, très grande et très magnifique assemblée ».

Ce furent là les deux seules fois que Mme de Sévigné parut aux Etats, en *spectatrice*, et dans une tribune que l'on montre encore aujourd'hui au palais de justice de Rennes. Tout se réduisit donc pour elle à une partie de plaisir.

Dans l'intervalle du 5 août et du 6 septembre, elle ne s'occupe des Etats que pour raconter les réceptions auxquelles ils donnèrent lieu, soit chez elle, soit chez ses amis de Chaulnes. Ce fut un prétexte à réunions mondaines, comme le sont aujourd'hui en province les *Courses* de chevaux. Il lui tardait d'en être délivrée pour pouvoir retourner dans sa chère solitude des Rochers.

Pièce 5 (IIe PARTIE, page 109).

Les idées de Proudhon sur le féminisme sont disséminées dans la plupart de ses ouvrages, notamment *La Pornocratie*; — *Qu'est-ce que la propriété ?* — *La création de l'ordre dans l'humanité*; — *Système des contradictions économiques*; — *Lettres à Mlle Jenny d'Héricourt*, etc.

Mais c'est surtout dans le 4e volume de son grand ouvrage *De la Justice dans la Révolution et dans l'Eglise* (onzième *Etude*, chapitres I et II) (1) qu'il étudie la question de la femme.

Sa puissante dialectique s'exerce sur le thème de la triple infériorité de la femme : physique, intellectuelle et morale. Visiblement Proudhon a voulu une bonne fois

(1) Edition de 1858, rééditée en 1880 par Marpon et Flammarion.

épuiser ce sujet, et il y a réussi. Nous ne voyons pas ce qu'on pourrait ajouter à son argumentation, qui est véritablement un modèle du genre. Succédant à des chapitres sur l'éminente dignité de la femme dans le mariage, ce morceau nous découvre une admiration émue, mais raisonnée, de la femme, et une haine éloquente des détestables conseillers qui veulent lui faire « lâcher la proie pour l'ombre ». Nous tenons cette centaine de pages pour un des plus beaux développements qui soient sortis de la plume d'un écrivain français.

Combien est pâle à côté la réfutation à laquelle se livra Juliette Lamber dans son livre : *Idées antiproudhoniennes !* En voici un fragment :

« La civilisation d'un peuple est proportionnelle au rôle de la femme chez ce peuple, à son influence, à sa dignité morale : plus une société se civilise, plus la femme y acquiert de la valeur et de la considération.

La société n'est progressive que sous l'influence de la femme, lorsque la femme concourt, au moins indirectement, à sa législation, à ses mœurs, à ses croyances.

Si la civilisation peut être regardée comme l'amortissement de la force, c'est à la femme qu'elle le doit. »

Réfutation qui laisse subsister toute l'attaque et qui est à côté de la question. Proudhon eût répondu en effet qu'il admettait cette *influence*, ce « concours indirect », qu'il s'en réjouissait même et qu'il les souhaitait le plus grands possible, mais qu'il entendait qu'ils ne se transformassent pas en *fonction légale*... Il se fût sans doute appuyé du mot de la duchesse de Liancourt, une des femmes qui ont fait le plus d'honneur à leur sexe : « Il est bon que l'on voie qu'une honnête femme a du crédit auprès de son mari, mais jamais une *autorité impérieuse* sur lui. »

(*Règlement donné par une dame de haute qualité à sa petite-fille,* 1698). Consulter aussi sur Proudhon l'un des chapitres de *Dames d'autrefois,* intitulé : *Proudhon antiféministe,* par M. Henry Roujon (Hachette 1910).

Pièce 6 (II° PARTIE, page 120).

Arrêt rendu par la Cour de Cassation, le 5 mars 1885, dans l'affaire Barberousse.

« Attendu qu'aux termes de l'article 7 du Code civil, l'exercice des droits civils est indépendant de la qualité de citoyen, laquelle confère seule l'exercice des droits politiques, et ne s'acquiert que conformément à la loi constitutionnelle ; — Attendu que, si les femmes jouissent des droits civils dans la mesure déterminée par la loi, suivant qu'elles sont célibataires ou mariées, aucune disposition constitutionnelle ou légale ne leur a conféré la jouissance et par suite l'exercice des droits politiques ; — Attendu que la jouissance de ces derniers droits est une condition essentielle de l'inscription sur les listes électorales ; — Attendu que la Constitution du 4 novembre 1848, en substituant le régime du suffrage universel au régime du suffrage censitaire ou restreint, dont les femmes étaient exclues, n'a point étendu à d'autres qu'aux citoyens du sexe masculin, qui jusqu'alors en étaient seuls investis, le droit d'élire les représentants du pays aux diverses fonctions électives établies par les Constitutions et les lois ; que cela résulte manifestement non seulement du texte de la Constitution de 1848 et des lois du 11 mars 1849, 2 février 1852, 7 juillet 1874 et 5 avril 1884, mais plus encore de leur esprit, attesté par les travaux et discussions qui les ont préparées, et aussi par l'application ininterrompue et jamais contestée qui en a été faite depuis l'institution du suffrage universel, lors de la formation première ou de la revision annuelle des listes électorales ; — D'où il suit qu'en déclarant que la demoiselle L. B. ne devait point être inscrite sur les listes électorales, le jugement attaqué, loin de violer les dispositions de la loi invoquée par le pourvoi, en a fait une juste application ; rejette... etc. »

Piéce 7 (II* PARTIE, page 151).

Le vaillant lord Cromer, à qui l'Angleterre doit l'Egypte, a été amené à préciser la pensée de la « Ligue nationale contre le suffrage des femmes » dans une réunion tenue le 4 mars 1911 à l'hôtel de ville de Cambridge, réunion que la présence des suffragettes rendit passablement houleuse. Quand le silence se fut enfin établi, lord Cromer prit la parole, pour développer avec son ferme bon sens la thèse qui lui tient à cœur.

« Ce n'est pas pour plaisanter qu'il a quitté sa retraite et qu'il est venu braver dans cette immense salle les quolibets des petites émancipées. C'est au nom des intérêts de l'empire, dont il a été l'un des architectes les plus vigoureux, qu'il combat de toute sa force ce qu'il considère comme une dangereuse hérésie politique. Donner le vote aux femmes, c'est leur ouvrir le Parlement, c'est leur permettre de devenir ministres d'Etat, c'est leur confier le gouvernement d'un empire qu'elles ne sauraient défendre. Il n'y a aucune analogie entre une expérience de cette sorte et celles que de petits Etats vassaux, l'Australie par exemple, ont pu tenter ailleurs. Mais le plus grand danger n'est pas là. Le but plus ou moins conscient de ce mouvement d'émancipation féministe, c'est d'éloigner de plus en plus la femme anglaise de son foyer et de ses enfants. Or l'Angleterre souffre déjà de ce mal. Les statistiques montrent que la mortalité infantile croît partout où les femmes du peuple cessent de nourrir elles-mêmes leurs enfants.

« Il y a d'ailleurs toutes les raisons de croire que la majorité des femmes anglaises sont hostiles au vote et préfèrent la maternité... Remarquez bien que si la majorité d'entre elles voulaient voter, cela ne changerait en rien mon opinion... »

Pièce 8 (II° PARTIE, page 155).

La *franchise* ou : droit de voter « a trois fondements : la
« propriété, l'occupation, la résidence, c'est-à-dire que
« l'électeur a un droit de vote en considération d'un tène-
« ment qu'il possède, dont il se sert, ou qui est sa demeure.
« Le *Reform act* de 1832 accorde la franchise à quiconque
« occupe comme propriétaire ou comme tenancier toute
« maison, magasin, comptoir, banque, ou autre bâtiment
« qui, conjointement avec un autre terrain occupé par lui
« dans la même cité ou bourg, produit un revenu annuel
« de 10 livres sterling. L'occupant doit avoir été taxé pour
« l'immeuble occupé, avoir payé ses taxes, avoir résidé six
« mois avant son inscription au registre électoral dans le
« même lieu ou dans un rayon de sept milles.
« La *Representation of the people Act* (1867) avait établi
« la « franchise de maison » (*Household franchise*) et la
« « franchise de locataire » (*Lodger franchise*).
« Cet *Act* a simplifié la franchise, mais n'a pas simplifié
« les lois relatives à la franchise. » (W.-R. Auson, *Loi et
pratique constitutionnelle de l'Angleterre*).
Depuis 1884, les deux modes de *franchise* ont été unifiés
dans toute la Grande-Bretagne.

Pièce 9 (II° PARTIE, page 157).

« Ceux qui plaident pour l'égalité politique des sexes
« mettent en avant l'argument que la représentation est
« inséparable de l'impôt; c'est faire revivre l'idée surannée
« que l'affranchissement doit reposer sur la propriété.
« Affranchir les femmes qui possèdent exciterait un tel mé-
« contentement chez celles qui seraient laissées à l'écart,
« qu'une émancipation totale du sexe deviendrait rapide-
« ment inévitable; avec le résultat que le nombre des
« femmes votantes surpasserait celui des électeurs mâles (1).

(1) Sans compter le facteur de désordre qu'y introduirait ce

20°

« C'est remettre aux femmes la direction des destinées de
« l'Angleterre, et, suivant l'expression d'une antisuffragiste,
« « faire un saut dans le noir. »

Pièce 10 (II° PARTIE, page 158).

M. Paul Leroy-Beaulieu fait justement remarquer que
« à la base de toutes les unités administratives, comtés,
bourgs municipaux et villes, se trouve la *paroisse*, qui a son
régime propre. La paroisse est comme une cellule embryon-
naire, l'élément constitutif de toutes les autres divisions de
l'Angleterre. C'est une circonscription territoriale à la fois
civile et ecclésiastique, et elle a pour centre l'église consa-
crée au culte anglican... En réalité l'esprit de la paroisse
est un esprit aristocratique, et l'administration de cette
unité locale est dans les mains, non pas du plus grand
nombre, mais des plus riches propriétaires... » (*L'Administration locale en France et en Angleterre*, pages 119
à 124).

Pièce 11 (II° PARTIE page 164).

Après avoir établi que le droit de suffrage, si variées
qu'aient été les conditions déterminées pour son exercice
par les lois des différents Etats de l'Union, repose invaria-
blement sur l'autorité expresse du pouvoir politique, et
qu'il fonctionne dans les limites assignées par la loi positive, l'arrêt de la Cour, repoussant tout moyen tiré du
« droit naturel », déclare « que la revendication du *droit*
« *naturel* de tous les citoyens au suffrage implique, dans
« l'état actuel des lumières, *la destruction de tout gouver-*
« *nement civilisé*. L'histoire du passé ne nous offre pas

va-et-vient de femmes, tantôt filles, tantôt mariées, tantôt
veuves ou divorcées, et qui tour à tour entreraient dans la
légion des électrices et en sortiraient, à raison de leurs
changements d'état civil.

« d'autre enseignement, et le présent ne promet pas de
« meilleur résultat. Le droit de tous les hommes de voter
« est reconnu dans nos grandes villes si loin que faire se
« peut. Le résultat en est, dans les grands centres, la disso-
« lution politique et la violence frisant l'anarchie. Les in-
« fluences qui produisent ce résultat se font jour dans le
« mépris de tout ce qui pourrait conserver la vertu, l'inté-
« grité et la sagesse du gouvernement et dans l'emploi de
« tous les moyens calculés de démoraliser et d'altérer l'in-
« tégrité de l'électeur. La culture scientifique, destinée à
« élever les hommes à la qualité de citoyen et indispensable
« pour communiquer à l'électeur responsable le mérite in-
« tellectuel et moral, vient après le cabaret et le tripot ; et
« des hommes de conscience et de capacité sont écartés pour
« faire place au pouvoir à des vagabonds. Cet état de choses
« démontre que le droit de vote ne doit pas être et n'est pas
« un droit absolu. Le fait seul que le fonctionnement pra-
« tique de ce prétendu droit serait destructif de la civilisa-
« tion, décide que ce droit n'existe point. »

Quant à la vertu de l'amendement XIV, qui déclare *citoyens* tous ceux qui sont nés ou naturalisés dans les
États-Unis et sont soumis à leur juridiction, la Cour admet
que les femmes sont certainement des *citoyens*, en tant que
les *citoyens* sont opposés aux *étrangers*, et que tout citoyen est susceptible d'être investi du droit de suffrage,
mais cela ne peut être fait que par l'autorité du pouvoir législatif. Comme celui-ci s'est abstenu de conférer aux
femmes le suffrage, elles ne peuvent pas être censées en
jouir (octobre 1871).

Pièce 12 (IIe PARTIE, page 164).

Statuant sur le pourvoi formé par une citoyenne de l'État
de Missouri, où elle avait épuisé toutes les instances judiciaires, la Cour suprême reconnaît que l'expression « citoyen
des États-Unis » veut dire membre d'une certaine nation,
et rien de plus ; qu'elle s'appliquait aux femmes avant

l'adoption de l'amendement XIV, non moins qu'après cette adoption ; que la qualité de citoyen n'impliquait pas du tout la jouissance du droit électoral ; que l'Union n'avait pas d'électeurs de sa création ; que son corps électoral ne se composait que des électeurs dans les Etats ; que dans ces derniers le droit de suffrage ne coïncidait pas avec le droit de citoyen, ni lors de la formation de la constitution des Etats-Unis, ni lors de l'adoption de l'amendement XIV ; que cet amendement n'a étendu le suffrage à qui que ce soit ; qu'il n'est venu apporter qu'une garantie de plus à la jouissance des droits en existence ; que le suffrage n'étant point l'un des privilèges et immunités de citoyen qu'un Etat ne pouvait restreindre, sans tomber sous le coup de l'amendement XIV, la disposition d'une constitution d'Etat limitant la franchise électorale aux « citoyens mâles des Etats-Unis » n'était nullement une violation de la constitution fédérale, et que, dans tous les Etats où cette disposition existait, les femmes n'avaient pas le droit de voter.

Pièce 13 (IIe Partie, page 173).

C'est du moins ce que l'on peut conclure du passage suivant de *La Cité de Dieu*, où saint Augustin nous retrace, d'après Varron,... la plus lointaine origine du vote des femmes.

Vocantur Athenæ.

Ut Athenæ vocarentur, quod certe nomen a Minerva est, quæ græce Αθηνᾶ dicitur, hanc causam Varro indicat.

Quum apparuisset illic repente olivæ arbor et alio loco aqua erupisset, regem prodigia ista moverunt, et misit ad Apollinem Delphicum sciscitatum quid intelligendum esset quidve faciendum. Ille ità respondit *oleam* Minervam significare, *undam* Neptunum, et in civium potestate esse, ex cujus nomine potius duorum deorum, quorum signa illa essent, civitas vocaretur. Isto Cecrops oraculo accepto, cives omnes utriusque sexûs (mos enim tunc in eisdem locis erat

ut etiam feminæ publicis consultationibus interessent,) ad
ferendum suffragium convocavit. Consulta igitur multitu-
dine, mares pro Neptuno, feminæ pro Minervâ tulêre senten-
tias ; et, quia una plus est inventa feminarum, Minerva vicit.

Tunc Neptunus iratus marinis fluctibus exæstuantibus
terras Atheniensium populatus est. Cujus ut iracundia pla-
caretur, triplici supplicio dicit idem auctor ab' Atheniensi-
bus affectas esse mulieres : ut *nulla ulterius ferrent suf-
fragia*, ut nullus nascentium maternum nomen acciperet,
ut ne quis eas « Athenæas » vocaret.

(Saint Augustin, Cité de Dieu,
livre XVIII, chapitre IX.)

Nous ne citons, bien entendu, cette légende qu'à titre de
monument très figuratif du génie grec, c'est-à-dire mélange
d'ingéniosité subtile et de grâce objective.

Il faudrait tout le pédantisme d'un Bachofen pour en dé-
duire des conclusions doctorales. On gâterait ce gracieux
argument de comédie politique, où tout est condensé spirituellement, en le prenant pour matière à épiloguer.

Pièce 14 (IIe PARTIE, p. 173).

Le conflit des sexes aux États-Unis.

Les féministes ne présentent que le beau côté du système
de l'« émancipation ». Mais cette médaille a, comme toute
médaille, son revers.

Aux États-Unis, l'affranchissement des femmes a engendré un véritable *conflit des sexes*, sur lequel B. van Vorst
fait, dans *Le Figaro* du 24 janvier 1911, les réflexions
suivantes :

Les États-Unis passent pour être le paradis de la femme.
C'est-à-dire que les Européennes supposent que leurs
sœurs d'outre-mer jouissent d'une liberté absolue.

Perçons les apparences : la vérité est plus complexe.

D'abord un fait : les proportions de la population américaine sont distribuées d'une façon exceptionnelle. Dans ce pays sans frontières que des guerres n'ont point saigné, dans ce pays de richesses terrestres qui attirent l'immigrant et l'aventurier sans famille, les hommes sont en majorité. Aux Etats-Unis, le nombre des hommes passe de deux millions celui des femmes.

Or, quand la femme est en minorité, on a remarqué qu'elle devient exigeante. Elle se prend à abuser de l'avantage que sa rareté lui confère. D'ordinaire, dans le tête-à-tête des sexes, l'homme demeure le maître parce qu'il est le plus fort. Quand il ne peut plus séduire, il peut encore s'imposer. C'est cette position en face d'un maître qui fait des femmes d'Europe des révoltées timides. De gré ou de force, elles finissent par suivre, non leurs désirs, mais la volonté des hommes.

Aux Etats-Unis, la femme n'est plus placée devant un maître, elle est entourée de nombreux aspirants. C'est pourquoi l'expérience sociale en ce jeune pays apporte quelques nouveautés dans les questions féminines.

Dans les milieux de violence eux-mêmes, on trouve des exemples du pouvoir dont les femmes disposent.

J'ai visité à New-York une maison de correction où l'on enferme de jeunes délinquants au-dessous de seize ans. L'unique gardienne de ces enfants coupables était une femme délicate et charmante.

— Vous n'avez pas peur? lui demandai-je.

— Mais non, fit-elle.

— Pourtant, ces jeunes gens sont presque des hommes.

Elle sourit et dit :

— C'est vrai. Mais leur nombre est une protection pour moi. Une fois, l'un d'eux a tenté de me frapper. Il n'avait pas levé le bras que j'avais dix de ses compagnons à mes côtés pour me défendre. A ma place, un homme maintiendrait la discipline par la force. Ma force, à moi, c'est d'être femme.

Profitant du fait qu'elle est en minorité dans le pays,

l'Américaine a voulu jouir de toutes les protections et conquérir tous les droits. Droit et protection à la fois, c'est trop.

L'homme américain commence à s'en apercevoir. Sous des apparences de grande galanterie, il pousse sa compatriote à faire un choix. A l'école, le petit garçon accepte le système de la coéducation, parce qu'il ne peut faire autrement. Dès qu'il arrive à l'université, il dévoile ses sentiments : les femmes auront toutes les universités qu'elles voudront, mais elles les auront pour elles, elles n'envahiront pas celles des hommes. C'est ainsi qu'aux universités de New-York, de Boston, de Chicago, on a été obligé de créer, à côté de la maison des hommes, un collège spécial pour les femmes.

Dans des nuances de vie quotidienne plus significatives encore, l'homme américain manifeste sa douce volonté contre les usurpations de la femme. Aux Etats-Unis, chaque gare de chemin de fer est pourvue d'une salle d'attente pour hommes et d'une salle d'attente pour femmes. Ce n'est pas une préoccupation de classe, mais de sexe, qui divise ici les voyageurs. Dans les bureaux de poste, la méthode est identique : on a créé des guichets pour hommes et des guichets pour femmes. Il y a même, à New-York, une banque pour femmes.

Est-ce par respect, par déférence, que l'homme agit de la sorte ?

Ne le croyez pas. C'est tout simplement parce que, dans sa vie d'affaires tumultueuse, bousculée, l'exigence et l'indiscipline des femmes ont fini par lui être une gêne. Plutôt que de s'attarder à des politesses sans profit, il a trouvé plus simple de donner aux femmes la chance de leurs aises : leurs propres salles d'attente, leurs guichets personnels, leurs universités spéciales, leurs banques exclusives.

Dans le Far-West, cette exaspération masculine va jusqu'à céder aux femmes le droit électoral.

On sait que dans le Colorado, l'Utah, l'Idaho et le Wyoming, ces dames peuvent voter — ô triomphe des triomphes ! — comme les hommes. Elles ont le suffrage complet, même une voix dans l'élection du président des États-Unis.

On les envie beaucoup. Leurs sœurs moins émancipées contemplent avec admiration ces heureuses à qui les hommes n'ont rien su refuser. Il est vrai que cette concession masculine a un envers. Les sagaces législateurs de l'Idaho, de l'Utah, du Wyoming et du Colorado ont accordé aux suffragettes leur rêve le plus cher, mais ils ont mêlé à sa réalisation un peu de justice pratique.

Ils ont dit :

— Vous voulez les droits des hommes ? Soit. Vous aurez aussi leurs responsabilités.

C'est ainsi que la jeune fille de l'Utah qui atteint ses vingt et un ans peut voter ; mais elle ne peut plus exiger que son père lui offre asile et l'entretienne. Si elle se marie, elle ne peut, pour subsister, compter légalement que sur elle-même. Le cas échéant, les dettes de son mari tombent à sa charge. Dans certaines circonstances c'est elle qui doit suffire toute seule au soutien du ménage. De ce chef, pendant ces dernières années, six maris de l'Utah, mécontents de la façon dont ils étaient logés et nourris par leurs femmes, ont divorcé pour *non support*.

Cette expérience, que seul un pays neuf pouvait tenter, pose avec netteté la question du féminisme :

Que préférez-vous, mesdames? Voulez-vous garder vos privilèges et rester les protégées de l'homme, ou partager ses droits en devenant ses adversaires ?

Dans un banquet politique « mixte », au Colorado, un orateur, moitié irrité, moitié galant, a proposé ce toast :

« Aux femmes, hier nos supérieures, aujourd'hui nos égales ! »

Que faut-il conclure de toutes ces variations?

Les femmes d'Europe semblent vouloir secouer le joug de la domesticité familiale. Celles d'Amérique veulent descendre du piédestal sur lequel l'homme les avait placées. Toutes les deux préfèrent à la faiblesse avouée une liberté factice.

Elles n'arriveront pourtant pas à changer le plan de la nature. »

Se plaçant à un point de vue légèrement différent, M. André Lichtenberger, dans l'*Opinion* du 21 janvier 1911, conclut, lui aussi, qu'il y aurait péril — pour les deux sexes — à changer ce « plan de la nature », sous prétexte que la femme est *sui compos* dans ces pays brusquement inondés par la « civilisation ». Il dit :

« Il est notable que le premier résultat de l'émancipation « a été le développement d'un formidable égoïsme, tantôt « de classe, tantôt de sexe. Les nègres affranchis se sont ren- « dus parfaitement insupportables aux Etats-Unis... Il est « de règle que tous ces affranchis tendent à se transformer « en oppresseurs et ne tardent pas à susciter des mouve- « ments de réaction contre l'élan qui brisa leur joug.

« Peut-être qu'une émancipation totale trop rapide de la « femme ne serait pas à l'abri d'un retour du même genre, « d'autant plus offensif que le sexe mâle aurait eu moins « de temps pour s'accoutumer à une réforme qui n'est pas « sans troubler en lui des instincts invétérés.

« Sans doute, dans d'autres pays il a capitulé avec une « mansuétude qui nous est proposée en exemple. Dans « toute une portion de la société américaine, c'est vérita- « blement la femme qui règne, l'homme étant, par repré- « sailles, devenu la bête de somme chargée de pourvoir à « sa subsistance. Il n'est pas absolument certain que chez « nous il en aille de même. Nous avons un maudit tempé- « rament latin qui nous porte à nous incliner volontiers « devant la femme, tant qu'elle demeure femme. Du mo- « ment qu'elle se pose en concurrent politique ou écono- « mique, adieu la vieille et surannée galanterie ! Le jour « où des droits nouveaux seront nettement revendiqués au « profit d'une minorité féminine, qui, s'il faut en croire son « attitude et son langage, n'entend pas en user dans des « dispositions particulièrement conciliantes à l'égard de « l'autre sexe, peut-être assisterons-nous à l'un de ces revi- « rements d'opinion... qui sont le châtiment des résolu- « tions prématurées...

« C'est la famille, non le mâle ou la femelle, qui est vé-
« ritablement la cellule sociale ; et la famille française,
« qu'on le déplore ou non, n'est pas tout à fait la famille
« anglo-saxonne ou finlandaise. Evitons donc de l'ébranler
« davantage, et, par une agitation hâtive, de risquer
« d'ajouter à toutes nos divisions la guerre des sexes... Ne
« provoquons point une levée d'étendards du « virilisme ».

Ces pages seraient à méditer par les féministes de bonne
foi qui se sont lancées dans la « revendication » sans en
comprendre la portée, sans se douter de ses répercussions
domestiques et sociales.

Pièce 15 (II° partie, page 185).

L'occasion leur en fut fournie par le Congrès socialiste
international qui se tint en août 1910 à Copenhague et dont
les débats roulèrent en grande partie sur la question du
suffrage des femmes. « Deux thèses étaient en présence ;
« celle des suffragettes anglaises, qui se contentent de récla-
« mer le suffrage limité avec le concours des femmes non
« socialistes, et la thèse des femmes socialistes allemandes,
« qui se prononcent pour l'action distincte et purement so-
« cialiste en faveur du suffrage universel total. Plusieurs
« motions ont été présentées, notamment par Mᵐᵉ Clara
« Zetkin et autres femmes socialistes préconisant, outre une
« campagne soutenue en toute occasion, l'organisation
« chaque année d'une journée spéciale, dite « journée des
« femmes », ayant un caractère international.

« La conférence, présidée par Mᵐᵉ Clara Zetkin, a adopté
« à une grosse majorité la résolution des femmes socialistes
« d'Allemagne, dont voici le passage essentiel :

« Le mouvement des femmes socialistes de tout pays re-
« pousse le suffrage limité des femmes (proposition des
« suffragettes anglaises), comme une *falsification* et une
« *insulte* au principe d'émancipation politique du sexe fé-
« minin. Les femmes socialistes luttent pour la seule
« forme réelle et concrète de ce principe, c'est-à-dire le suf-

« frage universel des femmes, accordé à toutes majeures et
« ne dépendant ni de la propriété, ni du revenu, ni des
« grades universitaires ou autres conditions qui priveraient
« les membres de la grande famille prolétaire de ce droit.
« Elles ne mènent pas leur combat alliées aux féministes
« bourgeoises, mais en commun avec les partis socialistes
« qui défendent le suffrage des femmes ». *Le Temps* du
30 août 1910.

Pièce 16 (IIIe PARTIE, page 247).

Le Conventionnel Charlier, ayant soutenu que le droit de
réunion devait être conservé aux femmes, comme à des
êtres pensants, son collègue Bazire répondit péremptoirement à cet argument du droit naturel par celui du droit
révolutionnaire.

« Vous avez jeté, dit-il, pour un instant le voile sur les
« principes dans la crainte de l'abus qu'on en pourrait
« faire pour nous mener à la contre-révolution ; il est
« donc uniquement question de savoir si les sociétés de
« femmes sont dangereuses. L'expérience assez prouvé,
« ces jours passés, combien elles sont funestes à la tran-
« quillité publique. Cela posé, qu'on ne nous parle pas de
« *principes*. Je demande que révolutionnairement, et par
« mesure de sécurité publique, ces associations soient in-
« terdites, au moins pendant la Révolution. »

Ainsi la Révolution ne tenait pas un autre langage que
Louis XIV disant au Parlement : « Messieurs, on sait assez
le mal qu'ont fait vos Assemblées. Je défends à qui que ce
soit d'entre vous de les solliciter... »

La Convention donna séance tenante satisfaction au
représentant Bazire (9 brumaire, an II).

Pièce 17 (IIIe PARTIE, page 251).

Nos « communardes » étaient les dignes émules de ces
« citoyennes de la Section du Midi », qui, le 29 septembre

1793, firent un auto-da-fé « de tous les portraits des rois, reines et parents qui tapissaient les murs du ci-devant château de Fontainebleau » et brûlèrent devant le buste de Marat « ce fatras de rois et de reines ridiculement chamarrés de lys ».

Ces forcenées détruisirent ainsi l' « un des chefs-d'œuvre du célèbre Philippe de Champaigne » (le portrait de Louis XIII), et quantité d'autres œuvres remarquables, notamment plusieurs Léonard de Vinci.

« Mânes de Marat, ajoute le procès-verbal, vous dûtes être satisfaites (*sic*) ; un vent frais semblait conduire la fumée vers vous, comme l'encens le plus agréable qu'on pût vous offrir ! »

(Fleureau, *Les Arbres de la Liberté à Fontainebleau* ; Bégis, *Le Vandalisme révolutionnaire*).

Pièce 18 (IVᵉ PARTIE, page 295).

Voici comment l'un de nos modernes « affranchisseurs » répond à ce genre de critiques :

« Eh quoi, dit-on, vous voulez que les femmes entrent « au Parlement ? Mais alors il y aura des femmes qui « voteront certaines lois parce que des dames jolies le dé- « sireront. Que deviendront alors les intérêts de la pa- « trie ?

« Ce genre d'objections, très spirituelles, n'a qu'un « seul défaut : elles ne soutiennent pas un seul instant la « critique du bon sens. D'abord comment ne voit-on pas « que le vote d'une loi, pour faire plaisir à une jolie dame, « sera compensé, du côté féminin, par le vote pour faire « plaisir à un monsieur séduisant ? Et puis il n'arrivera « certainement pas que toutes les jolies femmes dépu- « tées seront nécessairement ou dans le camp libéral « ou dans le camp conservateur. Il y en aura autant dans « l'un que dans l'autre, en sorte que l'équilibre sera com- « plet. Si un conservateur vote une loi libérale pour faire « plaisir à une dame du parti libéral, la réciproque aura

« toute chance de se produire dans le même moment. »
(J. Novicow, L'*Affranchissement de la femme*, p. 246).

Peut-être sommes-nous trop sévère, mais il nous semble qu'un système politique qui en est réduit pour se défendre à un tel système de « compensations », est jugé.

Pièce 19 (IVᵉ PARTIE, page 311)

Complétons cet exposé par diverses réflexions empruntées à quelques moralistes ou sociologues célèbres et à qui nous en laissons toute la responsabilité.

Proudhon, après avoir établi l'infériorité intellectuelle de la femme, et avoir déclaré que l'intelligence de la femme est à celle de l'homme comme 1 est à 3, ajoute :

« Les hommes, observe Mᵐᵉ Necker de Saussure avec
« humeur, ne s'occupent de l'*éducation* des femmes qu'en
« vue d'eux-mêmes.

« Et en vue de qui, s'il vous plaît, voulez-vous que nous
« nous en occupions, puisqu'il est avéré, mathématiquement
« démontré, reconnu par vous et par toute la chevalerie
« errante, que la femme jetée parmi les hommes n'est rien
« par elle-même, ne se soutient pas elle-même, et qu'elle
« n'acquiert de valeur et de signification que par le ma
« riage ? »

(*La Justice dans la Révolution et dans l'Eglise*, 4ᵉ volume).

Jules Simon, qui présida le Congrès féministe de 1889, stipule avec une galanterie de l'ancien temps : « Il faut accorder aux femmes tout ce qu'elles demandent, excepté quand elles demandent à devenir des hommes ; ce serait trop malheureux pour nous et pour elles ».

Auguste Comte, le grand classificateur des sciences et des cerveaux, déclare que l'assujettissement de la femme « repose sur une infériorité naturelle que rien ne saurait détruire ».

Schopenhauer appelle sans courtoisie la femme « ce numéro 2 de l'espèce humaine ».

Enfin, pour ne pas allonger la liste de ces témoignages, l'une de nos plus hautes autorités contemporaines, le Dr Gustave Le Bon professe que le cerveau féminin se rétrécit au fur et à mesure des progrès de la civilisation.

On ne se rendrait donc pas très ridicule à proclamer, en matière d'émancipation féminine, *la faillite de l'éducation*.

Pièce 20 V* partie, page, 329).

Un des plus grands sophismes qu'ait, à notre avis, accrédités la doctrine « émancipatrice », c'est cette confusion entre le *progrès de l'humanité* et le progrès *par le féminisme*. Le féminisme se fait honneur de toutes les réformes généreuses ; bon gré mal gré il s'annexe tous les beaux mouvements de l'âme humaine. Nous ne pouvons résister au désir de transcrire ici le passage d'une lettre familière où la grande romancière milanaise, Neera, l'auteur des *Idées d'une femme*, répondant à une féministe, redresse à son tour cette erreur :

« ..... Ce qu'il y a de bon dans le féminisme est en « dehors du *mouvement* féministe. Vous désirez, j'en suis « sûre, l'ascension de la femme en tant qu'être humain, et « nous voilà d'accord. Il y a, dites-vous, des lois à modi- « fier, des abus à corriger : j'en suis persuadée. Mais je le « suis aussi que cela viendra avec le *progrès de l'humanité*. « C'est prouvé par l'histoire du monde. Regardez ce à quoi « sont arrivées les femmes à travers les siècles, tout simple- « ment *par la force des choses*. Nous avancerons encore, « comme avance l'homme aussi, comme avance toujours ce « qui est poussé par une force supérieure. Point n'est be- « soin de « panache », ni d'une agitation... dont le moindre « des défauts que je lui trouve est d'être *de très mauvais* « *goût*..... » (17 août 1910).

Cette page ferait honneur à n'importe lequel de nos nationaux, soit pour l'élévation de la pensée, soit pour la fermeté de la langue. Elle a été écrite, avons-nous besoin de le dire ? d'original en français.

Pièce 21 IV° partie, page 300).

(*) Il n'est, pour bien voir les choses, que de les voir de haut. C'est ainsi qu'une des personnes qui abondent le plus dans le sens que nous venons d'indiquer est M¹¹ᵉ Hélène Dutrieu. l'intrépide aviatrice, dont la Légion d'honneur récompensa l'énergie. « Interviewée » par un reporter du *Matin* sur la question de savoir si elle userait du droit de vote, le cas échéant, M¹¹ᵉ Dutrieu s'écria avec feu : « Je ne voterai jamais ! Le suffrage des femmes, qui serait encore « acceptable à Paris, deviendrait un désastre dans les « grands centres ouvriers de province. Nous aurions d'ici « peu une révolution fomentée par une bande de Pétro-« leuses, dont vous me donneriez des nouvelles !

« Avez-vous observé l'attitude des femmes durant les « grèves ?

« Leur violence ne connaît plus aucune mesure.

« Ces mégères ne constituent pas la majorité de notre « sexe ; mais, quant aux autres, croyez-moi, leur place est « chez elles avec leurs enfants, et vos réformes ne leur « seront d'aucune utilité.

« Vous n'empêcherez jamais une malheureuse d'être « battue, et, s'il plaît à un mari de lui prendre son salaire « et de s'enivrer au cabaret, elle ne sera pas davantage en « état de l'en empêcher.

« Votre droit de vote lui donnera-t-il des bras de fer ? »
                          (*Le Matin* du 19 août 1913).

Voilà ce que peut dire un cœur vraiment épris,

ou plutôt, voilà ce que peut dire un esprit éclairé de bon sens et épris de vrai patriotisme.

INDEX DES NOMS PROPRES CITÉS

BERNIER (Mme), 223.
BERNSTEIN (Henry), 69.
BERTHEROY (Jean), 77.
BERTRON, 273.
BIRRELL, 138.
BLANC (Louis), 106, 113.
BLANCHIER (D^r), 78.
BLED (Victor du), 70.
BOIS (Jules), 73.
BOLLMANN, 247.
BONAPARTE, 252.
BONET-MAURY, 70.
BONNEVIAL (Mlle), 114, 116.
BONNIER (Dr Pierre), 78, 80.
BORME, 104, 111.
BOSC (le Père du), 7.
BOSC D'ANTIC, 223.
BOURGEOIS (citoyenne), 299.
BOURGEOIS (Léon), 116.
BOURGEOIS-ALLIX, 107.
BOURGET (Paul), 346.
BOVET (Marie-Anne de), 77.
BRANTÔME, 100.
BRIEUX, 78, 82.
BRIGHT (Jacob), 128, 130, 131.
BRISSON (Mme Adolphe), 300.
BRODA (D^r), 78, 80, 272.
BROUGHAM (lord), 128.
BUATON, 138.
BUFFON, 17.
BUISSON (Ferdinand), VIII, 15, 67, 68, 78, 79, 87, 89, 92, 96, 121, 124, 133, 140, 165, 182, 184, 189, 197, 231, 256, 270, 271, 273, 275, 276, 283, 296. 5 sq.
BUZOT, 96.

C

CABARRUS (Thérésia), 290.
CABET, 100, 107.
CADOLLE, 114.
CAILLAUX, 327.
CAIN (Georges), 246.

CARDELOS (Arthémise), 105.
CARLEMIGELLI (Aspasie), 94.
CASTILLE (Blanche de), 81.
CATHERINE II, 227.
CAUSSIDIÈRE, 107.
CAWESKA (Lodoïska), 112.
CAZAMAJOR, 105.
CHABERT (citoyenne), 249.
CHABRY (Pierrette), 246.
CHAMBERLAIN (Austen), 133, 150.
CHAMBERLAIN (Joseph), 150.
CHAMPAIGNE (Philippe de), 364.
CHAPOT, 108.
CHARLES Ier, 152.
CHARLIER, 98, 363.
CHAT (Mme Chapman), 117.
CHATELET (Mme du), 17.
CHAULNES (duchesse de), 349.
CHAUMETTE, 93, 97, 98, 237 sq.
CHAUVIÈRE, 303.
CHÉLIGA (Maria), 116, 345.
CHEMINAT (Eugénie), 114.
CHEVALIER (Michel), 99.
CHÉNIER (M.-J.), 28.
CHODERLOS DE LACLOS, 100.
CHURCHILL, 187.
CICÉRON, 219.
CLARETIE (Jules), 73, 78, 252.
CLARETIE (Léo), 73.
CLÉMENCEAU, 76, 113.
COCHIN (Denys), 77.
COKE (Edward), 125, 127.
COLBERT, 81.
COLIN (Ambroise), 73.
COLOMBE (femme), 95.
COMTE (Auguste), 365.
CONDORCET, 10 sq., 34, 35, 90, 92, 103, 195, 215, 216, 221, 237, 260, 263, 286, 291, 307, 314, 347.
CONSIDÉRANT (Victor), 104, 254.
CONSTANT (abbé), 101.

21*

INDEX BIBLIOGRAPHIQUE

ABBADIE D'ARRAST (Mme) et Ctesse D'ABERDEEN. — *Position des femmes dans les lois des nations*, Rapport collectif issu de la Conférence quinquennale tenue à Chicago en 1910.

ABENSOUR (Léon). — *Le féminisme sous le règne de Louis-Philippe et en 1848*, 1 vol., Plon, 1913.

ANGOT (Mlle Emma). — *Pour toutes les Françaises*, 1 vol., Emile-Paul, 1912.

ANONYME. — *Le premier vote politique des femmes en Norvège*, dans *Le Correspondant* du 10 janvier 1910.

AUCLERT (Mme Hubertine). — *Le vote des femmes*, brochure, Giard et Brière, 1908.

AVRIL DE SAINTE-CROIX (Mme). — *Le féminisme*, brochure, Giard et Brière, 1907.

BEBEL (Auguste). — *La femme dans le passé, le présent et l'avenir*, 1879.

BLACKBURN (Helen). — *Women's Suffrage*, Williams et Norgate, Londres.

BLEASE (Lyon). — *The Legal Status of Women*, Marcel Rivière, Paris, 1910.

BOLS (abbé H.). — *La femme et le clergé*, R. Haton, Paris, 1910.

BOS (Mlle Camille). — *Pessimisme, féminisme, moralisme*, Alcan, 1907.

BRAUN (Lily). — *Le problème de la femme*, trad. par Andler, etc. Cornély, Paris.

BUISSON (Ferdinand). — *Rapport parlementaire*, Martinet, Paris.

CHAUVIN (Mme Jeanne). — *Professions accessibles aux femmes*.

CONDORCET. — *Œuvres complètes*, éd. O'Connor et Arago, 12 vol. in-8.

DEFLOU (Mme Jeanne Oddo-). — *Le sexualisme*, 1 vol., Tallandier, Paris.

DICEY. — *Women's Suffrage*.

DOCUMENTATION (La). — Revue (disparue), art. Lepert, à partir d'août 1910, Paulin, à Paris.

Documents du progrès (Les). — Revue, articles Broda et Mazade, à partir de janvier 1909, Alcan.

Drioux. — Le mouvement féministe et le socialisme (Cour d'Appel), Gast. Morand, Orléans.

Duverger (A.). — La condition politique et civile des femmes.

Faguet (Emile). — Le féminisme, 1 vol. Société d'imprimerie et de librairie, Paris, 1910.

Ferrer (Mme C. L. de). — Pourquoi voteraient-elles ? brochure. Publ. encycl., Paris, 1910.

Finot (Jean). — La charte de la femme, article dans La Revue, 15 mai 1910.

Finot (Jean). — Préjugé et problème des sexes, 1 gr. in-8, Alcan, 1912.

Flach (Jacques). — Le suffrage politique de la femme, 2 art. dans La Revue Bleue, 29 janvier et 5 février 1910.

Frank (Louis). — Le grand catéchisme de la femme, brochure.

Frank (Louis). — La condition politique de la femme, 1 vol. in-8.

Galichon (Mme Claire). — Eve réhabilitée, Librairie des Sciences occultes, Paris.

Giraud (Léon). — La condition des femmes, 1 vol. in-8.

Goldstein (Vida). — Wie das Frauenstimmrecht wirkt, Marcel Rivière, 1910.

Grimanelli. — La femme et le positivisme, brochure, ed. Pelletan, 1905.

Grove (lady). — The Human Woman, Smith et Elder, Londres.

Guillois (Dr Alfred). — Etude médicale sur Olympe de Gouges, 1 brochure, Rey, à Lyon.

Hélys (Mme Marc). — A travers le féminisme suédois, 1 vol., Plon-Nourrit, 1906.

Jacobs (Dr Aletta). — La femme et le féminisme, Giard et Brière.

Jaline (Jean de la). — Le suffrage féminin en Angleterre et les suffragettes, Roustan, 1909.

Jus suffragii (Revue mensuelle internationale), à partir de 1909, éd. franç., Mme G. Kramers, Rotterdam.

Laboulaye. — Recherches sur la condition civile et politique des femmes.

Lampérière (Mme Anna). — Le rôle social de la femme, 3e éd., Alcan, 1899.

Lampérière (Mme Anna). — La femme et son pouvoir, Giard et Brière, 1909.

Leduc. — La femme devant le Parlement, Giard et Brière, 1898.

Mabon. — Die politische Renaissance der britischen Frauen, Marcel Rivière, 1910.

Maillard (Firmin). — La légende de la femme émancipée, 1 vol. Librairie illustrée (disparue), Paris.

MARÉCHAL (Dʳ Ph.). — *Une loi en deux lignes*, Albin Michel.

MARHOLM (Mᵐᵉ Laura). — *Das Buch der Frauen*, Duncker, Berlin, 1899.

MARTIN. — *Situation politique des femmes.*

MARYAN et G. BÉAL (Mᵐᵉˢ). — *Le féminisme de tous les temps*, Bloud et Barral, 1900.

MILL (Stuart). — *Subjection of Women*, trad. franç. par Cazelles, Alcan, 1876 (éd. épuisée).

MISME (Mᵐᵉ Jane). — *Pour le suffrage des femmes*, plaquette, éd. de *La Française*, Paris, 1909.

MŒBIUS (Dʳ). — *Uber den physiologischen Schwachsinn des Weibes*, Marhold, 1903.

NAUDET (abbé). — *Pour la femme*, Fontemoing.

NEERA (Mᵐᵉ). — *Le Idee di una Donna*, trad. Hélène Douesnel, Giard et Brière, 1908.

NOVICOW (J.). — *L'affranchissement de la femme*, 1 vol., Alcan, 1903.

OLLIVIER (Emile). — *Le féminisme*, 1 vol., Garnier.

OSTROGORSKI. — *La femme au point de vue du droit public*, 1 vol. in-8, Rousseau, 1892.

PAGNON (P.). — *Les progrès du féminisme*, Bonnaviat, Lyon.

PELLETIER (Dʳ Madeleine). — *La femme en lutte pour ses droits*, brochure, Giard et Brière, 1908.

PELLETIER (Dʳ Madeleine) — *La question du vote des femmes*, brochure, *Revue socialiste*, 1908.

PICHON (René). — *Les questions féminines dans l'ancienne Rome*, Revue des Deux-Mondes, 15 août 1912.

POIRIER. — *L'infériorité sociale de la femme.*

POIRSON (Mᵐᵉ S.). — *Mon féminisme*, Bernard, Paris, 1905.

PRATT (E. A.). — *Pioneer Women*, G. Newnes, Londres.

PROUDHON. — *La Justice dans la Révolution et dans l'Eglise*, 3ᵉ volume.

RENARD (Georges). — Deux art. dans *La Démocratie*, 12 et 19 avril 1911.

RENARD (Georges). — *Les femmes de la Fronde*, dans la *Nouvelle Revue* de septembre 1888.

RENAUD (J.-Joseph). — *Le catéchisme féministe*, Stock, Paris, 1910.

RÉVAL (Mᵐᵉ Gabrielle). — *L'avenir de nos filles*, 1 vol. Hatier, Paris.

REVUE (LA). — (Ex-*Revue des Revues*), nᵒˢ du 15 juin et du 15 juillet 1910, Paris.

RÖSSLER (le P. An.). — *La question féministe*, Perrin.

SCHIRMACHER (Mˡˡᵉ Käthe). — *Die moderne Frauenbewegung*, 2ᵉ éd., Teubner, Leipzig, 1910.

SECRÉTAN (Charles). — *Le droit de la femme*, nouv. édit., Fischbacher, Paris, 1908.

SERTILLANGES (abbé). — *Féminisme et Christianisme*, Gabalda, 1908.

380 INDEX BIBLIOGRAPHIQUE

STRECKER. — *ZurFrauenbewegung*, éd. Röther, Darmstadt, 1910.

TOULOUSE (D'). — *Les conflits intersexuels*, Charpentier, Paris.

TURGEON (Ch.). — *Le féminisme français*, Larose, Paris.

VALDOR (Jean de). — *Le vrai féminisme*, 1 vol. in-8, Arthur Savaète, Paris.

VILLIERS (Baron Marc de). — *Histoire des Clubs de femmes et des légions d'Amazones*, 93-71, Plon, 1910.

WOLLSTONECRAFT (Miss Mary). — *Vindication of the rights of Woman*, trad. franç., 1792.

ZIMMERN (Miss Alice). — *Le suffrage des femmes dans tous les pays*, trad. franç., Braunschweig, Marcel Rivière, 1911.

ERRATA

—

Page 89. — 6e ligne, lire : représentation.

98. — Note 1, lire : voir III° partie, pages 237 sq.

98. — Note 2, lire : voir III° partie, page 281.

TABLE DES MATIÈRES

Saint-Amand (Cher). — Imprimerie BUSSIÈRE.

www.ingramcontent.com/pod-product-compliance
Lightning Source LLC
Chambersburg PA
CBHW061105220326

41599CB00024B/3922